本书受国家社科基金西部项目"'互联网+'产业形态下的专利权保护规则适应性研究"（18XFX013）资助

重大法学文库

"互联网+"产业形态下的
专利权保护规则适应性研究

李晓秋 等◎著

中国社会科学出版社

图书在版编目(CIP)数据

"互联网+"产业形态下的专利权保护规则适应性研究 / 李晓秋等著. -- 北京：中国社会科学出版社，2025.4. -- (重大法学文库). -- ISBN 978-7-5227-4891-7

Ⅰ. D923.424

中国国家版本馆 CIP 数据核字第 2025PD6301 号

出 版 人	赵剑英
责任编辑	梁剑琴
责任校对	冯英爽
责任印制	郝美娜
出　　版	中国社会科学出版社
社　　址	北京鼓楼西大街甲 158 号
邮　　编	100720
网　　址	http：//www.csspw.cn
发 行 部	010-84083685
门 市 部	010-84029450
经　　销	新华书店及其他书店
印刷装订	北京市十月印刷有限公司
版　　次	2025 年 4 月第 1 版
印　　次	2025 年 4 月第 1 次印刷
开　　本	710×1000　1/16
印　　张	17.75
插　　页	2
字　　数	300 千字
定　　价	108.00 元

凡购买中国社会科学出版社图书，如有质量问题请与本社营销中心联系调换
电话：010-84083683
版权所有　侵权必究

给带着梦想奔向远方的自己，谨此鼓励与纪念。

《重大法学文库》编委会

顾　问：陈德敏　陈忠林
主　任：黄锡生
副主任：靳文辉
成　员：陈伯礼　陈　锐　胡光志　黄锡生
　　　　靳文辉　刘西蓉　李晓秋　秦　鹏
　　　　王本存　吴如巧　宋宗宇　曾文革
　　　　张　舫　张晓蓓

出版寄语

《重大法学文库》是在重庆大学法学院恢复成立十周年之际隆重面世的，首批于2012年6月推出了10部著作，约请重庆大学出版社编辑发行。2015年6月在追思纪念重庆大学法学院创建七十年时推出了第二批12部著作，约请法律出版社编辑发行。本次为第三批，推出了20本著作，约请中国社会科学出版社编辑发行。作为改革开放以来重庆大学法学教学及学科建设的亲历者，我应邀结合本丛书一、二批的作序感言，在此寄语表达对第三批丛书出版的祝贺和期许之意。

随着本套丛书的逐本翻开，蕴于文字中的法学研究思想花蕾徐徐展现在我们面前。它是近年来重庆大学法学学者治学的心血与奉献的累累成果之一。或许学界的评价会智者见智，但对我们而言，仍是辛勤劳作、潜心探求的学术结晶，依然值得珍视。

掩卷回眸，再次审视重大法学学科发展与水平提升的历程，油然而生的依然是"映日荷花别样红"的浓浓感怀。

1945年抗日战争刚胜利之际，当时的国立重庆大学即成立了法学院。新中国成立之后的1952年院系调整期间，重庆大学法学院教师服从调配，成为创建西南政法学院的骨干师资力量。其后的40余年时间内，重庆大学法学专业和师资几乎为空白。

在1976年结束"文化大革命"并经过拨乱反正，国家进入了以经济建设为中心的改革开放新时期，我校于1983年在经济管理学科中首先开设了"经济法"课程，这成为我校法学学科的新发端。

1995年，经学校筹备申请并获得教育部批准，重庆大学正式开设了经济法学本科专业并开始招生；1998年教育部新颁布的专业目录将多个部门法学专业统一为"法学"本科专业名称至今。

1999年我校即申报"环境与资源保护法学"硕士点，并于2001年获准设立并招生，这是我校历史上第一个可以培养硕士的法学学科。

值得特别强调的是，在校领导班子正确决策和法学界同人大力支持下，经过校内法学专业教师们近三年的筹备，重庆大学于2002年6月16日恢复成立了法学院，并提出了立足校情求实开拓的近中期办院目标和发展规划。这为重庆大学法学学科奠定了坚实根基和发展土壤，具有我校法学学科建设的里程碑意义。

2005年，我校适应国家经济社会发展与生态文明建设的需求，积极申报"环境与资源保护法学"博士学位授权点，成功获得国务院学位委员会批准。为此成就了如下第一：西部十二个省区市中当批次唯一申报成功的法学博士点；西部十二个省区市中第一个环境资源法博士学科；重庆大学博士学科中首次有了法学门类。

正是有以上的学术积淀和基础，随着重庆大学"985工程"建设的推进，2010年我校获准设立法学一级学科博士点，除已设立的环境与资源保护法学二级学科外，随即逐步开始在法学理论、宪法与行政法学、刑法学、民商法学、经济法学、国际法学、刑事诉讼法学、知识产权法学、法律史学等二级学科领域持续培养博士研究生。

抚今追昔，近二十年来，重庆大学法学学者心无旁骛地潜心教书育人，脚踏实地地钻研探索、团结互助、艰辛创业的桩桩场景和教学科研的累累硕果，仍然历历在目。它正孕育形成重大法学人的治学精神与求学风气，鼓舞和感召着一代又一代莘莘学子坚定地向前跋涉，去创造更多的闪光业绩。

眺望未来，重庆大学法学学者正在中国全面推进依法治国的时代使命召唤下，投身其中，锐意改革，持续创新，用智慧和汗水谱写努力创建一流法学学科、一流法学院的辉煌乐章，为培养高素质法律法学人才，建设社会主义法治国家继续踏实奋斗和奉献。

随着岁月流逝，本套丛书的幽幽书香会逐渐淡去，但是它承载的重庆大学法学学者的思想结晶会持续发光、完善和拓展开去，化作中国法学前进路上又一轮坚固的铺路石。

陈德敏

2017年4月

作者简介（以撰写章节先后为序）

李晓秋，法学博士、博士后，重庆大学法学院教授，博/硕士生导师，科技法治研究中心主任，国家社科基金重大专项首席专家，加拿大多伦多大学国家公派访问学者，曾担任重庆市高级人民法院民三庭庭长助理（国家"双千计划"人选）。获评为"全国知识产权领军人才""宝钢教育基金优秀教师"等。出版学术专著《技术标准中专利劫持行为及其法律规制研究》等3部，主编《电子商务法案例评析》（第3版）等12部图书，在《法商研究》、Computer Law & Security Review 等期刊上发表论文近70篇，主持国家社科基金重大专项等课题逾20项。现系中国法学会知识产权法学研究会理事、国家社科基金通讯评审专家、教育部人才通讯评审专家、重庆市法学会知识产权法学研究会副会长、重庆仲裁委员会仲裁员、广州仲裁委员会仲裁员等。负责本书的总体策划、体系框架设计、内容规划组织和出版事宜，负责撰写引言、第一章、结语、后记、中文摘要和目录，以及统稿、梳理参考文献，并按照出版社要求核对修改。

李建忠，法学博士、博士后，湖北民族大学法学院讲师，硕士生导师，湖北民族大学知识产权研究中心执行副主任。参与完成国家社科项目5项，主持并完成厅局级项目4项，参编知识产权普法读本、知识产权师教辅书4册，发表学术论文近10篇，指导学生申报大学生创新创业项目获得国家级立项2项、省级立项5项，指导学生参加省级学科竞赛获得三等奖以上奖项3项。负责撰写第二章。

骆俊峰，西南政法大学法律硕士，北京德恒（宁波）律师事务所高级合伙人，具备中国专利代理师资格，执业期间专业办理知识产权类案件，兼任浙江省法学会知识产权法学研究会常务理事、浙江省数字经济学会会员、浙江万里学院法律硕士研究生行业指导教师、宁波市"领军型"名优律师（知识产权和反不正当竞争领域）、宁波市高层次人才法务专员、宁波市第一批兼职政府法律顾问人才，曾荣获第六届全国知识产权青年学者论文比赛优秀奖、第九届京津沪渝法治论坛优秀奖、第九届浙江律师论坛论文一等奖等。负责撰写第三章。

　　李雪倩，重庆大学法学院博士研究生，长期关注网络空间知识产权侵权治理研究，发表相关主题论文6篇，参与国家社科基金重大专项等课题3项。荣获"第九届京津沪渝法治论坛优秀奖""重庆大学优秀硕士毕业论文"等奖项。曾前往东京大学、早稻田大学短期访学交流，参与WIPO-China（RUC）暑期项目。曾在最高人民法院第五巡回法庭实习半年。负责撰写第四章（与蒋馨逸合著）、第六章。

　　蒋馨逸，法学硕士，本科及研究生均毕业于重庆大学法学院，现就职于浦发银行深圳分行。重庆大学"优秀毕业生""优秀共青团员"等荣誉获得者。2023年撰写的论文《提高"互联网+"产业形态下专利权保护规则适应性的理论基础与路径探究》在第十七届西部法治论坛征文活动中荣获二等奖。负责撰写第四章（与李雪倩合著）、第五章。

序　言

　　技术革新，规则亦需与时俱进。在"互联网+"产业领域，专利权保护规则正受到技术发展的重大挑战。随着人工智能、区块链、云计算、大数据等为代表的新一代信息技术的融入，"互联网+"产业形态呈现出多元化的发展格局。新技术催生出新的商业模式，也引发了新的社会问题。专利权保护规则的适应性研究成为世界各国共同面临的议题。专利权不仅是民事权利，它还是企业的竞争工具和国家发展战略中的重要举措。在日益激烈的国际竞争中，各国争夺科技制高点的竞争背后实质是知识产权制度的竞争。而在知识产权保护规则中，专利权保护规则处于核心地位。作为科技创新的一种外在调节激励机制，专利权保护规则与科技创新能力提升紧密相关，而强化科技创新又是形成和发展新质生产力的根本保障。新质生产力的发展离不开创新，而创新离不开知识产权制度激励。由于专利权保护规则是静止的，而"互联网+"产业形态却是变动不居的，相对于"互联网+"产业形态的复杂性，专利权保护规则总是显得简单。与"互联网+"产业形态的"磨合"过程中，现有的专利权保护规则亟须"变"，以此适应新产业新形态的发展需要。在"互联网+"产业领域，寻找有效保护专利权、回应数字社会挑战的法律路径无疑有着重大的理论价值和实践意义。迄今为止，鲜见有对"互联网+"产业形态下专利权保护规则适应性研究的系统论述。本书的选题体现了李晓秋教授的学术勇气与学术担当。

　　本书紧扣时代发展脉搏，以"新质生产力与数字知识产权保护"为依归，紧紧围绕着"专利权保护规则适应性"这一议题，引入生物学中的"适应性"理论，洞察我国现有专利权保护规则在立法和司法实践中的不适应性现状。李晓秋教授以严谨而审慎、科学而务实的学术态度,详细梳理"互联网+"产业形态下专利权保护规则不适应性致因,考察域外既有的适应性路径与运行情况,立足本国实际需求,系统地阐述了提升我国"互联网+"产业形态下专利权保护规则适应性的路径,凝聚新技术、新模式、新业态中的专利权保护新规则的共识。作者研读了大量的中外学术文献和实践案例,资料新颖、权威、富有代表性,论证丰富、详实、深刻有力。本书敢于向传统研究挑战,体例清晰、富有逻辑、用语精练,在平实中实现了创新,推进了我国在此方面的学术研究进展,为我国立法与司法实践提供了操作层面上的指引。从学术研究的持续性、广阔性、深度性和高标准来看,本书的研究内容具有进一步延展的空间,后续还可以加强实证分析部分的内容,夯实学术成果的全面性与系统性。

当今科学技术发展迅猛,专利权的作用和地位日益凸显,专利权保护的意识和趋势越加强劲,各国形成了以促进本国科技和经济发展的专利权保护规则。在这个充满变数的时代,"互联网+"产业形态下专利权保护规则的适应性问题值得我们去审视、检讨与重构。《"互联网+"产业形态下专利权保护规则适应性研究》正是这样的一部力作。在本书即将付梓之际,衷心祝愿李晓秋教授在未来取得更加丰富的成果,作出更大的学术贡献,确立其在本领域研究的"学术品牌"。

中国知识产权法学会研究会名誉会长、
中南财经政法大学文澜资深教授

内容提要

"互联网+"产业是顺应互联网新技术的出现而提出来的新经济形态,亦是一场新的变革。它以人工智能、区块链、云计算、物联网、大数据为代表的新一代信息技术与传统产业融合,扩展成为新的商业模式、新的产业形态,构成了当前社会经济形态的基础,是数字经济体系中最重要的内容。"互联网+"产业形态将互联网的创新应用成果深化于国家经济、科技、军事、民生等各项经济社会领域中,可以有效提升各产业的生产质量与服务效率,推动产业的创新发展,最终提升国家的生产力。

新的商业模式和新的产业形态的发展离不开国家政策支持和法治保障。就法治保障而言,法律之治是一种规则之治。知识产权保护规则与科技、经济有着特殊的联系,是现代科学技术进步与市场经济发展的推动器。而在知识产权保护规则中,专利权保护规则处于核心地位。专利权保护规则作为科技创新的一种外在的调节激励机制,旨在保护专利权人的合法权益,促进科学技术进步和经济社会发展。专利权保护规则无论对于经济发展,还是技术进步,都有着显著的直接影响。进一步说,专利权保护规则,比如专利权的主体保护规则、客体保护规则、授权规则、行使规则、侵权救济规则等已成为"互联网+"产业形态中竞争和经济发展的重要保障和支撑。

"互联网+"产业形态具有特殊性、差异性和丰富性,而相对于"互联网+"产业形态的复杂性,专利权保护规则总是显得简单、静止。因此,如何以有限的专利权保护规则处理无限的"互联网+"产业形态问题,不仅是"互联网+"产业形态发展中专利权保护规则实践的核心问题,也是整个"互联网+"产业形态发展中专利权保护规则理论研究的核心问题。

本书遵循"创新驱动发展"之理念,以习近平法治思想为根本遵循和研究指引,紧紧围绕"'互联网+'产业形态下的专利权保护规则适应性"核心议题,搭建理论分析框架,以跨学科的视野直面"中国问题",以解决"中国问题"为初心和使命,主要采用案例分析法、比较分析法、文献分析法等多种研究方法,系统地阐述我国提升"互联网+"产业形态下专利权保护规则适应性的基本理论和路径。本书由引言、正文和结语组成。正文共有六章,主要内容概述如下:

第一章,"互联网+"产业形态与专利权保护规则适应性的阐释。本章是研究起点,旨在解决"为什么'互联网+'产业形态需要提升专利权保护规则的适应性"的逻辑追问,搭建理论分析框架,进而为研究奠定理论根基。本章重点从三个方面阐释"互联网+"产业形态的基质;专利权保护规则的适应性及其意义;"互联网+"产业形态与专利权保护规则适应性的耦合。

第二章,"互联网+"产业形态下专利权保护规则的不适应性呈现。这是本书的重点之一。作者通过大量收集阅读大量文献,梳理出"互联网+"产业形态中专利权保护规则不适应性的主要表现,有利于提升"适应性"时"精准发力"。具体而言,不适应表现为:专利权保护主体规则确定之困;专利权保护客体规则择定之谜;专利权获得规则厘定之难;专利侵权认定和责任承担规则适用之惑。

第三章,"互联网+"产业形态下专利权保护规则不适应性的致因。适应性良好的专利权保护规则可"为天才之火添加利益之油",反之则不具有适应性的专利权保护规则可能成为技术与经济发展的掣肘。综观世界各国,面对塑造"互联网+"产业形态浪潮的袭来,确保专利权保护规则的适应性已是必然趋势。若要探寻消除不适应性的良方,首先需要理论上发现"不适应性"的致因,进而为我国路径选择做好铺垫。本章从三方面探索基础因素、规则内部因素、规则外部因素。

第四章,提高"互联网+"产业形态下专利权保护规则适应性的路径及其域外实践。这是本书写作的难点之一。"互联网+"产业形态正在世界各国形成。消除专利权保护规则不适应性,确保专利制度的法治支撑作用得以发挥,已成为国家竞争力提升的重要环节,也是全球新兴的研究领域。我国亦有必要科学借鉴域外经验,消除"盲点",进而开阔视野,制定最佳方案。具体内容包括：消除"互联网+"产业形态下专利权保护规则不适应性的逻辑理路；考察域外提升专利权保护规则适应性的立法和司法以及审查实践；总结并评析域外实践中的问题与经验，进而得出相应启示。

第五章，中国"互联网+"产业形态下专利权保护规则适应性的检视。当前，数字经济时代已经到来。在推动"互联网+"产业形态发展过程中，如何确保专利权保护规则的适应性，亟须理论回答。解决中国问题，确保成果"接地气"，这是本书的依归之所在。为此，需要全面检视我国"互联网+"产业形态下专利权保护规则适应性的现状与问题。本章分析了我国专利权保护涉及的主体、客体、授权、侵权责任四个方面的立法规定，以及这些规则的司法适用，并在此基础上梳理了专利权保护的立法不足和司法适用困境。

第六章，提高中国"互联网+"产业形态下专利权保护规则适应性的建议。这是本书写作的落脚点，也是研究重点、难点。本章针对提出的问题，着重从三个方面给予了回答：提高中国专利权保护规则适应性的基本原则；提高中国"互联网+"产业形态下专利权保护规则适应性的立法建议；提高中国"互联网+"产业形态下专利权保护规则适应性的司法建议。

目 录

引言 "互联网+"产业形态下的专利权保护规则适应性：并非
　　　虚构的话题 ……………………………………………………（1）
第一章 "互联网+"产业形态与专利权保护规则适应性的阐释 ………（4）
　第一节 "互联网+"产业形态及其主要特点 ……………………（5）
　　一 "互联网+"产业形态的形成发展 ………………………（5）
　　二 "互联网+"产业形态的主要特点 ………………………（6）
　第二节 专利权保护规则的适应性及其意义 …………………（10）
　　一 专利权保护规则适应性的理论内涵 ……………………（10）
　　二 专利权保护规则适应性的理论基础 ……………………（19）
　　三 专利权保护规则适应性的制度意义 ……………………（22）
　　四 专利权保护规则适应性的实现机制 ……………………（25）
　第三节 "互联网+"产业形态与专利权保护规则适应性的耦合 ……（26）
　　一 "互联网+"产业形态的出现对专利权保护规则提出
　　　　适应要求 …………………………………………………（26）
　　二 "互联网+"产业形态的塑造需要专利权保护适应性
　　　　规则支撑 …………………………………………………（27）
　　三 "互联网+"产业形态与专利权保护规则适应性耦合
　　　　典型例证 …………………………………………………（30）
　本章小结 ……………………………………………………………（33）
第二章 "互联网+"产业形态下专利权保护规则的不适应性呈现 ……（35）
　第一节 专利权主体保护规则的不适应性 ……………………（36）
　　一 发明创造的专利权主体保护规则 ………………………（36）

二　专利权主体保护规则的理论基础——人类中心主义……………（40）
　　三　人工智能技术的权利主体地位争议………………………………（42）
第二节　专利权客体保护规则的不适应性……………………………………（46）
　　一　专利权客体保护规则的理论基础——技术中心主义………………（46）
　　二　传统商业方法和算法的专利不适格性………………………………（47）
　　三　域外商业方法和算法专利适格性判断标准及适用困境……………（51）
　　四　中国《专利审查指南》确立的判断准则及其适用困境……………（54）
第三节　专利授权规则的不适应性……………………………………………（59）
　　一　创造性标准的判断规则………………………………………………（59）
　　二　商业方法和算法领域普通技术人员创造性判断能力的
　　　　不适应性………………………………………………………………（61）
　　三　域外关于商业方法和算法创造性判断实践及其问题………………（64）
　　四　我国商业方法和算法创造性标准的缺位……………………………（66）
第四节　专利侵权救济规则的不适应性………………………………………（69）
　　一　网络专利侵权诉讼管辖地确定之难…………………………………（69）
　　二　网络专利侵权行为的判定之难………………………………………（72）
　　三　网络专利侵权诉讼举证责任分配之难………………………………（74）
　　四　电子商务平台经营者专利侵权责任的界定之难……………………（76）
本章小结…………………………………………………………………………（77）

第三章　"互联网+"产业形态下专利权保护规则不适应性的致因……………………………………………………………（79）

第一节　基础因素：互联网技术迭代更新快…………………………………（79）
　　一　互联网技术撮要………………………………………………………（79）
　　二　互联网技术发展对科技创新活动的影响……………………………（84）
　　三　互联网技术发展给现有专利制度带来的挑战………………………（89）
第二节　内在因素：专利权保护规则的滞后性………………………………（99）
　　一　激励理论功效的有限性………………………………………………（99）
　　二　专利权主体保护规则的固有稳定性…………………………………（100）
　　三　专利权客体保护规则适用的局限性…………………………………（105）
　　四　专利授权规则的一元性与技术多元性的区隔………………………（107）
　　五　专利侵权救济规则执行的相互制约性………………………………（111）
第三节　外部因素：专利权保护规则变革的障碍……………………………（114）

一　专利权保护规则变革的路径依赖……………………（114）
　　二　专利权保护规则变革中的利益失衡………………（121）
　　三　专利权保护规则变革中的技术局限………………（125）
本章小结…………………………………………………………（130）

第四章　提高"互联网+"产业形态下专利权保护规则适应性的路径及其域外实践……………………………………（132）

第一节　提高"互联网+"产业形态中专利权保护规则适应性的逻辑理路…………………………………………（132）
　　一　更新滞后的专利权保护规则：以确定性为中心……（133）
　　二　消除专利权保护规则变革障碍：以灵活性为补充…（135）
　　三　提高"互联网+"产业形态下专利权保护规则适应性路径的法治表达……………………………………（137）

第二节　美国提高"互联网+"产业形态下专利权保护规则适应性的实践…………………………………………（138）
　　一　专利权保护的法制沿革………………………………（138）
　　二　专利权保护的立法动态………………………………（139）
　　三　专利权保护的司法实践………………………………（142）

第三节　德国提高"互联网+"产业形态下专利权保护规则适应性的实践…………………………………………（145）
　　一　专利权保护的法制沿革………………………………（145）
　　二　专利权保护的立法动态………………………………（147）
　　三　专利权保护的司法实践………………………………（150）

第四节　欧盟提高"互联网+"产业形态下专利权保护规则适应性的实践…………………………………………（153）
　　一　专利权保护的法制背景………………………………（153）
　　二　专利权保护的立法动态………………………………（154）
　　三　专利权保护的审查实践………………………………（158）

第五节　日本提高"互联网+"产业形态下专利权保护规则适应性的实践…………………………………………（161）
　　一　专利权保护的法制沿革………………………………（161）
　　二　专利权保护的立法动态………………………………（163）
　　三　专利权保护的审查实践………………………………（165）

第六节　域外实践的评析及其启示……………………………（167）
　　　一　评析………………………………………………………（167）
　　　二　启示………………………………………………………（171）
　　本章小结…………………………………………………………（175）

第五章　中国"互联网+"产业形态下专利权保护规则适应性的检视……………………………………………………………（176）
　　第一节　中国专利权保护的主要立法规定……………………（177）
　　　一　专利权主体保护规则……………………………………（177）
　　　二　专利权客体保护规则……………………………………（179）
　　　三　专利授权规则……………………………………………（181）
　　　四　专利侵权责任规则………………………………………（184）
　　第二节　中国专利权保护规则的司法适用……………………（186）
　　　一　网购专利产品侵权诉讼中"地域管辖"的确定…………（186）
　　　二　多主体实施方法专利侵权案件中全面覆盖原则的遵循……（188）
　　　三　电子商务平台专利侵权纠纷中注意义务的认定………（189）
　　第三节　中国"互联网+"产业形态下专利权保护规则适应性实践的不足……………………………………………（192）
　　　一　专利权保护的立法尚有缺失……………………………（192）
　　　二　专利权保护的司法现存困境……………………………（194）
　　本章小结…………………………………………………………（201）

第六章　提高中国"互联网+"产业形态下专利权保护规则适应性的建议……………………………………………………（202）
　　第一节　提高中国"互联网+"产业形态下专利权保护规则适应性的基本原则……………………………………（202）
　　　一　维护专利权保护法律体系完整…………………………（203）
　　　二　坚持专利权保护中的利益平衡导向……………………（207）
　　　三　促进中国"互联网+"产业形态发展……………………（210）
　　第二节　提高中国"互联网+"产业形态下专利权保护规则适应性的立法建议……………………………………（214）
　　　一　加强专利权保护的立法创新性…………………………（214）
　　　二　提高专利权保护的立法质效……………………………（216）
　　　三　提升专利权保护规则适应性的具体立法建议…………（218）

第三节 提高中国"互联网+"产业形态下专利权保护规则
　　　　适应性的司法建议……………………………………（228）
　　一　延伸司法职能，坚持专利权保护………………………（228）
　　二　重视专利权保护的法律解释……………………………（229）
　　三　发挥专利权保护的指导性案例作用……………………（231）
　　四　提升专利权保护规则适应性的具体司法建议…………（232）
　本章小结……………………………………………………………（247）
结语　面向全面依法治国进程中"互联网+"产业形态下的
　　　专利权保护规则适应性………………………………………（248）
主要参考文献…………………………………………………………（253）
后　记…………………………………………………………………（262）

引 言

"互联网+"产业形态下的专利权保护规则适应性：并非虚构的话题

>法律如同人类，要活下去，必须寻觅某些妥协的途径。①
>
>——[美]本杰明·N.卡多佐

在 21 世纪，对社会进步有重大影响的新技术（如生物技术、新能源、新材料等）如雨后春笋、不胜枚举，但是其中最重要的无疑是互联网技术。② 互联网技术自诞生以来，发展迅速，应用广泛，比如"互联网+"。"互联网+"是顺应互联网新技术的出现而提出来的新经济形态，亦是一场新的变革。它将以人工智能、区块链、云计算、物联网、大数据为代表的新一代信息技术与传统产业融合，扩展成为新的商业模式、新的产业形态，构成了当前社会经济形态的基础，是数字经济体系中最重要的内容。"互联网+"产业形态将互联网的创新应用成果深化于国家经济、科技、军事、民生等各项经济社会领域中，可以有效提升各产业的生产质量与服务效率，推动产业的创新发展，最终提升国家的生产力。

新的商业模式和新的产业形态的发展离不开国家政策支持和法治保障。就法治保障而言，法律之治是一种规则之治。③ 知识产权保护规则与

---

① [美]本杰明·N.卡多佐：《法律的成长 法律科学的悖论》，董炯、彭冰译，中国法制出版社 2002 年版，第 4 页。

② 薛虹：《十字路口的国际知识产权法》，法律出版社 2012 年版，第 7 页。

③ 周少华：《适应性：变动社会中的法律命题》，《法制与社会发展》2010 年第 6 期。

科技、经济有着特殊的联系，是现代科学技术进步与市场经济发展的推动器。[①] 而在知识产权保护规则中，专利权保护规则处于核心地位。这是因为，在科学技术作为首要要素的智力经济中，科技创新是知识经济发展的主要推动力，而专利权保护规则作为科技创新的一种外在的调节激励机制，旨在保护专利权人的合法权益，促进科学技术进步和经济社会发展。据统计，2009年1月1日至2022年12月31日，全球区块链领域专利授权量37595件；[②] 2018年1月至2021年10月，全球人工智能专利申请新增65万件，中国、美国和日本领先世界。[③] 专利数量多少反映技术研发行为是否活跃，以及发明人是否有谋求专利权保护的积极性。而专利权保护的积极性高低仰赖于专利权保护规则是否完善。可见，专利权保护规则无论对于经济发展，还是技术进步，都有着显著的直接影响。进一步说，专利权保护规则，比如专利权主体保护规则、专利权客体保护规则、专利权授权规则、专利权行使规则、专利侵权救济规则等已成为"互联网+"产业形态中竞争和经济发展的重要保障和支撑。

但"互联网+"产业形态具有特殊性、差异性和丰富性。比如抖音，它的主要功能是短视频分享和社交娱乐，用户可以通过抖音观看、制作、分享短视频。但抖音上的用户亦可以通过观看短视频了解各种商品，并在需要时进行购买。此外，抖音还可以通过社交媒体的方式，让用户了解到各种商品的使用情况、好评和差评等信息，帮助用户做出更明智的购物决策。于是，人们不禁想问：抖音可以被视为一种电商平台或者电子商务平台经营者吗？如他人直播中出售侵犯专利权的产品，抖音能否适用"通知—采取必要措施"规则？如何判定它的专利侵权责任？再比如，人工智能生成技术方案是否具有可专利性？如果采用专利权保护，如何认定其"创造性"等三性标准？因此，无论是立法者还是司法者，抑或执法者，都必须面对专利权保护规则的一般性规定与"互联网+"产业形态的复杂性之间的关系问题。

[①] 吴汉东、胡开忠等：《走向知识经济时代的知识产权法》，法律出版社2002年版，第1页。

[②] 数据来源于国家知识产权局知识产权发展研究中心，https：//www.cnipa-ipdrc.org.cn/article.aspx？id=769，最后访问日期：2024年5月20日。

[③] 数据来源于2021年12月15日智慧芽创新研究中心发布的《2021年人工智能专利综合指数报告》，https：//m.thepaper.cn/baijiahao_15859119，最后访问日期：2024年5月20日。

由于专利权保护规则是静止的,而"互联网+"产业形态却是变动不居的,相对于"互联网+"产业形态的复杂性,专利权保护规则总是显得简单。因此,如何以有限的专利权保护规则处理无限的"互联网+"产业形态问题,不仅是"互联网+"产业形态发展中专利权保护规则实践的核心问题,也是整个"互联网+"产业形态发展中专利权保护规则理论研究的核心问题。

党的二十大报告指出:"当前,世界之变、时代之变、历史之变正以前所未有的方式展开。"经济已由高速增长阶段转向高质量发展阶段,"互联网+"产业形态已成为数字经济高质量发展的重要支撑。技术与制度主宰下的现代法治文明,是一个有机的体系。① 专利权保护制度是科技领域最重要的法律制度,这也体现在"互联网+"产业的发展过程中。党中央强调,知识产权保护工作关系国家治理体系和治理能力现代化。《中华人民共和国国民经济和社会发展第十四个五年规划和二〇三五年远景目标纲要》明确要"加快新领域新业态知识产权立法。……培育专利密集型产业"②,《知识产权强国建设纲要(2021—2035年)》《"十四五"国家知识产权保护和运用规划》提出,健全大数据、人工智能、基因技术等新领域新业态知识产权保护制度。这表明,与"互联网+"产业形态的"磨合"过程中,现有的专利权保护规则亟须"变",旨在适应新产业新形态的发展需要。因此,重视和研究"互联网+"产业形态中的专利权保护规则的适应性,具有重要的时代价值和现实意义。

---

① 刘春田:《知识产权司法的大国重器》,《法律适用》2019年第3期。
② 2016年9月,国家知识产权局发布《专利密集型产业目录(2016)(试行)》。2019年4月,国家统计局发布《知识产权(专利)密集型产业统计分类(2019)》。依据分类,专利密集型产业是指发明专利密集度、规模达到规定的标准,依靠知识产权参与市场竞争,符合创新发展导向的产业集合。专利密集型产业的范围包括信息通信技术制造业,信息通信技术服务业,新装备制造业,新材料制造业,医药医疗产业,环保产业,研发、设计和技术服务业七大类。

第一章

"互联网+"产业形态与专利权保护规则适应性的阐释

现在,互联网已经渗入人们生活和社会经济发展的方方面面,给社会带来巨大的改变,也深刻地影响着产业的发展和形态的形成,推动新质生产力的发展。"互联网+"产业形态是顺应互联网新技术的出现而形成的,在经济体系中表现出特定产业类型、产业结构、产业地位、产业关系、产业体系、产业发展趋向等产业状态,它推动了经济转型升级、优化资源配置、促进创新创业、提升消费体验,已成为世界各国科技经济竞争实力中的重要形态,各国纷纷对"互联网+"产业形态展开战略布局。[①] 深化互联网与实体经济融合,打造"互联网+"产业形态,不仅仅是推动数字经济高质量发展的重要举措,更是推进中国现代化、提升国家竞争力并抢占新一轮全球竞争制高点的战略决策。专利权保护规则是具有确定性和有限性的法律规范,与科技变革以及经济发展密切相关。每一次技术变革必然给专利权保护规则带来深远的影响。因此,相对固定和有限的专利权保护规则如何满足"互联网+"产业形态发展的需要,或者说,既有的专利权

---

① 党的二十大报告指出:"加快发展数字经济,促进数字经济和实体经济深度融合,打造具有国际竞争力的数字产业集群。"2022年12月中央经济工作会议指出:"要大力发展数字经济,提升常态化监管水平,支持平台企业在引领发展、创造就业、国际竞争中大显身手。"就美国而言,自互联网诞生以来,它实施了一系列战略并掌握了全世界数量最多最先进的"互联网+"关键技术,进而对传统产业产生了深远的影响。德国于1993年开启互联网商业化进程,近年提出"工业4.0"计划,并将其上升为国家战略;日本于1984年开始发展互联网,并在20世纪90年代初即开始商业化运用,近年日本产业界形成了"工业4.1J"计划。

保护规则如何变化才能适应现实需要？可见，在推进"互联网+"产业形态的形成过程中，深入系统地研究为"互联网+"产业形态中的专利权保护提供适应性的规则支持，对推动我国数字经济的高质量具有重要意义。

第一节 "互联网+"产业形态及其主要特点

一 "互联网+"产业形态的形成发展

产业形态是产业存在发展的外部形式，包括产业结构状态、产业链生态、产业活动质态以及产业发展业态等。

（一）"互联网+"产业形态的缘起：互联网技术的兴起

众所周知，诞生于美国的互联网最初是为了军事领域的需要，后被广泛运用到大学和学术机构。美国国家自然科学基金会于1986年利用TCP/IP协议组建了国家科学基金会网络NSFNET，并随后向公众开放，从而有力地推动了网络的商业化进程，出现了亚马逊、谷歌、甲骨文等知名互联网企业。我国互联网的发展经历了试水阶段的缓慢起步，再到快速进化。在早期，互联网的应用主要以小范围应用电子邮件服务为主。在此阶段，互联网技术同时也应用于高校等机构的科研课题和科技研究中。快速进化阶段发生在1994年之后。该年4月，中关村教育与科研示范网络工程进入互联网，从而实现了国内和全球网络的连接，标志着中国正式成为有互联网的国家，并迅速推动互联网技术商业化，互联网产业形态渐成雏形，涌现了阿里巴巴、腾讯、新浪、网易和百度等为代表的电子商务企业。

（二）"互联网+"产业形态的初步形成："互联网+"的提出

早在2012年11月，有业界专家首次提出"互联网+"理念。[①] 2015年，马化腾委员在向全国政协提交的《关于以"互联网+"为驱动，推进我国经济社会创新发展的建议》提案中阐释了"互联网+"，认为它是利用互联网的平台、信息通信技术，把互联网和各行各业结合起来，从而在

[①] 易观国际集团创始人于扬在2012年第五届移动互联网博览会上指出：在未来，"互联网+"公式应该是我们所在的行业的产品和服务在与我们未来看到的多屏全网跨平台用户场景结合之后产生的这样一种化学公式。

新领域创造的一种新生态。随后,《关于积极推进"互联网+"行动的指导意见》正式印发,该文件的出台推动了互联网产业的发展,是形成新经济形态的重要政策依据。

(三)"互联网+"产业形态的快速成长:"互联网+"推动数字经济发展

当前,人类社会正全面进入"数字时代",数字经济正在成为引领新业态发展的重要力量。据统计,2022年我国数字经济规模达50.2万亿元,总量稳居世界第二;工业互联网核心产业规模超1.2万亿元,农业生产信息化率超过25%;全国网上零售额达13.79万亿元。[①] 可见,"互联网+"引领创新驱动发展的"新常态"推动了创新,深刻地影响我们的工作、学习和生活方式。《"十四五"数字经济发展规划》提出,大力推进产业数字化转型,以数字技术促进产业融合发展。"互联网+"产业形态,其不仅大规模融入物流交通运输业、通信业、商业、餐饮业、金融业、教育产业、医疗业、零售业、文娱业、公共服务业等服务业领域,也融入制造业、采掘、建筑和公共工程业,水电油气业,医药制造业等工业,以及种植业、林业、畜牧业、水产养殖业等农业领域,通过实现"互联网+"的组织架构,赋能传统产业,塑造经济发展新范式。比如,在5G物联网支持下,工业和农业产业中所有的基础设施、生产设备、各种电子产品都被连接起来,这些车联网、智慧城市、智慧能源等多种场景构成的产业形态不同于传统产业。

二 "互联网+"产业形态的主要特点

产业中每一形态有其自身特征,在动态中调整、完善并作用于产业发展。"互联网+"产业形态是充分发挥人工智能、互联网、大数据等生产要素的作用,并将其深度融合于工业、商业等传统产业领域之中,形成更广泛的以互联网为实现工具和基础设施的经济发展新形态。其在产业结构状态、产业链生态、产业活动质态以及产业发展业态四个领域中的主要特点如下:

[①] 数据来源于国家互联网信息办公室于2023年5月23日发布的《数字中国发展报告(2022年)》,https://baijiahao.baidu.com/s?id=1766678835895153497&wfr=spider&for=pc,最后访问日期:2024年5月28日。

第一，以人工智能、区块链、云计算、大数据等为代表的新一代信息技术的融入，为"互联网+"产业形态的发展提供了充分的底层技术支撑。2006年8月9日，Google首席执行官埃里克·施密特（Eric Schmidt）在搜索引擎大会首次提出云计算（Cloud Computing）。它是继互联网、计算机后在信息时代又一种新的革新，是信息时代的一个大飞跃，基本要义在于为互联网的人们提供庞大计算资源与数据中心。云计算已广泛应用在互联网企业以及医疗、教育、金融业等服务业中。比如流行的慕课就是教育云的一种应用，它将所需要的任何教育硬件资源虚拟化，然后将其传入互联网中，以向教育机构和学生老师提供一个方便快捷的平台，Coursera、edX以及Udacity和中国大学MOOC就是这样典型的教育云平台。再比如现在医院的预约挂号、电子病历、医保等都是利用云计算技术来实现，医疗云还具有数据安全、信息共享、动态扩展、布局全国的优势。大数据技术旨在快速获得有价值信息。大数据原本在物理学、生物学、环境生态学等领域以及军事、金融、通信等行业存在已有时日，却在2012年以来随着互联网和信息行业的发展，而被提及和关注。人工智能概念早在20世纪50年代就出现了，后经历数次大起大落，在大数据时代迎来了新生，一系列算法在大数据的支撑下明显提升了可用性。而且随着大数据的不断发展，人工智能也将逐渐开始在互联网领域落地应用，人工智能也正在成为大数据价值体系不可或缺的一部分。可见，互联网能够为云计算、大数据和人工智能等新技术的发展提供土壤，这也表明互联网并不是一个静止的概念，不同时期对于互联网的定义也是完全不同的。就四者的关系来看，互联网、云计算、大数据、人工智能这四个概念本身都有巨大的生态体系和价值空间，从技术的角度来说，广义的互联网奠定了数据交换的基础，这也直接推动了大数据的产生，而大数据的出现推动了云计算技术的形成，也把人工智能推到了一个新的发展阶段，可以说互联网是大数据的基础，而大数据则是云计算、人工智能的基础。这也决定了"互联网+"产业形态具有明显的"信息技术（IT）+通信技术（CT）+运营技术（OT）"特点。

第二，形成新的商业模式。商业模式是指企业与企业之间、企业的部门之间乃至与顾客之间、与渠道之间存在各种各样的交易关系和联结方式，它可以确保使用者占据市场优势地位。易言之，商业模式是一个企业从事商业的具体方法和途径，以及这些方法和途径包括的元素。一般认为，一个好的商业模式至少应包括：消费者目标群体、价值主张和配置、核心能力、客户关系、价值链、分销渠道、成本结构。① 比如无论是手机银行还是智能家居的健身跟踪器和恒温器，都意味着金融企业和家居制造企业以及电器制造业采用了新一代信息技术来联结企业与消费者的关系，形成了新的商业模式。

第三，中心式的平台经济和分布式的产销共生的 C2B 商业共存并融合。1995 年被称为世界互联网商业元年，这是因为，Yahoo、Amazon 这两大互联网巨头于 1995 年成立。自此以后，互联网发展已经从 PC 互联网发展到移动互联网，到了今天，又进入一个全新的阶段。在近 30 年的发展过程中，迅速发展的互联网以消费为主线，早已渗透到人们生活的各个领域。可以说，互联网近 30 年来的发展主要是消费互联网的发展。② 而近年来，消费互联网红利正在逐渐减退，随着"互联网+"趋势的深化发展，互联网企业逐渐向以工业为代表的传统产业渗透，同时传统产业开始主动拥抱互联网即"+互联网"，互联网对产业的影响正在凸显，互联网主体已经逐渐渗透到企业和全产业链条、全生命周期，产业互联网时代已经到来。③ 在消费互联网时代，以中心为代表的平台经济是一个主要特征。无论是以阿里巴巴、腾讯为代表的大型的综合型的中心，还是以美团、京东、拼多多为代表的行业型的中心，中心化、平台化是消费互联网时代的主要表现形式。在产业互联网时代，分布式的商业形态则是其主要特征。即信息和数据的传输不再借助大型的平台便可以实现，达成的是点对点的传输效果，实现了一个又一个的新的产业、新的场景，而不是将不同的产业和场景全部集中到某一个大型的平台上。在产业互联网时代，实体企业将会主导电商，产业互联网平台是由产业特性决定的，任何企业都要采购

---

① 价值主张即公司通过其产品和服务所能向消费者提供的价值；消费者目标群体即公司所瞄准的消费者群体；分销渠道即公司用来接触消费者的各种途径；客户关系即公司同其消费者群体之间所建立的联系；价值配置即资源和活动的配置；核心能力即公司执行其商业模式所需的能力和资格；价值链是为了向客户提供产品和服务的价值，相互之间具有关联性的，支持性活动；成本结构即所使用的工具和方法的货币描述。

② 消费互联网，就是以个人为服务对象，从电商、社交、搜索等领域的消费为主线，渗透到百姓生活的各个领域，极大地影响人们的生活和消费习惯。

③ 产业互联网是以生产者为用户，以生产和交易活动为目标的互联网应用，体现为互联网对各产业的生产、交易、融资、流通等各个环节的改造。

原材料，采购服务。因此，如果实体企业有能力做产业互联网平台，就有机会主导电子商务的应用。当前，产业互联网已成为数字产业化和产业数字化的重要载体，是数字经济发展的高级阶段。在推动产业互联网深入发展的同时，还需要加快融合消费互联网，这也决定了在"互联网+"产业形态的形成和发展过程中，中心式的平台经济和分布式的产业互联网平台经济会共存，并将逐步融合。①

第四，带来技术、文化、法律制度等风险。"互联网+"将传统产业与信息技术融合，可以大幅提高生产效率和工作质量，通过吸取互联网领域的经验和技术创造出更有创意、更具前瞻性的产品和服务，通过互联网技术提供极具个性化也更加丰富的服务，满足不同消费者的需求，也让人们更加便捷地获取和分享知识和信息，促进社会智慧和经验的共享。但"互联网+"产业形态也带来诸多风险和挑战，这些风险和挑战主要存在三方面：技术风险、产业壁垒风险、制度风险。其一，技术风险。从技术来看，"互联网+"产业形态需要解决技术上的难题，例如数据安全、信息安全、网络带宽和稳定性等方面的挑战。此外，新兴技术的快速发展也需要相关技术更新。其二，产业壁垒风险。从产业发展来看，传统行业的数字化转型需要克服传统产业的壁垒，包括企业文化、管理模式、组织结构等方面的改变。同时，传统行业可能面临与互联网企业的竞争，需要寻找新的商业模式和竞争优势。其三，制度风险。随着人工智能、区块链、云计算、物联网、大数据的应用，"互联网+"产业形态对知识产权保护、对用户的个人隐私保护和企业的数据安全保护都提出了更高的要求。新形态新模式的无限时空性与传统知识产权的有限保护（时间、地域和空间、范围）之间形成一定冲突。因此，"互联网+"产业形态，尤其是"互联网+"产业形态中的比较常见的交易平台模式中知识产权侵权行为也不断增多，侵权手段更加多样、隐蔽。

总体上看，"互联网+"产业形态对经济社会产生了深远影响，推动了经济转型升级、优化资源配置、促进创新创业、提升消费体验，也推动了社会发展和变革。与此同时，各种风险和挑战早已暗涌。

---

① 陈根：《从消费互联网到产业互联网，数字经济发展走向高级阶段》，https：//user.guancha.cn/main/content? id=373409，最后访问日期：2023年8月22日。

第二节 专利权保护规则的适应性及其意义

当今科学技术迅猛发展，专利权的作用和地位日益凸显，专利权保护的意识和趋势越加强劲，各国形成了以促进本国科技和经济发展的专利权保护规则。"互联网+"产业形态作为一种新兴经济模式的崛起，需要现有专利权保护规则的适用，但与此同时，新业态新模式的复杂性对于专利权保护提出诸多挑战和要求，需有专利权保护规则保持一定的灵活性。因此，如何确保专利权保护规则的稳定性，同时灵活应对新经济模式的复杂性，有必要探究专利权保护规则的适应性及其意义。

一 专利权保护规则适应性的理论内涵

（一）适应性的内容与思想

英文中的"adaptation"是指适合、调整的动作、过程、状态。我国近代出现"适应"一词。"适"者，《康熙字典》解释为"之也""往也""如也""至也""从也"，《说文解字·部》有"之也"义项，即为到、前往；"应"者，《康熙字典》解释为"当也""受也""答也"等，《说文·心部》有"当也"义项，意为该当。[①]"适应"在《辞海》中的解释有两个义项：（1）生物在生存竞争中适合环境条件而形成一定性状的现象。它是自然选择的结果。（2）在生理学和心理学上指感觉适应，即感受器在刺激持续作用下所产生的感受性的提高或降低的变化。[②]其中阐明了"适合"之动作和"适应"之对象，尤其是生物环境，指向生物学本源。

"适应"这一概念首先出现在生物学领域，指生物体在环境的威力下所做出适合生存的改变，由查尔斯·达尔文（Charles Darwin）在他的进化理论中系统阐释。进化理论明示了生物与环境的深层关系，即生物对环境是否具有适应性。该理论对社会科学产生了广泛的影响，并相继被引入社会学、心理学、教育学、文化人类学、建筑学、法学等学科。在我国的哲学思想中，早已存在朴素的适应观，比如"唯变所适"。而易理的核心

[①] 谷衍奎编：《汉字源流字典》，语文出版社2008年版，第481页。
[②] 辞海编辑委员会编：《辞海》，上海辞书出版社1989年版，第2744页。

观念即变化的永恒，荀子在《天论》中说"天道有常，不为尧存，不为桀亡。应之以治则吉，应之以乱则凶"，突出对自然规律的认识，适应自然规律。

综合起来看，适应性原本是指生物体与环境表现相适合的现象，或者是一种调适的能力。各个学科的适应性本质上借用了生物学上"适应性"的意思，是指某个个体或者事物应对它所对应的环境或者场合变化的能力。可见，适应性不仅是一种状态，也是一个过程；适应性不仅有强弱，也有高低；适应性已成为人、事物、社会的特性。

（二）法律规则适应性：法律规则局限性的自我调适机制

法律规则是规定法律上的权利、义务、责任的准则，通常包括假定（条件）、行为模式和法律后果。在哈特的"规则"体系中，"法律规则"包含初级规则和次级规则，前者是对社会成员的权利和义务作出规定，具有不确定性。为了弥补这种不确定性，哈特引入承认规则等次级规则。[①]它是国家机关制定或承认某些社会惯例规则的效力，据此对社会成员科以义务，同时对违反规则的行为依据裁判规则作出裁判。而作为调整社会关系基础的规则，就应该是国家机关采取一定的结构形式，具体规定人们的法律权利、义务以及相应的法律后果的法律规范。这样以规则作为社会成员的行为准则或依据，做出某种行为有其根据，而因其行为受到惩罚同样是依据规则而为。法律规则的基本功能在于对人们的行为提供确定的、可预测的导向。有学者指出，法律规则是一种狭义的法律规范，是社会发展到一定阶段的产物，采取一定的结构形式具体规定行为人的权利、义务以及相应的法律后果的行为规范。法律规则不同于法律条文的内容，也不同于法律原则。[②] 法律规范具有以下特点：

第一，具有普遍性。法律规则摒弃了个别社会关系的特殊性，而是抽象于复杂的社会关系中，因此表现为具有一般共性的同类社会关系。易言之，法律调整的社会关系已经类别化。因此，其在适用范围上，就只适用于某一类型的行为。

第二，具有确定性。作为一种指导人们行为的规则，法律规则必须具有相当的确定性，以让人们明确行为的边界和后果。"这是维持社会生活

---

① [英]哈特：《法律的概念》，张文显等译，中国大百科全书出版社1996年版，第95页。
② 邓世豹主编：《立法学：原理与技术》，中山大学出版社2016年版，第308页。

秩序的一般要求。"① 因为，法律如要达成追求的基本目标，就需要法律具有确定性。换句话说，确定性的法律生活，需要确定性的法律规则。确定性是法律规则的一个基本特征。这主要体现在：法律规则在内容上的规定是明确具体的，目的是削弱或防止法律适用上的"自由裁量"，让法律制度变得"坚硬"。

但是，法律规则的普遍性和确定性也会导致法律规则的功能发挥存在不完善：首先，立法者不可能预见到一切，也不可能制定一个无所不包的法律规范，这也决定了任何法律规则都会有缺漏和盲区。因此要用稳固不变的法律规则处理变化的社会问题，势必显得力不从心。其次，确定性要求规则应明确无误，且尽可能地避免模糊性，以便于当事人准确地根据规定做出行为。但实际上，文字表达的法律规则可能在文字上并不确定，或者由于未曾（能）预测等原因，亦会导致法律规则无所适从。这些都表明，法律规则必然存在局限性。主要体现在以下两个方面：第一，体现法的正义具有局限性。具有普遍性的法律在适用于个别情况的时候，其结果则未必公正；立法者和法律适用者的认识局限导致立法不可能达到绝对正义，司法适用也未必能完全反映正义。总之，不尽完美的法律规则难免不可能完全体现正义。第二，司法运用具有局限性。司法是主体机构和人员依照法定职权和法定程序，具体适用法律处理个案的专门活动，旨在个案公正。而法律规则本身对类型化的社会关系的调整，这就导致不可能一一对应变化着的生活事实，从而可能造成立法和司法适用的矛盾，破坏对法律的完美期待。

法律规则的局限性，需要弥补、克服或者完善。这与生物适应外界环境之间能力具有相似性。因此借鉴生物学上的"适应性"，法律规则为适应社会生活，需要弥补、克服或者完善的自我调适过程，即是将适应性的因素不断注入法律规则的机体之内，以确保法律规则发挥其应有的作用。这种适应性的因素是在一定的法律观念的支配下，通过各种法律技术和方法的综合运用，法律在其运行过程中所具有的，能够使各种法律价值得到合理平衡、使法律的目的得到最大实现的一种内在机制。② 实际上，法律规则的适应性和法律规则的确定性并不矛盾。法律规则从来都是在自由与

---

① 高桐：《法律的确定性和适应性：英国模式》，《比较法研究》1998年第2期。
② 周少华：《适应性：变动社会中的法律命题》，《法制与社会发展》2010年第6期。

秩序、能动与克制、形式法治与实质法治的矛盾互动中发展进步的。法律规则对时代、社会、技术、政治和国情的适应程度越高，法律规则的功能作用发挥得就越充分。① 正如美国法学家卡多佐所说："法律的确定性并非追求的唯一价值；实现它可能会付出过高的代价；法律永远静止不动与永远不断变动一样危险；妥协是法律成长的原则中很重要的一条。"②

（三）专利权保护规则适应性的理论要点

1. 专利权保护规则适应性命题的确立

专利权保护规则适应性命题的确立，来源于现代社会的核心特性适应性和法律规则的适应性。③ 一般而言，法律规则适应性旨在协调与确定性的紧张关系。依此不难得出，法律规则适应性概念的理论基础和价值前提源于法律规则的确定性。确定性为现代社会的专利法治化程度划定标杆，为人们提供明确的行为模式，为人们在遵循保护专利权人利益原则时提供形式正义；适应性可以弥补确定性在专利权保护规则具体适用过程中出现的不足，如规则前瞻性不够，且简单僵化，进而满足个案公正，体现实质正义；适应性还可以在研究范式或方法论意义上为确定性提供理论支撑。可见，专利权保护规则的确定性体现的是一种绝对的具象，体现为具体的手段和方式，而适应性则是一种相对的抽象，体现为一种深层次的价值理念的表达。循此理解，我们认为，在专利法学研究中引入"适应性"概念，无疑是新研究领域中的勇敢尝试。

如果进一步审视和解读"适应性"概念，可从专利权保护追求的"公正与效益"之价值目标出发。吴汉东教授说："一般认为，知识产权法律价值主要是正义、效率和创新。"因此，专利权保护规则缺乏适应性，一般不可能达到价值目标。专利权保护规则适应性同公正和效益的关系非常密切，能够满足对公正的追求，能够实现最大化效益。

随着人类社会的经济、技术等的发展，专利权保护的主体、客体、内容、方式等并不是一成不变的，也在发生变迁。从世界上出现最早的"威尼斯专利法"算起，专利权保护的历史已近六百年了，即使从英国的"垄断法"算，

---

① 丁国强：《法治具有适应性》，《山东大学报》2023年第23期。
② ［美］本杰明·N.卡多佐：《法律的成长　法律科学的悖论》，董炯、彭冰译，中国法制出版社2002年版，第12页。
③ 于阳：《刑罚适应性的确立与确证研究》，《政治与法律》2022年第7期。

前后也有四百年了。观其发展的历史,整个过程大致可分为四个阶段。即萌芽期:英国"垄断法"以前的历史,也就是 1624 年以前或者称为"专利史前期";① 成长期:1624—1823 年签订《保护工业产权巴黎公约》(以下简称《巴黎公约》) 这一段历史②;发展期:从《巴黎公约》签订至《与贸易有关的知识产权协议》(Agreement on Trade-Related Aspects of Intellectual Property Rights, TRIPs) (以下简称《知识产权协议》) 制定的历史;③ 超速发展期:从《知识产权协议》实施至今的阶段。④

---

① 从这一阶段的历史可以看出,当时的"专利",从国王的恩赐特权经过《威尼斯专利法》到英国的《垄断法》,可以说大多属于"专卖权"的性质。这种特权所禁止的行为主要是对手工业者有直接威胁的销售,这在"威尼斯专利法"中体现得尤为突出。而不像今天的专利是一种全面排他的独占权,禁止全部利用的经营性行为,这与当时工业生产以手工为主有着直接的关系。就其保护范围来说,当时的特权所保护的仅是直观的有形物品或者其生产工艺,而并不保护这些产品中所体现的发明思想和所表达的技术方案。

② 在这一阶段的前期,由于生产仍是以手工工场为主要方式的作坊性质,因此当时专利权的保护对象仍然大都以产品或者装置为主。它与萌芽期相比所不同的是,已经基本上摆脱了皇室恩赐买卖的性质,而成为产业上的垄断要求。但是在手工业生产的时代,技术不可能成为提高劳动生产率的主要动力,而只能靠劳动分工的深化来取得生产率的提高。所以不难想象这一时期专利的保护仍未达到今天保护技术方案或者发明思想的高度。随着工业革命浪潮的冲击,新技术的应用所带来的巨大收益,刺激了资本对新技术的投入开发,使资本对技术的投入成为资本投入生产的前序,成为整个资本循环过程中的一个环节。在这种情况,资本自然要求对这种投入赋予某种保护。正是在生产、技术、经济的这种需求之下,专利的保护也随之发生了变化。专利权所禁止的行为扩展到各种经营活动,包括生产、销售、使用以及进口保护的对象也从单纯的直观有形产品演变成为这种产品中内含的技术方案和所表达的发明思想。

③ 从《巴黎公约》的产生到《与贸易有关的知识产权协议》的实施,世界在政治、经济、科技等方面发生了巨大变化。经过两次世界大战,资本主义经过从自由发展阶段到垄断阶段发展。过去几个大国主宰世界的时代已经结束。二次大战后的民族主义在亚、非、拉掀起的广泛的非殖民化运动,从中产生的第三世界以及东欧集团的形成与解体,这一切都改变了国际政治形势。世界进入了多元化时代。在此种国际政治、经济、技术发展的推动下,专利权保护的规模和范围也随之发生了变化,其规则也在发生变化。

④ 这一阶段,科学的新发现、高新技术的广泛应用,极大地促进了生产力的发展。技术已成为经济发展甚至政治斗争的重要因素,高新技术也已成为各国竞争的焦点。这种国际政治上的多元化和新技术上的激烈竞争,使当今世界进入了一种相对平等的国际竞争时代,而技术竞争是这场斗争的中心,人工智能、区块链、互联网技术、算法等前沿技术更是技术竞争的焦点。为确保技术领先的制高点,各国进一步展开了对于商业方法、算法的可专利性、创造性和实用性标准,主观过错和民事责任的适应性机制的构建。

2. 专利权保护规则适应性的内涵

专利权是指国家根据法定程序授予发明人或设计人在一定期限内的一种专有权利。专利权保护规则是规定人们一旦做出侵犯专利权行为,应当承担何种法律责任,受到何种法律制裁。具体来说,该规则涉及专利权的主体、专利权的客体、专利权的内容以及专利侵权判定、专利侵权责任。专利权保护规则是保护专利权的基础,它在整个社会发展过程中起着决定性的作用,影响着社会的正常运作,具有以下特点:首先,具有权威性。专利权保护规则只有在官方有效通知之后才有效,任何其他可能存在的来源的规则都是无效的。其次,制定具有客观性,即专利权保护规则在构建和实施时,应客观、实际。专利权保护规则需要符合国家定义的标准,并以具体行为为制定的依据,遵守某种不变的规则和程序的要求。再次,具有执行性,即在一定的情景中,不管诉讼双方,任何一方的行为都必须遵守法律规则。复次,具有确定性,即法律规则不可更改,内容明确具体。最后,具有约束性,即专利权保护规则能够处罚不遵守其规则的行为,应被严格实施,使行为主体受到有力的约束。

专利权保护规则作为一种保护专利权的法律规则,同样具有普遍性和确定性。这也决定了专利权保护规则有其内在的局限性。专利权保护规则为了弥补局限性,需要自身的调适安排。这种调适机制,即为专利权保护规则的适应性。质言之,专利权保护规则适应性就是指在专利法治观念的支配下,通过强调一种理论的构建或者制度的创设,并综合运用各种法律技术和方法,使专利权保护规则在其制订和适用两个重要环节中体现出各种法律价值的合理平衡,使规则保护目的得到最大实现的一种状态或者机制。

3. 专利权保护规则适应性的外延

不同于传统的和规范的专利权保护问题,专利权保护规则适应性的外延更宽广。具体而言,涉及以下内容:

第一,专利权保护与人类社会创新发展的大趋势的适应。可以认为,专利权保护的历史发展进程是与人类社会不断创新的脚步同步的。一般而言,专利权保护规则的适应性与科技、经济、政治等诸多方面,以及国际保护中的从无到有、从弱到强、从窄到宽等趋势相适应。专利权保护的历史,可以上溯到中世纪。1623年英国颁布的《垄断法》被认为是现代意义上专利法诞生的标志。18世纪初,资产阶级革命之后的英国又进一步改善它的专利制度。到了19世纪末期，随着各国间经济、技术、贸易日益增多，原有的专利体系不能很好地适应当前的形势，而迫使专利制度走向国际化。第二次世界大战以后，国际化的趋势更加明显，并签订了一系列专利保护的国际条约（《专利合作条约》《工业品外观设计国际保存海牙协定》《专利法条约》《欧洲专利公约》《国际承认用于专利程序的微生物保存布达佩斯条约》等），并成立了世界知识产权组织。专利权作为一种私权，是民事权利的重要组成部分。而在一个法治文明程度较高的国家，是否有效完整保护私权已成为重要的标志。目前，全世界建立专利保护制度的国家超过140个，国际条约超过20个。[①] 因此，专利权保护规则的适应性应与人类社会创新发展的大趋势相适应。

第二，专利权保护与特定时期专利保护政策相适应。专利政策，是国家和地方公共团体旨在鼓励和保护创新、推动技术进步和经济发展采取的一切措施。一个国家特定时期的专利政策是与当时的科技与经济发展相吻合的。而专利权保护作为与科学技术联系最紧密的法律制度，必然受到专利政策的影响和制约。专利权保护应当是与国家特定时期的专利政策相适应的，因为专利政策必然影响专利立法、专利司法以及专利执法。不符合专利政策要求的专利权保护规则必然面临修订的现实需要。当前，人工智能、物联网、区块链等新兴技术发展迅速，数字经济快速崛起，云计算、大数据、物联网、工业互联网、区块链、人工智能、虚拟现实和增强现实产业已成为数字产业中的重点产业。[②] 重点产业的发展离不开专利法治的特别保障和专利政策的支持，以解决新的治理问题。例如，既有规则的非适用性。因此，专利权保护应与特定时期的专利保护政策相适应。

第三，专利权保护与具体的保护规则相适应。专利权保护与具体的保护规则的适应主要涉及规则设置的合理性，或者规则制定的公正性问题。一个具有创新性的发明创造，法律需要为其匹配相当的法律地位。网络交易平台虽未实际实施专利侵权行为，但其在网络中具有的强大的

---

① 数据来源于世界知识产权组织，https：//www.wipo.int/portal/en/index.html，最后访问日期：2023年8月22日。

② 《中华人民共和国国民经济和社会发展第十四个五年规划和二〇三五年远景目标纲要》中"加快数字化发展　建设数字中国"单列篇章，在该篇章中框定了数字经济重点产业的具体范围。

控制力。① 平台治理早已成为许多数字经济先发国家优先关注的政策议题之一。② 因此，是否要求网络交易平台承担注意义务、承担注意义务的内容和范围都需要审慎设置。事实上，随着算法等技术的采用，网络服务提供者的"控制力"愈来愈强大，要在事实层面给予"控制力"相应的法律担负，就必须要求行为人承受与其行为相适当的法律责任之苦，以此方能实现专利侵权责任特殊预防之目的。平台纵深扩张的双边或多边性交叉、破坏性创新和动态性竞争，不仅打破以往产业边界，在引领数字经济模式和场景创新以及生产方式和社会转型方面发挥重要作用，而且从根本上改变了传统法理论中主体与客体、公权与私权、国家与社会的二元架构，③ 一跃成为"国家/平台/社会（公权力/私权力/私权利）三元框架"中的一元④。因此，在立法上准确定位网络服务提供者的注意义务内容和范围，有助于网络平台的科学治理。

第四，专利权保护与具体的适用规则相适应。同样，专利权保护与具体的适用规则相适应是一个微观层面的问题，主要涉及规则的司法适用，或者是司法裁判的公正问题。因为无论专利权保护规则有多么明确具体，都毕竟只是一套形诸文字，并由概念和规则交织复合而成的逻辑系统，无法与不断迭代更新的技术等社会事实完全匹配，进而导致规则漏洞、歧义、模棱两可、含糊不清等情形的产生，需要法官在法律适用过程中进行价值评判。司法裁判的关键不在于法律适用的结果具有唯一正确性，而是获得判决结果的过程和理由是否合乎法理情理，法官应当通过判决说理来论证判决结果的正当性。司法裁判是一门"说理的艺术"。⑤ 因此，在专利权的司法保护过程中，应与具体的司法裁判规则相适应，讲求体系性思维，注重法律的论证和规范反思，坚持能动司法。⑥

---

① Robert P. Merges, "Patent Markets and Innovation in the Era of Big Platform Companies", *Berkeley Technology Law Journal*, Iss.1, 2020.
② 梁正、余振、宋琦：《人工智能应用背景下的平台治理：核心议题、转型挑战与体系构建》，《经济社会体制比较》2020 年第 3 期。
③ 张新平：《网络平台治理立法的反思与完善》，《中国法学》2023 年第 3 期。
④ 马长山：《数字法学的理论表达》，《中国法学》2022 年第 3 期。
⑤ 宋北平：《裁判文书论证与说理》，人民法院出版社 2022 年版，"序言"。
⑥ 张骐：《简论新时代人民法院能动司法》，《中国应用法学》2023 年第 4 期。

4. 专利权保护规则适应性协调的主要关系范畴

专利权保护规则适应性外延非常广泛，除了与上述规则相适应外，还应当包含其他方面的一些适应性问题，主要体现为专利权保护系列观念：私人利益与公共利益平衡、公平与效率、成本与效益、强化与滥用等。这些关系范畴往往需要相互结合考察，而专利权保护规则适应性命题所涵盖的作用和意义、理念和价值正好可以起到协调和整合这些关系范畴的积极作用。

5. 专利权保护规则适应性的特点

专利权保护规则适应性既是一种深层次的价值理念的表达，又是具体的机制，还是一种调整社会关系的能力。具体体现为：

第一，体现专利权保护规则内在的精神价值和意蕴，并能够协调专利权保护内部的各种紧张关系，有效化解强化专利权保护与专利权滥用之间矛盾，使之达到一种均衡有序的平稳状态。发明创造是艰苦的脑力劳动，为了给从事发明创造的专业人才营造良好的法律环境，形成激励创新的氛围，引导科技行业走向繁荣之路，立法者设计出了专利权保护规则，司法人员运用这些规则来保护发明创造者的利益。由于专利权客体的无形性，发明创造作为知识产品的易受侵害性，在知识产权时代，特别是高科技时代，强化保护专利权能够更好地推动发明创造的创新。但专利权天生是一种垄断权利。权利是指法律确认的主体依法应享有利益。权利主体的欲望总是无止境的。正如孟德斯鸠说："有权力的人都容易滥用权力，这是千古不变的经验。"[①] 由此，滥用权利的现象也就变成了一种必然。因为"任何权利的规定，原则上只是确定一种规范，将人们的行为纳入一定的范围，而不是具体规定权利主体如何行使权利以实现权利的内容，这容易为权利人滥用权利留下空隙"[②]。可见，作为一种"垄断性的私权"，专利权同样具有权利滥用之秉性。因此，从专利权保护规则承载的"二元价值"来看，即鼓励发明创造与促进科学技术的发展，适应性应当体现专利权保护的内在精神和价值，并使其达到一种均衡状态。

第二，以一整套行之有效的机制体现在专利权保护立法和司法以及执法中。确立专利权保护规则适应性论题，并非只是证成一种理念或者原

---

① [法] 孟德斯鸠：《论法的精神》（上），张雁深译，商务印书馆1959年版，第154页。
② 汪渊智：《论禁止权利滥用原则》，《法学研究》1995年第5期。

则。我们认为，专利权保护规则适应性命题还具有重要的实践品性。如前所述，它可以调适与确定性的关系，避免立法局限；可以调控法官的自由裁量权，避免司法者的滥用倾向。

第三，衡量调整社会关系的能力。适应性是法律的一种内在品格，也是现代社会的核心特性。专利权保护规则的权威性和法律秩序的整合性来自更有效率的规则设计，这些设计是一种符合社会变革需要的规范性模式。正如有学者提出，现代社会应当向回应型法的治理模式迈进。回应型法的特征就在于：在法律推理中目的的权威得以加强；目的可以缓和服从法律的义务，从而使一种较少僵硬而更多文明的公共秩序概念有了形成的可能；使法制具有开放性，从而促进法制的改革和变化。可见，专利权保护规则适应性体现了专利法律制度调整社会关系的能力。

二 专利权保护规则适应性的理论基础

（一）基于财产权理论滋养的"附随"风险阻控

通过几千年的浸润，诞生于古希腊时期的财产权理论已经深深地扎根在西方价值观念中。私有财产神圣不可侵犯，是西方法律制度的一项基本原则。财产权理论认为，专利权是依托财产权理论而建构起来的，其实质就是财产权一般理论在该领域的直接适用。专利权保护规则依赖于财产权理论，西方哲学也为专利权的正当性提供了理论注脚。与此同时，财产权理论还认为，现实中存在大量滥用财产权的情形，需要设计限制性制度来防止滥用。这种制度设计理念，直接为专利权保护理论所吸收和运用。不仅如此，日益财产权化的趋势导致专利权的垄断而其无节制地适用也忽视了不同产业的特征和需要，忽视了高新技术变革发展中发明创造异质性，使得形形色色的发明创造越来越普遍地被财产权化。这样一来，专利权客体不断地扩张，以至走向一种特权式的垄断格局。基于此，质疑甚至批判专利权保护规则的声音越来越多，越来越大，更有人主张废除专利法律制度，从而不授予发明创造以专利权。[①]

美国法经济分析法学派代表学者波斯纳意识到了把物质财产权理论外推于包含专利权在内的知识产权的做法隐含很大的风险。他提出了批评：

---

① Stef van Gompel, "Patent Abolition: A Real-Life Historical Case Study", *American University International Law Review*, Iss. 4, 2019.

"政府在知识财产上有着比在物质财产上更深的涉入,就使得把理所当然地被认为享有美誉的土地和其他物质财产的财产权制度不加批判地外推至知识财产领域的做法充满了危险。"① 哈耶克也对包含专利权在内的知识产权与财产权两者之间的关系给出了相似的见解,"在诸如发明专利权……等专有权领域中,因人们在晚近把财产权概念扩展适用于该领域,从而导致防止垄断和保护竞争的问题变得更为尖锐了。其中最为突出的表现就是知识产权盲目地套用那种针对有形物而发展起来的财产权概念,已然在很大程度上助长了垄断的发展"②。因此,尽管财产权理论在专利权保护理论构建中发挥了重要性的作用,但由于其无孔不入地全方位渗透和影响,使得专利权呈现出越来越明显的垄断趋势,因此,受到的批判也更加激烈。为此,专利权保护规则在适用财产权理论的范围和方式上,基于不同时代、不同国家的需要,有着不同的保护观念。适应性,则为专利权保护规则提供了正当性的基础。

(二) 基于公共政策的工具杠杆作用发挥

在法哲学上,利益可以看作人们寻求满足的需要、欲望或期望。③ 马克思曾经指出:"人们为之奋斗的一切,都同他们的利益有关。"④ "法律精神的价值根据底蕴深广,但它集中地表现为个人与社会之间的关系问题。是个人高于社会,还是社会高于个人,抑或其他?对这个问题回答的差别,构成了不同法律文化系统中法律精神的基本特点。"⑤ 专利权保护规则不仅在于保护发明创造人的利益,还在于鼓励技术的扩散和传播。我们可以通过分析发明创造的性质,从而得出专利权实际上即是以社会公共利益为导向的公共政策。所谓公共政策,"公共政策是政府、非政府公共组织和民众在对社会公共事务共同管理过程中所制定的行为准则或行为规

---

① [美] 威廉·M. 兰德斯、理查德·A. 波斯纳:《知识产权法的经济结构》,金海军译,北京大学出版社 2005 年版,第 45 页。
② [英] F. A. 冯·哈耶克:《个人主义与经济秩序》,邓正来译,生活·读书·新知三联书店 2003 年版,第 166—167 页。
③ [美] 罗斯科·庞德:《法理学》(第 3 卷),廖德宇译,法律出版社 2007 年版,第 14—15 页。
④ 《马克思恩格斯全集》(第 1 卷),人民出版社 1995 年版,第 187 页。
⑤ 公丕祥:《法制现代化的理论逻辑》,中国政法大学出版社 1999 年版,第 232—233 页。

范"①。"公共"一词表明了社会的管理活动必须以公共利益作为基本出发点。正如吴汉东教授指出,"从国家层面而言,知识产权制度是一个社会政策的工具。是否保护知识产权,对哪些知识赋予知识产权,如何保护知识产权,是一个国家根据现实发展状况和未来发展需要所作出的制度选择和安排"②。美国法学家罗斯科·庞德提出了公共利益和个人利益的划分,他认为:"人类的内在本性并不是和谐一致的。它有两面性:侵犯性的、我行我素的一面和合作性的、社会性的一面。前一方面会导致忽视他人的需要而一味追求满足自己的需要,另一方面则使人们在认同共同目标的基础上,与他人在合作团队和群众中协作。个人需要社会控制来维持其本性的这两方面的平衡。就我们已达到的对人内在本性的控制而言,即使是在一个物质财富极大丰富的时代,也可能必须为个人的期望、需求和欲望限定条件,以处理冲突和重叠现象。"③

专利权作为私权,本质上是源于创造性的劳动,但保护要以社会公共利益作为导向。专利权保护不仅仅是为了满足专利权人实现自身利益,更重要的是国家凭借国家权力通过国家意志来捍卫社会公共利益。彼得·德霍斯(Peter Drahos)认为,专利权等知识产权是一种由国家权力赋予的"抑制自由的特权",所以应受到限制。过分强调保护私有权利的专利法,势必损害社会公共利益。当利益产生冲突时,应当"通过法律的权威来协调各方面的冲突因素,使相关各方的利益在共存和相容的基础上达到合理状态"④。

在西方发达国家中,专利权保护规则是一种非常重要的公共政策,比如美国的"特别301条款"。苏姗·K. 塞尔深入论证了美国知识产权政策是如何被置于更广泛的公共政策问题之中的。她说,"历史的趋势是为知识产权持有者创建一个显著的改善了的国内环境,以及在知识产权保护中值得注意的美国利益的重新界定。这些国内变化为美国最终成功将严格的

---

① 陈庆云主编:《公共政策分析》,北京大学出版社2006年版,第1页。
② 吴汉东:《知识产权本质的多维度解读》,《中国法学》2006年第5期。
③ [美]罗斯科·庞德:《法理学》(第3卷),廖德宇译,法律出版社2007年版,第15—16页。
④ Peter Drahos, *A Philosophy of Intellectual Property* (Illustrated, Reprint), Brookfield: Dartmouth Publishing House, 1996, pp. 5-6.

知识产权保护全球化铺平了道路，而且提供了许多实质性的内容"[①]。再比如，在专利权保护的客体范畴中，"方法"在美国《专利法》中具有合法地位，但立法上并没有明确承认或者排除商业领域存在的方法的可专利性。[②] 实践中，基于产业和国家利益的需要，美国通过司法判例演进的方式确立了商业方法专利保护规则，其适应性的调整为软件产业、互联网的发展、人工智能技术的创新提供法律支持。[③]

三 专利权保护规则适应性的制度意义

对专利权保护的问题是专利制度的核心问题。如何正确认识适应性这个问题，直接关系到一国专利保护规则的建立和完善，直接关系到专利法律制度的实施效果。专利权保护规则的适应性基质，既满足规则所要求的确定性，又找到了价值所期待的灵活性，因而它能够用内部机制来实现科学技术和经济活动复杂多样化的需要。我们也许可以说，"专利权保护规则适应性"既涵摄了规则的遵从要求，又表达了对价值的考量；既意味着对一定的形式要求的坚持，又意味着在一定条件下对形式的超越。具有适应性品格的专利权保护规则，应当注重对新模式新业态新技术中的发明创造的可专利性和授权实质条件以及专利侵权行为更加公正的定位，而不是满足一套什么是"技术方案""三性""过错"等的明文规定，并将其变为一种僵死的教条。因为发明创造、"三性""知道或者应当知道"必须事先加以规定这一原则与科技发展的未知性之间似乎存在矛盾：法定的事实构成只能进行类型化的描述，然而每个案件中的技术、行为主体的过错情况却有所不同。因此，立法者试图通过立法的制订、修订，并在许多专利权保护规则中为法官留下一定自由裁量的空间，试图保证专利权保护规则适应科技和经济的发展，这样就在专利权保护规则内部形成了一个适应性机制，这个机制的制度功能就在于确保专利权保护规则的基本功能得到协调，使专利权保护规则的各种目的被整合到一个虽然充满矛盾，但依然有效的体系之内。总体来看，专利权保护规则适应性的制度意义主要表现

[①] [美] 苏姗·K·塞尔：《私权、公法——知识产权的全球化》，董刚、周超译，王传丽审校，中国人民大学出版社 2008 年版，第 59 页。

[②] 李晓秋：《In re Bilski：商业方法专利的再生抑或死亡》，《科研管理》2011 年第 3 期。

[③] 在我国最新的《专利审查指南》中，商业方法的表述已改为"商业规则和方法"。学术研究中多用商业方法指代商业规则和方法。本书为便利表达，采用"商业方法"。

在以下两个方面。

第一,保证专利权保护规则价值的一种均衡状态。专利权保护规则中的价值具有法律规则的一般价值,体现了主体和客体的需要。同时,由于专利权客体的独特性,以及专利法律制度产生的特殊性,决定了专利权保护规则的价值取向具有一定的特殊性。有学者指出,专利制度是人类追求合理性价值的结果,同时兼顾了效率与公平价值,统一了自由与公益价值,从而在垄断利益与公共利益之间求得动态的平衡。[①] 一般认为,专利权保护规则的价值主要体现为自由、公正、效率、效益、秩序等。在一个具有高度适应性的专利权保护规则中,其法律价值的均衡状态体现为:各种基本法律价值得到兼顾,并且呈现出一种有序而合理的组合关系;具有冲突关系不同法律价值能够得到处理,并能确保每一个具体的法价值目标得到最大实现。因此,若将其置于具体化的场合之中,适应性即为妥当性,最终在专利权保护内部体现出保护专利权价值的一种均衡状态,且在处理价值冲突时确保价值目标得到最大实现。比如,在促进高科技产业发展的目标中,更加注重专利权保护规则的效率价值,注重法律解释、类推适用等法律方法,尤为重要。

第二,促成专利权保护规则功能协调。专利权保护规则的功能,也称为"专利权保护规则机能",是指专利权保护规则以其结构和运作所能产生的积极作用。一般认为,专利权保护规则作为科技治理的基础和规范,对于技术的发展和社会的稳定有着重要的作用。专利权保护规则的功能主要体现在:规范功能、保护功能、促进科学技术进步和经济社会发展功能。在专利权保护规则的三大功能中,规范机能是本体意义的功能,保护功能和促进科学技术进步以及经济社会发展功能则是专利法评价意义的机能。专利权保护规则既是针对公民个人的行为(评价与指引以及教育)规范,又是针对司法者的裁判规范。从这个角度,专利权保护规则机能包含了评价机能和裁判机能两项内容。这些不同的机能,可以通过专利权保护规则适应机制(观念)得到平衡与协调,从而共同对社会发展发挥积极的作用。这是因为,作为一种规范,其作用的发挥与规范的确定性是相关联的。无论是作为行为规范还是裁判规范,都需要专利权保护规则

[①] 卢明纯:《专利制度的法律价值分析》,《湖南工程学院学报》(社会科学版)2002年第4期。

具有相当程度的确定性。因为确定性的缺乏，势必会降低规范性程度，公民将不知道该如何行使专利权，法官也不能准确把握规则的真实含义，需要由专利权保护规则建立的法秩序也将难以形成；而且，缺乏明确性的专利权保护规则不能对司法裁判做出有效的限制，导致司法中自由裁量空间过大，导致超法裁判甚或"法官造法"。① 这都会损害人们对专利权保护规则的信赖。因此，要保证专利权保护规则足够的强度，专利权保护规则就必须明确、具体，且保持相对的稳定。但是，这并不意味着专利权保护规则越是明确具体，其规范机能就越强。这是因为，规则越明确具体，其可适用的范围就越是狭窄，裁判的机能越弱化。所以，只有适当的明确性，才是专利权保护规则所需要的。而专利权保护规则的适应性机制，恰好可以防止立法过度的精确性导致司法裁判机能萎缩的可能，从而营造出专利权保护规则的最佳规范功能。

就保护功能与促进科学技术进步和经济社会发展功能而言，这二者之间常常是相互冲突的，因此更加需要通过专利权保护规则的适应性机制加以协调。过度保护专利权人，势必阻遏技术的扩散和传播。如果仅仅重视技术的传播，就不能指望更多的发明人投身于创新中。因此，只有调和二者，使二者都发挥作用的时候，专利权保护规则才能充分发挥维持法秩序的机能。基于此，如何协调保护专利权人利益和社会公众利益，或者说如何确保利益平衡，是专利法领域最重要的课题。吴汉东教授指出："在强化知识产权保护的时代背景下，制度的建立者、规则的执行者都有可能因矫枉过正反而造成破坏知识产权保护制度正常运行的结果。"② 强化专利权保护，不等于过度保护。过度保护将会产生高昂的专利交易成本和社会成本，不利于技术进步和创新，有损于社会总体福利。③ 具体而言，专利权保护规则越是明确具体，专利权保护所受到的限制就越是严格，促进科技进步机能越强；反之，专利权保护规则的语言越是模糊和概括，专利权保护受到的限制就越小，促进科技进步和社会发展的机能越弱。专利权保护固然要将保护专利权人的利益置于重要的地位，但这并不意味着可以忽

---

① 崔国斌：《知识产权法官造法批判》，《中国法学》2006年第1期。

② 吴汉东：《如何走好中国特色知识产权保护之路？》，《中国知识产权报》2022年1月12日第3版。

③ 周琳静：《专利权过度保护制度的反思——以法经济学为视角》，《理论界》2006年第12期。

视社会公众的利益。立法者确定了专利权客体除外规则、确认不侵权规则、不视为侵权规则等来限制专利权的保护。在司法裁判中，当专利权保护规则语言不十分确定的情况下，法官的论理解释除考量保护规则的规范目的之外，应当充分考虑社会公众的利益，不得通过论理解释方法对规则做出不利于社会公众的理解。这样一种状态，就是通过专利权保护规则的适应性机制达到。

四 专利权保护规则适应性的实现机制

首先，作为一种理念体现在专利权保护内在的精神价值和意蕴中，消除内部呈现的紧张关系，确保规则价值均衡有序。专利权保护内在的价值主要包括保护的公平、正义、效益、和谐等诸多方面，专利权保护规则适应性应当体现出这些内在的价值。我们认为，"互联网+"产业形态突出专利权保护规则适应性就是要强调授权条件的差异化和责任的多样化，以满足现代社会专利权保护的个别化需要，体现正义。这就需要进一步改造授权标准、提升"通知—删除"规则、过错责任的科学而合理的可操作性。同时，要进一步提升（激活）专利侵权惩罚性赔偿的适用率，探索像先行保全、禁止令等非责任化措施。总体而言，突出强调授权条件和专利侵权责任结构等不科学的现实问题，是专利权保护规则适应性重要面向。

其次，专利权保护规则适应性不仅仅是理念，还要求行之有效的具体的运行规范。专利权保护规则适应性命题的提出，其目的并不仅仅在于将之确定为一种相对抽象的法治理念。我们认为，专利权保护规则适应性命题不仅具有重要的理论指导意义，也具有丰富的实践品格。该命题可以协调与确定性的紧张关系，避免立法的僵硬化和过于灵活化；规范并限制法官的自由裁量权，从而避免司法者的恣意妄为。因此，应当同时确立如禁止过度保护、确保专利说明书保护公开等。

最后，专利权保护规则适应性应当需要建构一种适应性的综合机制。专利权保护规则适应性概念的确立，落脚点在于形成一种适应性机制。这些机制不仅体现在规则制定、规则运行各个环节中的规范中，还应设计一套程序来保障规范运行。一套行之有效的程序可以保障规则建构的持续性。只有在专利权保护规则内部和外部建立一套综合机制，即适应性机制，才可以确保适应性的真正实现。

第三节 "互联网+"产业形态与专利权保护规则适应性的耦合

举凡"产业",必定离不开市场,更离不开法律,"互联网+"产业也不例外。"互联网+"产业形态的形成仰赖区块链、互联网、人工智能、大数据等高科技技术;"互联网+"产业形态中交易多发生在平台中。因此,无论是技术创新,还是平台健康发展,都与法律密不可分,尤其是与科技发展密切相关的专利权保护规则。专利权保护规则的基本功能就是为产业化提供制度基础,因此,专利权保护与"互联网+"产业形态的塑造及其发展密切相关。

一 "互联网+"产业形态的出现对专利权保护规则提出适应要求

自从1474年3月威尼斯共和国制定了世界上第一部专利法起,经过几百年的时间,专利权保护规则已变得普遍。在步入信息、智能化社会之后,互联网的发展昭示着一个创新社会化、生产社会化时代的到来。"互联网+"产业形态的出现让既有的专利权保护规则赖以生存的社会经济机构不断变化,需要新的"专利权保护规则"。这是因为,"互联网+"产业形态的发展使社会经济的主体呈现多元化,多元化的经济主体,必然产生多元化的利益差别和不同的政治要求,政治要求的多样化与参与意识的加强,是民主政治的基础,而民主的制度化正是法治国家的内涵。这是"互联网+"产业形态的发展对社会以及对法治的影响。从这个层面来讲,"互联网+"产业形态对于法治进步,对于规则的适应性,比如专利权保护规则的适应性具有重要意义。在商业方法专利主题资格存疑的背景下,"互联网+"产业形态中的算法和商业模式以及人工智能能否受到专利保护?这些算法、商业模式、人工智能生成的技术方案专利化后是否会造成"互联网+"产业的垄断?"互联网+"产业形态实为平台经济形态,因此,如何划分专利权人、平台服务提供商与用户间权利义务的界限?随着技术发展和社会需要的扩大,专利权保护规则不会一成不变,如何在动态的技术发展中平衡专利权人与国家、社会公众之间的利益，协调国家间专利权保护规则的衔接与合作，是专利权保护规则不断发展完善，得以适应新业态新技术新模式的内在要求。

"互联网+"产业形态是数字经济高质量发展的重要形态。就"互联网+"产业形态中的技术而言，由于平台构架、运行环境、系统应用、服务模式等技术方案均具有区别于传统专利技术方案特性。无论在"互联网+"产业形态中的技术专利授权环节，还是在运用环节，抑或是维权环节，均出现与传统的专利权保护规则不适应之现象。因此，基于法律与政策的互动，运用公共政策理论分析"互联网+"产业形态中专利框架与规则设计是值得深入思考的问题，平衡各方利益是专利权保护规则演进的路径与方向。

二 "互联网+"产业形态的塑造需要专利权保护适应性规则支撑

全球高技术产业和新兴产业迅猛发展，专利权、技术标准竞争日趋激烈。专利权的独占性能够确保产业领域的企业拥有核心竞争力，能够鼓励该领域创新技术，从而改变产业生产组织方式和运行方式，丰富产业类型，提升产业技术发展水平和标准化程度。因此，从这个层面上说，"互联网+"产业形态的有序运作需要专利权保护。现实中，技术创新—获得专利—行业标准—优势（垄断）控制，往往成为产业循环升级的逻辑。这一过程固然具有负面效应，即在一定时期阻滞企业的创新速度，但若失去专利权保护、拒绝行业标准，也许产业升级由于缺乏企业孜孜追求、另辟蹊径所带来的生机勃勃的局面而失去了推动的力量。[1]

当今社会，科学技术已成为经济发展的动力器和助推剂。而纵观当今世界科技和经济的发展，人们会发现这样一个事实：专利法律规则健全与完善的国家，其科技也愈发达，经济愈繁荣。与此同时，这些国家所拥有的专利申请的数量和专利权质量也处于领先地位。以下是世界知识产权组织于2023年2月28日公布的PCT专利申请，见表1-1。

---

[1] 王国平：《产业形态特征、演变与产业升级》，《中共浙江省委党校学报》2009年第6期。

表 1-1　　　　　基于来源地的国际专利申请（2021 和 2022 年）　　　（单位：件）

申请国	2021 年	2022 年
中国	69604	70015
美国	59403	59056
日本	50275	50345
韩国	20723	22012
德国	17266	17530
法国	7334	7764
英国	5841	5739
瑞士	5461	5367
瑞典	4441	4471

可见，专利权保护规则已经成为技术发展和进步的助推器、调节器、保护神。因此，拥有健全完善的专利权保护规则，能够推动科技的发展，经济体系中产业形态的运作。这主要表现在以下几个方面：

（1）"互联网+"产业形态中技术和商业模式创新与专利权保护范围的界定。专利法律制度是一种对发明创造有效的产权制度安排。发明创造是关于科学、技术领域内的创造性智力成果的总称。对部分发明创造而言，政府往往通过特别的法律手段来支撑和激励创造者的精神生产活动，比如科技奖励制度。就大部分发明创造而言，则多采取作为私人产权的专利权的形式，即通过专利权保护。专利权"给天才之火添加利益之油"，为发明创造者提供创新激励动力，保证科技不断向前发展。因此，通过对于"互联网+"产业形态中的技术创新和商业模式创新授予私人产权，从而激励"互联网+"产业形态的创新。

（2）"互联网+"产业形态中交易平台创新与专利权侵权责任。在"互联网+"产业形态的形成和发展过程中，中心式的平台经济和分布式的产业互联网平台经济会共存，并正逐步融合。但无论是中心式的平台经济还是分布式的平台经济，平台化创造了一种全新的以信息聚合为架构和动力支持的商业模式，也产生了一种特殊而复杂的平台治理需求，其中就包括因平台容易加剧知识产权侵权所导致的应对要求。① 近年来，头部电商平台涉讼数量巨大，其中以知识产权侵权案件最为突出。② 据统计，2022年，全国电子商务交易额43.83万亿元，同比增长3.5%，其中电子商务交易平台服务营收规模1.54万亿元，同比增长10.7%。③ 其中，专利侵权案件不断涌现，引发社会关注。以淘宝平台的经营者浙江淘宝网络有限公司为当事人，自2004年至今，在侵权行为的案由中，商标侵权纠纷1019件，著作权侵权纠纷619件，专利侵权纠纷案件205件。④ 可见，相对于商标侵权和著作权侵权纠纷案件，占比较低，但考虑到专利案件本身作为诉讼主体具有一定的门槛，在此情况下仍能有如此多的案件产生，可见平台中的专利侵权问题不可忽视。针对"互联网+"产业形态中的专利侵权行为，特别是电商平台中存在的专利侵权行为进行打击，合理确定平台的专利侵权责任，既是对专利权人、电商平台、平台内经营者的合法利益保护，也是对市场竞争秩序的规范管制，有利于优化营商环境。

---

① 李小草：《电商平台知识产权治理新思维》，中国法制出版社2022年版，"前言"第2页。

② 随着多年的市场竞争和淘汰，当前我国电商平台在各细分领域已出现市场份额向几家头部企业高度集中的趋势。这类平台体量大、市场占有率高，其相关案件常年占据电商平台案件的最主要部分。按照经营模式不同，我国常见的电商平台可分为B2B（Business to Business，企业对企业）、C2C（Customer to Customer，消费者对消费者）、B2C（Business to Customer，企业对消费者）、O2O（Online to Offline，线上到线下）以及近年来新兴的C2B（Customer to Business，消费者对企业）等。根据胡润研究院2020年7月发布的《2020胡润中国10强电商》（Hurun China Most Valuable E-commerce Companies 2020）排名，我国电商平台前十位分别为阿里巴巴、美团点评、京东、拼多多、滴滴出行、携程、唯品会、苏宁易购、车好多以及每日优鲜。排行榜123网于2023年7月根据用户列举了中国电商平台排行榜前十名：淘宝、淘特、京东、天猫、抖音电商、拼多多、小红书、苏宁易购、唯品会、快手电商。https：//www.phb123.com/qiye/vtnyzq14775.html，最后访问日期：2023年7月22日。

③ 数据来源于我国商务部发布的《中国电子商务报告（2022）》，http：//dzsws.mofcom.gov.cn/article/ztxx/ndbg/202306/20230603415404.shtml，最后访问日期2023年6月28日。

④ 数据来源于中国裁判文书网，https：//wenshu.court.gov.cn/website/wenshu/181217BMT-KHNT2W0/index.html?pageId=f857e4752f649e59d9d761ffe756b2fc&s17=%E6%B5%99%E6%B1%9F%E6%B7%98%E5%AE%9D%E7%BD%91%E7%BB%9C%E6%9C%89%E9%99%90%E5%85%AC%E5%8F%B8，最后访问日期：2023年8月13日。

三 "互联网+"产业形态与专利权保护规则适应性耦合典型例证

(一) 物联网

物联网已成为世界上各国战略层面上关注的对象。专利权为物联网的成果转化、商业应用开展、核心技术研发、技术标准制订以及制度环境等方面保驾护航。物联网涵盖传感器、现代通信、计算机等诸多技术领域。谁掌握了物联网的核心技术，并通过专利权来控制这些技术，谁就可以在科技竞争的国际领域中胜出。例如，通过专利权来保护技术发明或实用新型。但物联网有其特殊性。在物联网产业链中，需要相关技术标准的结合运用。而标准的使用，一是使得技术标准得到推广和普及，二是在一定市场上形成垄断。所以，在"互联网+"产业形态中，企业之间为了增强竞争力，为了能够扩大自己在市场上的控制力，纷纷提出诸如"技术专利化""标准垄断化"和"专利垄断化"等策略，以获得自身的最大化利益。

与此同时，基于物联网产生的商业方法，不同于传统的商业方法，核心是将企业的经营系统引入新的科技要素，本质上是一种方法与技术的结合体。由于商业方法专利能够产生巨大的经济利益，美国授予商业方法专利。尽管还存在争议，但随着物联网的迅猛发展，物联网商业方法可专利化是一个必然趋势。以下是要形成一个基于物联网的商业方法相关的发明，可以参考由以下六个步骤组成的模型（如图1-1所示）。

第一步：从各种传感器或设备收集数据

第二步：传输收集的数据

第三步：将传输的数据作为"大数据"存储在存储系统中

第四步：利用人工智能等对存储的数据进行分析，输出新的数据

第五步：将输出的数据应用到任何服务中

第六步：建立物联网业务模型

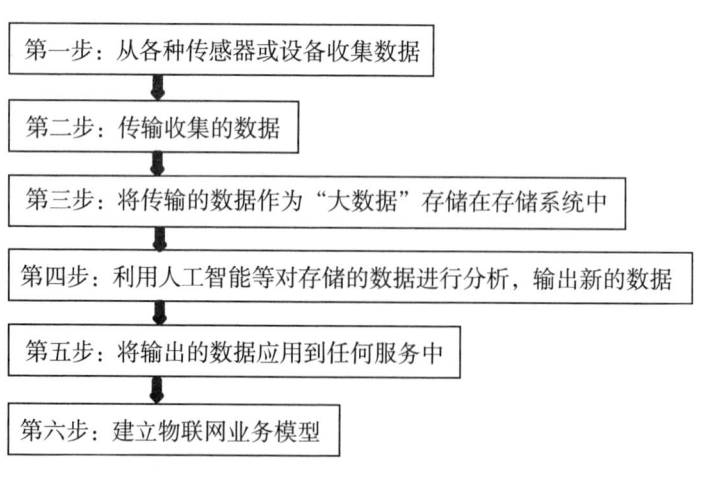

图1-1 基于物联网的商业方法相关发明

在上述模型中，体现商业模式的第五步将输出的数据应用到任何服务中、第六步建立物联网业务模型可以作为商业方法相关发明进行专利保护。

当前，随着互联网和人工智能技术的发展，产业结构正从"产品"转变为"服务"，企业加大了对商业解决方案业务的研发投入，因此物联网商业方法发明专利越来越多。在"互联网+"产业形态中，就互联网公司而言，这些公司在技术创新同时，更加注重专利布局。据数据统计，腾讯公司从2012年开始申请二维码的相关专利，在申请二维码相关专利的权利人中位居首位，申请件数高达400余件。与此同时，物联网商业方法发明专利侵权纠纷不断滋生。如北京微卡时代信息技术有限公司（以下简称微卡公司）和卓望信息技术（北京）有限公司（以下简称卓望公司）认为，支付宝、腾讯财付通和凡客诚品使用的二维码侵犯所属专利，为此分别提起两起诉讼。2021年12月30日，北京知识产权法院对两原告起诉腾讯凡客案作出一审判决，认为微信支付专利没有侵犯原告拥有的第200610168072.2号、名称为"采集和分析多字段二维码的系统和方法"的发明专利权，不落入涉案专利保护范围，驳回微卡公司、卓望公司的诉讼请求。①

（二）电子商务

进入21世纪以来，电子商务市场得到了长足的发展。电子商务通常是指在互联网这个平台上采用电子通信手段从事的商务活动。但是，并不是所有的网络经营者所从事的商务活动都属于狭义的电子商务。根据国家市场监督管理总局2021年所颁布的《网络交易监督管理办法》（国家市场监督管理总局令第37号公布）规定，在网络上从事经营活动的主体分为两类：一类是网络商品经营者（专指利用网络平台销售商品的经营者）；另一类是网络服务经营者。② 鉴于网络交易平台商在交易关系上具

---

① 张会丽、闫坤、李文宇：《5G+工业互联网专利态势研究》，《信息通信技术与政策》2021年第10期。

② 网络服务经营者又大致可以分为两类：一类是一般的网络服务经营者，即利用网络向用户或公众提供各种服务，包括利用网络提供传统服务的主体（如携程网等），也包括利用网络提供信息服务（如在线视频、专业数据服务等）主体；另一类是网络交易平台提供商，即利用网络为用户从事交易提供服务的经营者。两者的区别在于：一般的网络服务经营者的服务本身构成网络交易，而网络交易平台商的服务本身不仅是一种网络交易，还支持用户与用户之间的网络交易。

有典型性与复杂性,所以电子商务主要指围绕网络交易平台商所从事的商务活动。电子商务按照不同的标准可以划分为不同的类型。其中最主要的一种划分方式是按照交易对象来划分:电子商务可划分为企业对企业的电子商务(B2B)、企业对消费者的电子商务(B2C)、消费者对消费者的电子商务(C2C)。

电子商务有着自己独特的优势。第一,电子商务市场是传统市场的一种有益的补充。目前,我国的基础设施、传统零售业正在完善,电子商务已成为数字经济中的重要组成部分。第二,电子商务是一个可持续发展的模式。电子商务可以将互联网交互的优势发挥出来,充分发挥人和物的互动、人和商品的互动乃至任何人的互动,把商务的本质发挥得淋漓尽致。第三,电子商务可以提高中小企业的竞争力和经营效率。随着信息时代和智能化时代的到来,企业应用电子商务可以弥补信息缺乏、技术落后等不足之处,使企业能够通过互联网平台在全球范围内与大企业进行平等的竞争。①

电子商务是借助网络交易平台这一虚拟的电子交易市场得以实现的,是由计算机系统的自动撮合加买卖双方的最后确认来完成。过程中网络的虚拟性使这种交易与传统意义上的交易存在区别,而其中新角色网络交易平台提供商的法律地位也就与传统交易中的各种角色不尽相同。我国电子商务及其平台化发展在世界范围内是较具竞争力的领域之一,我国电商平台成为世界电子商务领域具有优势地位的电商平台主体之一。电商平台及其发展已成为我国和全球当下经济社会生活的基本特征。电商平台依托新一代信息技术,特别是大数据和算法的应用和不断升级,给我们的商业活动和交易带来了翻天覆地的变化,体现为"电商平台经济"的兴起,不仅覆盖了传统的商业交易领域,而且在不断跨界、跨形式席卷和渗透到更加广泛的领域,从而引发了各种"电商平台效应"。与此同时,则是巨变下的失调或者不适。"作为平台崛起的一个成果,几乎所有的传统商业管理实践,包括战略、运营、市场、生产、研究和开发,以及人力资源都在

---

① 在电子商务运作方式下,企业可以运用大量现代信息技术,使企业的绝大多数商业贸易活动都可以通过网络自动完成,尽可能地减少业务处理的差错,使企业以最短的时间完成业务,以最低的成本进行贸易管理,最大限度地减少企业的库存,盘活企业流动资金,不断提升企业内部的运营效率。

经历一场巨变。我们正处在一个极其失调的状态中,影响着每家公司和每个商业领域。平台模式的到来成了这场变革的主要原因。"①

为确保平台的发展,从规范的角度正面支持和引导这场巨大的商业模式和组织结构的变革,也要通过引入新的规范来改变、治理和防范可能引发的不适应和大量风险,我国 2018 年制定通过了《电子商务法》,其中对平台的知识产权保护义务和责任进行了明确规定。

从世界范围来看,美国电子商务平台发展略早。美国较早出现的电商平台包括亚马逊(Amazon)、易贝(eBay)等。其中,亚马逊公司于 1994 年在华盛顿州登记成立,起初叫 Cadabra,性质是普通的网络书店,1995 年 7 月更名为亚马逊而重新开张,1996 年改到德拉瓦州登记,并在 1997 年 5 月 15 日股票上市,2000 年推出了 Marketplace,让其他商家可以通过付费的方式在亚马逊的数字货架上列出他们的商品,然后在亚马逊的仓库里储存商品,到 2002 年的第四季度,亚马逊的纯利润约有 500 万美元,2004 年则增长到 3 亿多美元,2005 年推出 Prime 会员计划,为缴纳年费的会员提供更快的发货速度。易贝于 1995 年 9 月成立于加利福尼亚州,开始命名为 Auctionweb,定位为拍卖网站,1997 年 9 月该公司正式更名为"eBay",同年梅洛·惠特曼加盟公司,担任 CEO,易贝利用互联网技术开创 C2C 交易模式,为买卖双方提供安全便利的电商交易平台,通过品类和业务拓展,积累了庞大的用户群,2003 年交易额为 238 亿美元,净收入 22 亿美元,飞速成长为电商巨头。

本章小结

发源于生物学领域的适应性已成为现代社会的核心特性。② 法律规则本身的局限性必然导致适应性问题的产生。专利权保护规则的适应性由法律规则的适应性机制所推导。专利权保护规则适应性在逻辑思维上强调一种体系化思考,更加注重对具体问题的分析和解决,以此回应法律规则的

---

① [美]杰奥夫雷·G. 帕克、马歇尔·W. 范·埃尔斯泰恩、桑基特·保罗·邱达利:《平台革命:改变世界的商业模式》,志鹏译,机械工业出版社 2017 年版,第 13 页。

② 于阳:《刑罚适应性的确立与确证研究》,《政治与法律》2022 年第 7 期。

实践理性的价值追求。专利权保护规则适应性也是专利法治核心价值的体现。随着发展区块链、人工智能、互联网产业逐渐提升到各国战略层面，各国间的"互联网+"竞争愈演愈烈。为了引领、促进我国"互联网+"产业向世界高端水平发展，在"互联网+"产业引发的新技术新模式新业态革命中，研究现有专利权保护规则的适应性问题以及实现路径，对我国以"互联网+"产业为代表的数字经济的发展具有重要意义。

第二章

"互联网+"产业形态下专利权保护规则的不适应性呈现

适应性是现代社会的核心特性。延伸至"互联网+"产业形态中专利权保护规则适用领域，专利权保护规则适应性为其核心特性，也是现代知识产权法治社会的核心特性。当前，"互联网+"产业形态中专利权保护规则具体适用（主要体现在立法制定、司法适用两个重要环节）缺乏适应性。以专利权保护规则中的"发明人主体资格"为例，美国人工智能专家泰勒（Stephen Thaler）博士研发的 AI 系统名为 DABUS（Device for the Autonomous Bootstrapping of Unified Sentience，统一感知自动引导装置），它可以通过人工神经系统模仿人脑的创作过程，分析文字和图像等海量信息，不断生成"思维过程"和"记忆"，以此独立生成新的创造性输出。在 2019 年，泰勒博士将 DABUS 生成的两项技术方案向全球十几个国家及欧盟提交了这两项发明的专利申请，其中发明者一栏填写的是 AI 系统 DABUS。这一行为迅速在全球范围内掀起了一系列争论和庭审大战，其争议点显然在于：专利发明者到底可否是"非人类"。[①] 可见，是否授予人工智能发明人主体地位，如何理解发明主体中的"人"，将成为专利权保护规则在应对大规模人工智能到来的重要事件。[②] 实际上，专利权保护规

[①] James Vincent, AI systems can't patent inventions, US federal circuit court confirms, https://www.theverge.com/2022/8/8/23293353/ai-patent-legal-status-us-federal-circuit-court-rules-thaler-dabus，最后访问日期：2023 年 6 月 22 日。

[②] 南非成为全球第一个接受 AI 作为专利发明人的国家，澳大利亚联邦地区法院也做出批准指定 DABUS 为发明人的专利的裁决，即承认发明者可以是"非人类"。但欧盟、英国专利局、美

则在"互联网+"产业形态中表现出的不适应性,还远不仅如此。

第一节 专利权主体保护规则的不适应性

一 发明创造的专利权主体保护规则

(一)发明人地位的确定

我国《民法典》已于2021年1月1日正式实施,成为调整民事主体从事民事法律活动的权利保障书、宣言书,更是社会生活的百科全书。虽然《民法典》尚未纳入知识产权编,但也规定了包括专利权在内的知识产权条款。依照第123条规定,民事主体依法享有知识产权,"发明、实用新型、外观设计"作为知识产权保护的客体之一。但作为基本法律的《民法典》没有针对专利权所涉及的权利主体进行具体规定,发明人的主体地位难以从《民法典》中找到直接依据。现行1984年《专利法》施行后一共历经四次修正,最近一次2020年修正的专利法公告文本中,"发明人"共计出现10次,分布于专利法总则、专利授权条件、专利申请各章内容之中,对于发明人在发明创造、专利申请、专利保护等程序中所涉及的权利义务作出了规定,但是关于发明人的明确定义未有体现。

在我国现行专利保护制度框架下,为了更好地推进专利法的实施,国务院根据《专利法》制定了与之配套的《专利法实施细则》,并于2023年12月11日进行了第三次修订,其中关于发明人的定义有明确规定。《专利法实施细则》第14条从正反两方面界定了发明人的主体地位。即"专利法所称发明人或者设计人,是指对发明创造的实质性特点作出创造性贡献的人"。所谓发明人指的是针对发明或实用新型的实质性特点作出创造性贡献的人,其主体地位确定的关键在于"人"和"创造性贡献",

---

国专利商标局等均已驳回其专利申请。这些专利局一致认为,专利的发明者仅限于"人类"。美国弗吉尼亚州东区地方法官莱昂尼·M. 布林克马(Leonie M. Brinkema)表示:"AI可能会达到足够复杂的程度,从而满足公认的发明意义,但不是现在。如果那个时候真的到来,美国将由国会决定如何扩大专利法的范围。"2023年2月14日,美国专利商标局(USPTO)发布一份公众意见征集活动,要求公众对人工智能在发明中的作用发表意见。2023年4月,美国联邦最高法院拒绝受理调卷申请。

前者在于主体特性要求，即世上所有的发明、实用新型都是人作出的，无论是职务发明创造还是非职务发明创造，都只可能由作为自然人的发明人作出，而不可能由法人和非法人组织作出。换言之，发明人只限于具有生命体征和民事权利能力的自然人，包括本国人与外国人。发明人既可以是一个人，也可以是两个人或多个人。后者在于客观方面的行为要求，即特定自然人利用技术手段解决技术问题以产生技术效果的技术方案之形成付出了创造性贡献，也就是创造性劳动的专利法价值。当然，这里的创造性贡献并非《专利法》第22条第3款规定的发明创造授予专利权过程中所指向的创造性判断，两者的"创造性"虽是同一措辞，但各自的评判角度存在区别。[①] 发明人资格的创造性贡献中的创造性，是对于"区别于最接近的现有技术的技术特征"的实质性特点作出了贡献。若两个自然人对于完成一项技术方案都作出了贡献，则对前述实质性特点作出了贡献的人视为发明人。在司法实践中，因为对创造性贡献的评判标准不一，所以也引发了较多的发明人资格纠纷案件。而专利授权条件中的创造性，是专利授权或专利无效程序中实质审查环节需要重点考察的实质要件，是本领域普通技术人员将申请保护的技术方案与现有技术相比是否显而易见的技术判断问题。实际上，这是一个程序先后的问题，自然人对技术方案的实质性特点作出了创造性贡献，那么该自然人就是发明人，当这一技术方案进入专利申请程序时，将面临专利行政部门的创造性评价，然而即便技术方案因为缺乏创造性而不予专利授权，但发明人身份不会因此被否定。

与此相反，《专利法实施细则》第14条还列举了对发明创造的完成作出了一定贡献但不属于创造性贡献的情形，即"在完成发明或实用新型技术方案过程中，只负责组织工作的人、为物质技术条件的利用提供方便的人或者从事其他辅助工作的人，则不是专利法意义上的发明人"。例如，在具体技术方案的完成过程中，常常需要辅助人员参与协作，例如资讯检索、仪器购买、实验操作、后勤保障等，这些人员都是为技术方案的完成付出了有价值的劳动，但这种劳动尚不足以构成对区别性技术方案的实质性特点作出了创造性贡献，故难以赋予发明人地位。因此，现行专利制度明确了发明人地位的确定规则，理论上可以按照三个步骤进行：

首先，判断主体性要件，即作出创造性劳动的主体应当是自然人，而

[①] 尹新天：《中国专利法详解》，知识产权出版社2011年版，第53页。

不是其他法律拟制人、机器人或人工智能（AI），我国专利法对此予以了严格限定。

其次，判断客观行为要件，即自然人参与了技术方案项目的工作并为此作出了具有整体价值的贡献，但是这一贡献不应当是基于组织工作、后勤保障工作或辅助性工作等非实质性技术开发工作。

最后，判断创造性贡献要件，即当特定自然人对于技术方案区别于现有技术的实质性特点而作出了具有技术性价值的研发工作之时，方可成为发明人。

（二）设计人地位的确定

依照我国现行《专利法》第 2 条规定，发明创造还包括外观设计，即"外观设计，是指对产品的整体或者局部的形状、图案或者其结合以及色彩与形状、图案的结合所作出的富有美感并适于工业应用的新设计"。事实上，设计人身份的确定与发明、实用新型所对应的发明人身份的确定规则是相同的，也正基于此，《专利法实施细则》第 14 条将发明人与设计人放在了并列的位置。然而，鉴于外观设计保护对象并非技术方案，设计人的工作性质或内容有别于发明人的工作，故而参照发明人确定规则对此单独进行分析。

依照《专利法实施细则》第 14 条，专利法所称设计人，是指对外观设计的实质性特点作出创造性贡献的人。同理可知，设计人地位确定的关键也在于"人"和"创造性贡献"。作为自然人要件的主体性要求与前述发明人完全一致，不再赘述。稍显区别之处就在于设计人所要求的创造性贡献针对的改造对象不同。对于外观设计而言，所谓"实质性特点"应当对应于《专利法》第 23 条第 2 款所述的"授予专利权的外观设计与现有设计或者现有设计特征的组合相比，应当具有明显区别"中的区别性设计特征，特定自然人只有对于要求保护的区别性设计特征作出了创造性劳动，则这一行为可以被认定为创造性贡献，设计人的身份随之确定。值得注意的是，最新一次的《专利法》修正纳入了局部外观设计，局部外观设计（Partial Design），是指以线条、轮廓、色彩、形状、图案以及材料本身的装饰或视觉效果等形成的产品不可分割的局部外观。局部外观设计视域下，设计人的创造性贡献就在于针对产品不可分割的组成部分进行的外观创新设计。因此，同样可以得出设计人地位的确定规则：

首先，判断主体性要件，即作出创造性设计工作的主体应当仅限于自然人。

其次,判断客观行为要件,即自然人参与了产品的整体或者局部设计工作并为此作出了贡献,但是,这一贡献不应当是基于组织工作、后勤保障工作或辅助性工作等非实质性设计工作。

最后,判断创造性贡献要件,当特定自然人对于产品整体或者局部设计方案区别于现有设计的区别性设计要点而作出了具有实质性的设计工作之时,方可成为设计人。

(三) 专利权人的确定

无论对于何种权利而言,权利主体都是最为重要和基本的要素之一。尹新天教授认为,专利权人可以是通过申请专利而获得专利权的人,也可以是通过转让、继承等方式获得专利权的人。[1] 专利权取得有原始取得和继受取得两种方式。其中原始取得又可分为两种情形,其一是专利申请人向国务院专利行政部门提交专利申请,经审查合格后获得专利授权,专利申请人随之成为专利权人;其二是特定主体通过受让获得专利申请权或申请专利的权利,发明创造经审查合格后获得授权,受让主体成为专利权人。而继受取得是指继受人依法从专利权人处通过转让、赠与、继承等方式获得专利权。[2] 在专利权人地位确定方面,尤其是权利的原始取得规则,特别需要区分职务发明创造、非职务发明创造的各自专利权归属,以及合作发明、委托发明的各自权利归属,由于涉及主体多元,专利法需要充分平衡发明人(设计人)与单位等各方主体的利益诉求。另外,继受取得主要是通过专利权转让合同的形式从专利权人处通过受让方式获得专利权,但也包括自然人通过继承、接受赠与、法人组织机构分立合并或法律规定的主体重要事项变更的权利承继方式。比如,企业作为专利权发生破产情形,则依照破产法按照清算程序对专利权进行处理,若依法拍卖的,则竞得人成为专利权人。又如,自然人作为专利权人死亡的,其生前依法享有的专利权,按照继承法的规定由继承人或受遗赠人取得。依照《专利法》的规定,当专利权属发生变更的,应当向国务院专利行政部门登记并予以公告。换言之,继受取得当中,专利权人地位的确定也应当在国务院专利行政部门登记之后才正式发生效力。因此,专利权人身份的确

---

[1] 尹新天:《中国专利法详解》,知识产权出版社2011年版,第511页。

[2] 刘银良:《知识产权法》,高等教育出版社2010年版,第64页。

定规则依照发明创造生成的不同模式而存在一定区别，原始取得方式在具体考察过程中，应当重点关注是否属于职务发明，是否属于合作发明或者委托发明，是否存在约定优先等情形，专利证书记载的专利权人具有最明确的公示效力，也是专利权人身份的最直观证明。而以继受方式取得的专利权人地位在具体考察过程中，应当重点关注权利状态是否已经办理著录项目变更手续，只有依法办理了专利权转移登记手续，才能继受原专利权人的权利和义务而成为新专利权人。

二 专利权主体保护规则的理论基础——人类中心主义

李开国教授认为，主体资格是民事主体在民法上的法律人格，是自然人及其组织成为民事主体的法律前提。[①] 知识产权主体，既包括作品的创作者、发明创造的发明人与设计人，也包括知识产权权利的享有者、义务履行者和责任承担者，是知识产权法律制度的重要组成部分。专利法领域，即存在着发明人、设计人与专利权人的"二元主体结构"。发明人、设计人以及专利权人，是现行《专利法》关于发明创造所规定的权利主体，依法享有民事权利并履行义务。例如，发明人或者设计人有权在专利文件中写明自己是发明人或者设计人；专利权人有权在其专利产品或者该产品的包装上标明专利标识；专利权人针对侵权行为可以向人民法院起诉，也可以请求管理专利工作的部门处理。针对职务发明创造的发明人或者设计人还有要求奖励和报酬的权利，《专利法实施细则》更是专设第六章予以明确。又如，关于专利申请文件的范式上，专利申请中的请求书应当写明"发明人或者设计人的姓名"。此外，在履行义务方面，"专利权人应当自被授予专利权的当年开始缴纳年费"，"行使专利权应当遵循诚实信用原则"等。由此可见，专利法规定的一系列权利义务条款构成了发明创造的权利主体之本质，而这一本质的核心始终围绕着"人"。发明创造是一种智力劳动，发明人或设计人为此提供了智力源泉，需要进行富有个体性的创造性思维，这在客观上只有自然人才能为之。专利权人除了自然人之外，作为法律拟制人的法人也可以成为主体，但是法人在本质上仍旧属于自然人有组织的集合体，即涉及权利享有和行使的法律行为方面，只能由自然人或自然人的集合体来充当主体。对此，吴汉东教授认为，在

[①] 李开国：《民法基本问题研究》，法律出版社1997年版，第54页。

自然人那里，是以伦理价值为依据，通过权利能力赋予生物人以法律人格；在法人领域，则是以团体人格为基础，通过权利能力赋予自然人集合的团体以法律人格，凡权利的主体须为意思的主体，专利权人应当是自然人或自然人的集合体。① 可见，自然人或自然人的集合体是发明创造的权利主体规则确定的主体基础。

循着人类的历史发展轨迹，当古代封建小农经济时代到近代工业体系的创建，再到现当代互联网技术逐渐过渡到弱人工智能时代，以及展望未来强人工智能时代，技术的迅速发展已经超出社会大众的常规视野范围，但人类始终位于时代变迁的中心主体位置。毫无疑问，是人类的智力活动改变了物质与精神社会，人类为了实现自我的美好发展，建立了社会架构、设置了国家主权，与之配套了政治、经济、文化、科技、法律、宗教、社会保障等社会治理体系；在此当中，人类是一切制度的出发点和根本落脚点，现有制度的设计需要考虑个体和整体两个维度维护每一个人的尊严，保障每一个人的基本权利，提升人类利用自然、改造自然的能力，推动社会进步和人类整体发展。② 现有的知识产权主体制度蕴含着以自然人为原点的伦理原则，并以自然人的人格理论和激励创新理论为基础建构而成。③ 这也就被称为"人类中心主义"。

从发明创造这一事实行为出发，我国《专利法》开篇将其立法宗旨确定为"为了保护专利权人的合法权益，鼓励发明创造，推动发明创造的应用，提高创新能力，促进科学技术进步和经济社会发展"。专利法从根本上体现了激励功能，这是立法宗旨的本质含义，能够对激励功能作出反馈并践行这一立法宗旨的主体只能是自然人和法人。无论技术如何发展，甚至于出现强人工智能时代中机器人大范围替代人类劳动的现象，但最终受到法律规制的依然是人，而绝对不会是任何机器或者设备，即专利权的归属而产生的法律后果只能归于人类。民事主体人格独立和法律地位平等是确认主体资格的基本原则。在民法上，"法的人格者等于权利能力者"④。同样以发明人、设计人的署名权为例，基于"人类中心主义"的

---

① 吴汉东：《人工智能生成发明的专利法之问》，《当代法学》2019 年第 4 期。
② 曹新明：《知识产权制度伦理性初探》，《江西社会科学》2005 年第 7 期。
③ 曹新明、咸晨旭：《人工智能作为知识产权主体的伦理探讨》，《西北大学学报》（哲学社会科学版）2020 年第 1 期。
④ ［日］北川善太郎：《日本民法体系》，李毅多、仇京春译，科学出版社 1995 年版，第 56 页。

立场出发，任何发明创造只可能由有思维和创造力的自然人完成，这在世界各国的专利法中普遍得到认同。专利法"二元主体结构"中，前述发明人或者设计人在专利文件中写明自己是发明人或者设计人的署名权，就是一种专属于自然人的人身权，其体现了发明人或设计人与发明成果之间的人格关系。故此，当涉及谁可以成为专利法意义上的发明人或设计人，谁拥有申请专利的权利，谁有权提出专利申请，谁有权享有专利权等涉及专利权主体的专利法之问时，"人类中心主义"是现行专利法解决这些主体问题的理论基础。

三　人工智能技术的权利主体地位争议

（一）主体说

随着"互联网+"技术与人工智能技术的快速发展，机器人与自然人之间的外表行为差别日益缩小，机器人在很多岗位已经能够替代人类，而且机器人的工作效率和服务更加智能化、人性化，人工成本亦明显低于自然人。国内外一些知名汽车生产商的作业流水线上，已经看不到劳动的自然人，人工智能可以全天候不间断生产；无人驾驶技术、语音识别技术越来越普及到人类生活的方方面面，个别城市的轨道交通已经实现了全自动无人驾驶。如此飞速的技术发展，使得人类深深思考着自身的主体地位，"人类中心主义"受到一定程度的挑战。实际上，民事主体的范围是一个伴随着人类技术和文明而发展的法律概念。民事主体发端于自然人个体，但随着商品经济的发展，尤其是资本主义的发展历史当中，法人作为"法律拟制人"的身份参与民事法律关系，大力推动了市场经济的发展与繁荣，民事主体已经演化出独立于自然人人格的"法律拟制人"，主体范围由自然人扩展至法人。有学者认为，法人制度本身就是对"人"这一概念在法律上提出的挑战[1]。

同理，随着人工智能时代的到来，民事主体范围应当适应技术发展所带来的变化，赋予机器人以民事主体资格，使其参与民事法律关系，正是法律顺应时代潮流的直接体现。[2] 有学者直接提出，应当视条件赋予机

---

[1] 易继明：《人工智能创作物是作品吗？》，《法律科学》（西北政法大学学报）2017年第5期。
[2] [美] 约翰·弗兰克·韦弗：《机器人也是人：人工智能时代的法律》，郑志峰译，元照出版公司2018年版，第5—8页。

人有限的法律人格或次等人格，使得机器人具有特定的权利能力、行为能力与责任能力。[1] 人工智能必将打破"人类中心主义"的框架束缚，在发明创造活动中，其不再是仅仅作为客观物质存在的机器或设备，而是智力劳动成果的权利主体。相应地，专利法意义上的发明人也不再局限于自然人，人工智能对发明创造作出实质性贡献的，也可以成为发明人或者设计人。[2] 还有学者参照《美国专利法》第103条规定，"发明的可专利性不应当因该发明的产生方式而被否定"，由此得出，发明创造活动更关注技术的实用性，发明成果与创造发明的心智活动过程或发明人的身份属性关联度不大，未来人工智能可能是独立存在的主体。[3] 可以看出，赞成人工智能因生成发明创造而具有主体地位的观点立足于法律史的发展眼光，从实用性视角认为技术方案的可专利性与发明创造的产生方式并无本质关联，赋予机器人主体地位具有现实合理性，也有利于进一步推动未来技术的发展。按照主体说，在未来的民事私法领域，将存在三类民事主体，即自然人、法人和机器人。

（二）客体说

根据"人类中心主义"原则，人工智能即使能够独立于人类而生成特定内容，也只能是人类的辅助工具，不能与人类并列成为专利权的主体。2018年11月，在题为"互联网和数据吞噬一切的时代下的知识产权策略"的中日韩知识产权国际学术研讨会上，有学者提出"如果一项很有价值的发明利用了人工智能，那么应当对研发出这项人工智能的人给予保护"，也有学者认为，"由于人工智能是自主地获得解决方案，并非基于研发人员的力量，所以无须保护"。[4] 从技术层面而言，机器人从设计、制造、出售、应用的全过程均由人类所掌握。2001年史蒂文·斯皮尔伯格导演的美国电影《人工智能》直观描绘了未来世界机器人的高级智能化状态，但是如此仿真的机器人受损时仍然由人类负责后期维修，而当人

---

[1] 袁曾：《人工智能有限法律人格审视》，《东方法学》2017年第5期。
[2] 曹建峰、祝林华：《人工智能对专利制度的影响初探》，《中国发明与专利》2018年第6期。
[3] 朱雪忠、张广伟：《人工智能产生的技术成果可专利性及其权利归属研究》，《情报杂志》2018年第2期。
[4] ［日］佐藤辰彦：《知识产权：改变世界的力量》，北京林达刘知识产权代理事务所译，知识产权出版社2021年版，第69页。

类废弃机器人，机器人所面临的是"屠宰场"，直至变成一堆机械垃圾。尽管作为一部科幻电影，但是，其所表达的正是"人类中心主义"的世界本质，机器人没有自身目的，其特定的工作目的和存在价值，完全是由人类所创设，其所支配的知识种类和范围都是由人类决定，甚至其具备的功能也被人类技术所限定。从法律层面而言，尽管从自然人到法人的法律史发展过程可以得出主体范围应当根据社会物质及条件的变化而进行动态调整，但是，与赋予机器人主体地位所不同的是，法人本质上也是自然人的集合体，并没有跳出"人类中心主义"的制度框架。然而，赋予机器人主体地位之后，相当于在自然人地位并列设置了机器人主体地位，这就突破了现有的整套法律制度体系。

事实上，"赋予主体地位"这一说法本身就已经表明了，机器人处于客体地位或人类调控对象的位置，否则何谈赋予呢？意志能力是自然人和法人获得法律人格的核心要素，不具有完全的独立思维和自主意识的人工智能机器人作为第三类民事主体享有权利并履行义务，在法理上是有待斟酌的。[1] 由于完成一项发明创造要求具备一定技术创新能力，而授予专利权甚至要求"突出实质性特点和显著的技术进步"，现有技术水平的人工智能在生成技术方案的过程中，创造的思想来源于人类智力活动，人类对其干预程度较高，此时人工智能机器人的工具属性更为明显。因此，立足于"人类中心主义"，机器人工作的行为性质完全不同于人类自由意志支配所实施的行为，由自然人和法人控制的机器人虽然具有高度智力性，但其缺乏人类之心性和灵性，尚不足以取得独立的主体地位。实际上，针对人工智能，按照美国知识产权法学者莱姆利的说法，目前关于什么是"机器"尚无统一定义，法律规制只能指向"行为"。[2] 基于此，知识产权制度安排就只能将机器人作为人类发明创造的工具或调整对象，本质上也就是客体。或许受限于人类自身发展的技术局限性，未来世界尚不能完全预测，而具有滞后性的法律制度会予以何种安排更难以预判，但可以肯定的是，在当前技术背景之下，人工智能机器人只能成为客体，无论从人伦道德角度，还是技术风险与社会成本考量，还不宜动摇整个民事主体制度的

---

[1] 杨立新：《人工类人格：智能机器人的民法地位——兼论智能机器人致人损害的民事责任》，《求是学刊》2018年第4期。

[2] Bryan Casey, Mark A. Lemley, "You Might Be a Robot", *Cornell Law Review*, Iss. 2, 2020.

根基。

(三) 代理说

代理说认为，人工智能的所有行为均由人类控制，其作出行为的法律后果最终由被代理人的主体承担。[①] 代理说可谓是主体说与客体说的折中观点，将人工智能作为自然人的代理，介于物质财产和独立人格之间。若完全承认人工智能的主体地位，此种设计实质上人为塑造了一个与自然人竞争的权利主体，违背"人类中心主义"的根本伦理观，甚至脱离了追求人类自由与发展的目标，不符合人类的整体利益。而若彻底否认人工智能的主体地位而代之以绝对的工具论，固然符合当下的民事主体制度，但与当前迅速发展的人工智能技术不相适应，未能体现知识产权制度的包容性和与时俱进。特别是人工智能在生成技术方案的过程中完全脱离的人类意志的影响，具有完全自主性的场合，客体说似乎很难对此解释。而代理说承认了人类对于人工智能的技术控制，也不排斥人工智能技术对于改善传统科研手段、提高研发效率方面所发挥的重大价值，但人工智能在算法设定和数据输入方面终究取决于自然人或法人，人工智能被视为所有人意志的体现，经授权代理参与人类通知范围内的活动，人工智能没有自身行为目的，其所实施的发明创造活动以及由此产生的技术方案、设计方案等事实行为是一种授权代理行为，相应法律后果由人工智能的所有人承担。正如机器人没有独立的财产，也没有独立的责任能力，即便使其具有独立的主体地位，因为行使权利所产生的法律责任最终仍将归属于与之联系最密切的自然人或法人。虽然，人工智能未有直面主体问题，但对于人工智能代理地位的确定在某种意义上已经认可了人工智能具有法律人格，相当于就是主体说设想的有限人格。按照现有的民事代理制度，代理人也必须是具有法律人格的自然人或自然人之集合体。因此，代理说同主体说一样，也存在固有的理论缺陷。

主体说明确主张赋予人工智能以法律人格，明确其发明创造的权利主体地位，但需要挑战现有的整个民事法律制度基础。客体说完全符合现行的法律规定，也代表了多数学者的观点，发明人、设计人只能为自然人，权利主体仅限于自然人或法人，人工智能既缺乏自我意识和人文情感，也

[①] 贾引狮：《人工智能技术发展对"发明人"角色的挑战与应对》，《科技进步与对策》2019年第3期。

缺乏人类主体的自由以及主体对这种自由的认知和情绪反应,其仅为人类认识世界、改造世界的辅助工具,但客体说难以体现专利制度的时代特征,也就是随着人工智能技术发展,尤其是当人工智能自我创造已成为常态时,主体问题便是专利法必须面对的制度挑战。而代理说固然能够平衡主体说与客体说的各自弊端,但却难以掩盖其试图突破"人类中心主义"的意图,本质上属于主体说的延伸。由此可知,一方面,依照现行法律规定,确定人工智能生成的发明的发明人和专利权主体地位尚缺乏依据;另一方面,基于当前学术观点未能形成统一且争议较大,导致现有专利权主体规则于人工智能时代存在显著的不适应性。

第二节 专利权客体保护规则的不适应性

一 专利权客体保护规则的理论基础——技术中心主义

《知识产权协议》将外观设计规定为单独一种类型的知识产权,同时规定成员国有权自由选择通过外观设计法或者版权法来履行保护外观设计的义务。世界各国基本上通过建立专利制度来保护技术创新。在很多国家,专利就是发明,专指技术类创新;而对于产品外观设计创新的保护却有着不同的方式,有通过著作权方式立法,也有专门立法。实际上,外观设计专利保护的客体与发明、实用新型专利保护的客体,两者本质上完全不同。正如前述,发明、实用新型专利所保护的是技术类客体,"技术中心主义"是确定客体的核心;而外观设计专利所保护的是设计类客体,"设计中心主义"则是当中之关键。既然世界范围内普遍以专利制度保护技术创新,那么通过"技术中心主义"确定专利权保护客体的基准,具有代表性意义。

发明,是指某个特定的技术问题的解决方案。[①] 尹新天教授曾指出:"产品技术方案的技术特征可以是零件、部件、材料、器具、设备、装置的形状、结构、成分等。"[②] 文希凯教授进一步指出:"发明是人类社

[①] 世界知识产权组织编:《知识产权法教程》,高卢麟等译,专利文献出版社1990年版,第57页。

[②] 尹新天:《中国专利法详解》,知识产权出版社2011年版,第17页。

会经济建设某一技术领域中某一具体问题的新的、非显而易见的技术解决方案。"①《美国专利法》第 101 条规定："任何人发明或者发现任何新的、有用的方法、设备、产品或者物质成分，以及对上述发明或者发现的新的、有用的改进，符合本法规定的条件和要求的，可以获得专利权。"《日本特许法》第 2 条规定，"发明是指利用自然法则所作出的技术思想创造中具有一定高度的东西。"② 欧洲未从正面定义发明及客体，而采取了从反面释义的方式，《欧洲专利公约》第 52 条规定，"发现、科学理论和数学方法；美学创造；进行智力活动、游戏或商业经营的方案、规则和方法，以及计算机程序本身；信息的表述"不属于发明。

尽管各国专利法对于发明作出定义的方式不同，既有正面定义，也有反面定义，更有我国《专利法》两者兼采，但无论何种定义方式，其判断专利权保护客体的本质依然是围绕着技术。实践中，特别是人工智能等新业态新领域的专利申请，依照国家知识产权局第 343 号公告规定③，若权利要求所限定的解决方案中除了算法特征或商业规则和方法特征，还包含技术特征，该方案就整体而言并不是一种智力活动的规则和方法，本质上已经属于技术方案，就不属于客体排除式规定的范畴之内。综上所述，"技术中心主义"在确定专利保护客体方面发挥着贯彻始终的作用，对于判断是否属于能够被授予发明或实用新型专利权的主题产生限定作用，从而使得"技术方案"要求构成了授予相应专利权的实质性条件之一。

二 传统商业方法和算法的专利不适格性

（一）纯粹商业方法的专利不适格性

申请专利的第一道门槛是专利适格性，第二道门槛是条件资格，即申请方案是否满足授予专利权的实质性条件。我国《专利法》规定了新颖性、创造性、实用性。第一道门槛将本质上非适格性的申请方案排除在

---

① 文希凯主编：《专利法教程》（第三版），知识产权出版社 2013 年版，第 30 页。
② ［日］吉藤幸朔：《专利法概论》，宋永林、魏启学译，专利文献出版社 1990 年版，第 66—78 页。
③ 2019 年 12 月 31 日，国家知识产权局为全面贯彻党中央、国务院关于加强知识产权保护的决策部署，回应创新主体对进一步明确涉及人工智能等新业态新领域专利申请审查规则的需求，决定对《专利审查指南》作出修改，自 2020 年 2 月 1 日起施行。

外，第二道门槛则将创新程度低的申请进一步排除。① 所谓专利适格性（patent eligibility），是指要求保护的方案是否属于专利权客体的问题，不应当将专利法保护客体的审查标准与专利授权的实质性标准混同。就商业方法而言，一方面，纯粹的商业方法为社会法则、经验法则或经济法则等人为规则，其本身只是以抽象概念加以界定，难以为批量化的工业实施或复制，并且倾向于达到商业上的效果而非利用自然法则形成技术贡献，故不符合发明之定义。另一方面，组织、生产、商业实施和经济等方面的管理方法及制度，乃心智活动，在商业意义上可能产生实际价值之效果，但在改变事物之物理状态的意义上并无结果，虽然利用商业方法可能使得营业状态有所不同，但此乃单纯观念之状态，受制于人脑抽象活动的影响甚巨。例如商业竞争策略、单纯之商业经营方法等，均属于典型的纯粹商业方法。② 由于纯粹商业方法属于智力活动的规则和方法，既没有采用技术手段或者利用自然规律，也未解决技术问题和产生技术效果，因而不具备专利适格性。但"互联网+"的人工智能时代层出不穷的各种商业模式，大部分属于商业活动与计算机网络技术的结合体，这类商业方法的专利适格性问题，需要根据其权利要求的整体方案而判断。

（二）纯粹算法的专利不适格性

算法是将输入转换成输出的计算步骤的序列，是求解计算问题的工具，是各种信息技术有机结合、广泛应用并创造丰富多彩的无限价值的关键，也作为软件创新的核心。③ 算法的专利适格性，则自然成为其受到专利法保护的最基础条件。关于算法的专利适格性问题与商业方法一样，也受到了严格的限制，判定的基本点同为技术中心主义。有观点认为，纯粹算法属于抽象思想，而非特定之技术方案，受到了智力活动方法除外原则、基础理论与实际应用界分原则以及技术领域限制原则的约束，使其极难获得专利权的保护；也有观点认为，排除纯粹算法的专利适格性应解释为排除那些属于抽象创造、缺乏技术性的计算机程序，换言之，算法通过

---

① 张平：《论商业方法软件专利保护的创造性标准——美、日、欧三方专利审查之比较》，《知识产权》2003年第1期。

② 陈健：《商业方法可专利性判断标准研究》，《暨南学报》（哲学社会科学版）2013年第1期。

③ 张文显：《构建智能社会的法律秩序》，《东方法学》2020年第5期。

专利适格性审查的条件在于进一步的特定技术表现。[1] 当前，我国专利审查部门对于算法本身的专利适格性予以否定的法律依据在于《专利法》第 2 条规定的技术方案以及第 25 条关于智力活动的规则和方法的规定。基于此，抽象算法，或者说不包含任何技术特征的数学模型建立方法不具有专利适格性。[2] 事实上，纯粹算法的非专利适格性也是对"技术中心主义"的违背。

(三) 典型案例

案例 A：一种建立数学模型的方法，其特征在于，将所述目标分类模型和所述目标特征提取模型组成所述第一分类任务的数学模型。[3]

从字面意思理解，该发明专利申请的解决方案是一种建立数学模型的方法，通过增加训练样本数量，提高建模的准确性。该建模方法将与第一分类任务相关的其他分类任务的训练样本也作为第一分类任务数学模型的训练样本，从而增加训练样本数量，并利用训练样本的特征值、提取特征值、标签值等对相关数学模型进行训练，并最终得到第一分类任务的数学模型，克服了由于训练样本少导致过拟合而建模准确性较差的缺陷。这是一种抽象的模型建立方法，不属于专利保护客体。

案例 B：一种消费返利的方法，其特征在于根据计算机的计算值，判断给用户的返利额度。[4]

这类方法是否属于专利权保护的客体，还需要根据其权利要求的具体描述来进行判断。本案中，该发明专利申请提出一种消费返利的方法，通过计算机执行设定的返利规则给予消费的用户现金券，从而提高了用户的消费意愿，为商家获得了更多的利润。然而，该解决方案是如何促进用户消费的问题，并非技术问题，不符合自然规律的技术效果，该发明专利申请不属于《专利法》第 2 条第 2 款规定的技术方案，不属于专利保护的客体。

案例 C：根据申请权利要求书记载，权利要求 1：一种用于产生含

---

[1] 张吉豫：《智能时代算法专利适格性的理论证成》，《当代法学》2021 年第 3 期。

[2] 国家知识产权局专利复审委员会编著：《以案说法——专利复审、无效典型案例指引》，知识产权出版社 2018 年版，第 31—32 页。

[3] 国家知识产权局第 343 号公告，案例 1：一种建立数学模型的方法。

[4] 国家知识产权局第 343 号公告，案例 5：一种消费返利的方法。

n_{RND} 个位 BR_i 的随机数的方法,其中,$1 \leq i \leq n_{RND}$,所述方法包括以下步骤:

(a) 提供含 m_{BFT} 个可寻址的位 BT_j 的静态位表(BFT),其中,$0 \leq j \leq m_{BFT}-1$,所述静态位表包含随意分布的相等数量的"0"位和"1"位;以及

(b) 对于所述随机数的位 BR_i,其中 $1 \leq i \leq n_{RND}$,

i. 在 0 与 $m_{BFT}-1$ 之间的范围中产生地址 FA,

ii. 从所述静态位表中选择具有所述地址 FA 的位 BT_{FA},

iii. 将所述随机数的所述位 BR_i 设置为等于来自所述静态位表中的所述位 BT_{FA} ($BR_i = BT_{FA}$)。①

该案中,复审请求人认为,申请解决的问题是"产生高质量随机数,用于诸如仿真研究、信息处理、通信以及加密系统中",这是技术问题;权利要求 1 采用了有其 m_{BFT} 可寻址位的静态位表 BFT 用于生成随机数的随机性,通过随机地选择静态位表的位以组合将要被生成的随机数的技术手段;获得了随机数的随机性显著提高,满足了仿真研究、信息处理、通信以及加密系统对于随机数的随机性的要求,获得了技术效果,属于技术方案。然而,合议组认为,权利要求 1 请求保护一种用于产生含 n_{RND} 个位 BR_i 的随机数的方法,结合说明书中记载的内容可知,权利要求 1 所解决的问题是通过基于抛"公平"硬币的柏努力试验原理的算法来产生随机数;所获得的效果是产生含 n_{RND} 个位 BR_i 的随机数;因此,权利要求 1 实质上保护的是一种基于解决如何产生含 n_{RND} 个位 BR_i 的随机数的问题的算法,并且未被应用到具体的技术领域中去解决特定技术问题。与此同时,在本申请权利要求书以及说明书中并没有体现出本申请的这种产生随机数的算法被具体应用到了上述技术领域以解决上述技术领域中存在的某种特定技术问题;并且在权利要求中通过引入静态位表的概念以及通过从该静态位表随机选择位以组合随机数的生成更进一步说明当前权利要求所要求保护的方案也只是如何产生随机数,体现不出与任何具体技术领域的结

---

① 国家知识产权局第 35767 号复审决定:本复审请求涉及申请号为 200780012334.9,名称为"用于产生随机数的方法和设备"的发明专利申请,除了权利要求 1—11,还包括权利要求 12:一种计算机装置,包括:存储器装置,其上存储有程序编码,用于执行根据权利要求 1—11 中任一项所述的方法的所有步骤,以及执行环境,用于执行所述程序编码,以执行根据权利要求 1—11 中任一项所述的方法。

合；实质上仍是一种基于解决如何产生含 n_{RND} 个位 BR_i 的随机数的问题的算法，未解决任何技术问题，也未获得任何技术效果，这种解决方案不属于技术方案，不属于专利保护的客体。

三　域外商业方法和算法专利适格性判断标准及适用困境

（一）美国的"应用性"效果判断法及其适用困境

《美国专利法》保护的客体分为两类：一类是方法，即如何去制造或使用特定物；另一类是机器、产品和物质合成，即特定物之本身。① 《美国专利法》第 101 条不仅规定了专利权客体的类型，还阐明了对获得专利保护的"实用性"的判断。有学者对此指出，发明的用途在专利法学中扮演着重要的角色，但这并不是指创新的最终有用性，发明的有用性是来自市场现实的要求而不是司法干预的结果。② 关于专利适格性问题方面，美国相对更为看重解决方案的实际应用，这在商业方法和算法的可专利性方面得到了充分体现。

商业方法的可专利性判断标准经历了一个从严格到宽泛，再到理性的发展历程。20 世纪 90 年代之前，美国通过 BENSON 案指出，程序背后的算法被视为抽象思想。美国联邦最高法院针对商业方法的可专利性判断建立了四条规则：一是数学运算法则、自然法则、自然现象及抽象思想，不可以获得专利权；二是与特定机器相结合的方法申请，可以获得专利权；三是没有与特定机器相结合，但能够转换特定客体为不同的状况或事务，可以获得专利权；四是强调特定机器结合或转换测试方法仅仅是一种"线索"。③ 这些判断规则持续了一段时间，直至出现了"街道银行案"④。美国联邦巡回上诉法院对于该案涉及的可专利性问题采取了一种比较宽松的态度，法院相对更为关注商业方法申请案的实际应用性。法院认为，尽管自然法则、自然现象和抽象思想本身不具备实际应用性，但当这三类不可

---

① 李明德：《美国知识产权法》（第二版），法律出版社 2014 年版，第 37—38 页。

② ［美］Martin J. Adelman、Randall R. Rader、Gordon P. Klancnik：《美国专利法》，郑胜利、刘江彬主持翻译，知识产权出版社 2011 年版，第 36 页。

③ 陈健：《商业方法可专利性判断标准研究》，《暨南学报》（哲学社会科学版）2013 年第 1 期。

④ State Street Bank & Trust Co. v. Signature Financial Group, Inc., 149 F. 3d 1368 (Fed. Cir. 1998).

专利的客体具备特定的实际应用，即具有了"某种有用的、具体的以及确实的结果"，则该申请案具备专利适格性。至此，美国联邦巡回上诉法院建立了应用性原则，即包含数学算法的商业方法获得专利授权的前提条件是其能够产生"一个有用、具体且确实的结果"。美国专利商标局指出，审查员在确定申请案是否符合《专利法》第101条规定的要件时，应当从整体上考虑其是否属于自然法则、自然现象和抽象思想本身先占或全部应用，且是否产生有用、具体和确实结果的特定实际应用。

该案之后，只要申请案能够产生"一个有用、具体且确实的结果"，相关商业方法就可以被授予专利权。然而，随即导致的情况就是商业方法的专利申请量、授权量与日俱增，出现了很多质量不高的专利，严重侵占了社会公共利益。相应地，美国法院在"BILSKI案"中显示出回归机器或转换规则的倾向。巡回上诉法院认为，机器或转换形式的程序肯定可以产生具体和确定的结果，但"有用、具体且确实的结果"只是申请案构成基本原理或实际应用的一个表征。最高法院在终审判决中认为，机器或转换测试方法是一个有用且重要的线索、工具，但这一测试方法并不是判断可专利性的唯一方法。[①] 可见，"BILSKI案"的重要意义就在于将"街道银行案"中"有用、具体且确实的结果"的审查方法限制于特定的涉及计算机执行的程序的案件中，仅仅作为专利适格性的一个表征而已。最终，美国专利商标局针对商业方法和算法专利审查中需要考虑的事实形成了比较具体的意见。[②] 但美国联邦最高法院也未在"BILSKI案"中就商业方法可专利性给出具体标准，而是将"什么是检测商业方法专利之专利性的正确方式"留待讨论。2014年，联邦最高法院在"Alice案"中就商业方法可专利性标准再次明确，即"商业方法与通用电脑结合所致的发明，须具有创造性"[③]。同样，这一标准，理论界和实务界仍然对此问题有不同认识。

---

① Bilski v. Kappos, 561 U. S. 593 (2010).

② 首先，方法是否包含或是否由特定机器或设备所执行。如果是，则很少会被认定构成抽象思想。其次，方法的执行是否导致了或包含了特定事务的转换。若存在这种转换，同样很少会被认定构成抽象思想。再次，即使欠缺特定机器或转换，申请方法的执行，是否包含了自然法则的应用。如果这种应用存在，亦难被认为构成抽象思想。最后，在执行方法各步骤中是否涉及一般自然法则、自然现象和抽象思想概念的先占，先占是不被允许的，除非存在实际应用。

③ Alice Corp. v. CLS Bank International, 573 U. S. 208 (2014), 134 S. Ct. 2347 (2014).

美国专利商标局于 2019 年 10 月 17 日开始实施的《美国专利客体审查指南》（2019 年修订版）对法院的判例进行了总结。① 依照该指南规定，当权利要求中含有自然现象、自然规律或抽象概念，则判断权利要求的剩余部分是否构成对上述不可专利对象的实际应用，如果结论是肯定的，那么可以直接得出权利要求具备可专利性的结论。② 2023 年 5 月 15 日，美国联邦最高法院再次拒绝提审两起涉及"专利资格性"的案件。③ 事实上，美国关于适格性问题反复变化的原因在于美国并不奉行技术中心主义，技术特征并非作为专利授权的基本条件，而认为只要存在特定的实际应用，就属于客体范畴。人工智能时代，商业方法和算法通常相互依存且彼此支持，专利适格性的判断标准可以通用。因此美国认为，商业方法和算法这些本质上属于抽象思想的一般概念，使得其具有专利适格性的判断标准在于其应当以特定实际应用为主导，也表现了美国对于两者的实际应用更为关注其市场现实，符合其本国的立法与司法实际。

（二）欧洲和日本的"技术性"要求判断法及适用困境

关于商业方法和算法的可专利性判断标准，除美国采用抽象思想的特定实际应用作为判断标准之外，欧洲和日本多采取以"技术中心主义"为要求的判断标准。

《欧洲专利公约》第 52 条规定：专利可以授予所有技术领域的任何发明，但该专利主张必须具有技术特征。④ 同时要求：其一，发明必须为相同技术领域的技术人员能够复制、生产，发明必须涉及技术领域；其二，必须考虑解决技术难题，必须既有相应的技术特征。欧洲专利局审查指南肯定了商业方法专利，并强调从整体上审查。⑤ 但实际上，欧洲许多基于人工智能的软件或计算机系统的新的商业方法，通常不被授权，这是因为计算机软件或系统的贡献仅仅在于执行某种新的商业方法，以抽象的概念

---

① 张韬略：《美国〈专利客体适格性审查指南〉的最新修订及评述》，《知识产权》2020 年第 4 期。
② 狄晓斐：《人工智能算法可专利性探析——从知识生产角度区分抽象概念与具体应用》，《知识产权》2020 年第 6 期。
③ 陆雨：《美国最高法院再次拒绝提审澄清 Alice 案的新"专利资格"案件》，http://www.ahipdc.cn/zwyw/ztzl/hwzscqxxfwpt/dxal/421176.html，最后访问日期：2023 年 8 月 22 日。
④ European Patent Convention（EPC）of 2000 Art. 52（1）.
⑤ European Patent Convention（EPC）of 2000 Art. 52（2）.

加以界定并倾向于达到商业上的效果，当中未能体现技术性与技术贡献。这也就意味着，尽管计算机程序都涉及技术上的考虑，因为它涉及定义一种可以由机器执行的方法，但这本身并不足以证明编程产生的程序具有技术特征。① 因此，欧洲专利局要求这类发明必须与机器设备相结合或者达成明确的技术性效果，也就是说，发明创造的全部效果必须是作出技术贡献，而不应当仅仅是一个新的商业方法或算法加普通智能设备的组合。

在日本，依照《特许法》第2条规定，发明是指利用自然法则所作出的技术思想创造中具有一定高度的东西。日本同样要求商业方法和算法在考虑授予其专利权时，应当注重其整体方案的技术性。日本法院普遍认为，应当将目光聚焦于技术领域的差别，若未能体现任何技术性，则申请方案不属于专利法保护的客体，也就不具备专利适格性。可见，欧洲和日本作为主要的大陆法系区域，对于商业方法和算法的专利适格性仍然坚持技术中心主义，要求具备"技术性"。换言之，商业方法和算法必须赋予其技术特征并实现技术效果，以确保专利授权客体的技术性。

四　中国《专利审查指南》确立的判断准则及其适用困境

（一）整体性标准及其适用困境

所谓整体性标准，是指将方法特征作为整个解决方案的一部分，不应该将技术特征与算法等特征等进行简单割裂。当要求保护的权利要求作为一个整体不属于《专利法》第25条第1款第（2）项排除获得专利权的情形，则需要就其在整体上是否属于《专利法》第2条所述的技术方案进行审查，即整体考虑权利要求中记载的全部特征，权利要求的前序与特征部分共同构成了整体方案，而当中的各自的算法、商业规则与技术特征部分必须作为一个整体，纳入专利适格性的判断。

1. 技术性标准及其适用困境

客观而言，整体性标准明确了商业方法和算法专利适格性的判断对象，即由"算法特征或商业规则和方法特征"与"技术特征"共同组成的整个解决方案。实际上，这个整体作为判断对象的核心目的在于审查其是否具备技术性，也就是解决方案是否符合"技术中心主义"的要求。

---

① 王瀚：《欧美人工智能专利保护比较研究》，《华东理工大学学报》（社会科学版）2018年第1期。

当回归专利法，则意味着审视《专利法》第 2 条的技术方案的客体要求。如果申请保护的权利要求记载了对要解决的技术问题采用了利用自然规律的技术手段，并且由此获得符合自然规律的技术效果，则该权利要求限定的解决方案属于《专利法》第 2 条所述的技术方案。例如，权利要求中涉及算法的各个步骤体现出与所要解决的技术问题密切相关，算法处理的数据是技术领域中具有确切技术含义的数据，算法的执行能直接体现出利用自然规律解决某一技术问题的过程，并且获得了技术效果，则通常该权利要求限定的解决方案属于技术方案，具备专利适格性。此时，专利审查工作才可以对这一保护客体进行新颖性和创造性等实质性授权条件的审查，但同样应考虑权利要求以及算法特征或商业规则和方法等全部特征，而且应当彼此相互支持、存在相互作用关系，由于后者属于人脑执行的抽象概念，判断主观性较强，容易导致"事后诸葛亮"的现象；毋庸置疑，针对客观技术特征的审查将是进一步判断授权与否的关键。

2. 应用性标准及其适用困境

值得说明的是，应用性标准与实用性标准不同，后者属于专利授权"三性"判断的标准，即审查的前提是申请方案既没有《专利法》第 25 条第 1 款第（2）项排除专利适格性的情形，也通过了《专利法》第 2 条第 2 款的审查标准，当符合了专利适格性之后，针对其实用性问题另行审查的情形；然而，实用性属于专利适格性判断的范畴。虽然两者在具体审查的考量因素当中存在一定程度的适用重合，但应用性标准的侧重点仍然在于技术方案本质审查的延伸。

例如，如果权利要求中的算法应用于具体的技术领域，该算法特征与技术特征功能上彼此相互支持、存在相互作用关系，该算法特征成为所采取的技术手段的组成部分，则符合专利适格性。

再如，如果权利要求中的商业规则和方法特征的实施需要技术手段的调整或改进，那么这种方案具备了产业上应用的可能性与价值。而相反地，若方案是一种抽象的模型建立方法，其处理对象、过程和结果都不涉及与具体应用领域的结合，则属于对抽象数学方法的优化，也就不具备专利适格性，无法成为专利保护的客体。实际上，应用性标准的内核可以称为"物理性利用"，而这正是技术方案与抽象思想之间的本质区别，使得现实世界的事物在物理状态上发生改变的方法不能归于抽象思想。总而言之，应用性标准应当包括两个因素，其一是商业方法和算法应用到了某一技术领域，并形成了包含算法特征或商业规则和方法特征的技术解决方案；其二是基于商业方法和算法的技术解决方案采用了技术手段，在应用过程中解决了特定的技术问题，实现了技术功能，获得了相应技术效果。①

(二)《专利审查指南》的最新修订

2016年是中国人工智能技术的爆发元年，根据2022年《中国人工智能产业研究报告（Ⅴ）》显示，2022年中国人工智能产业规模达1958亿元，年增长率7.8%。2013—2022年11月，全球累计人工智能发明专利申请量达72.9万项，其中，中国达38.9万项，占53.4%；授权量为24.4万项，其中，中国达10.2万项，占41.7%。②2017年，人工智能首次被列入我国政府的工作报告并出现在党的十九大报告中，要求加快建设制造强国，加快发展先进制造业，推动互联网、大数据、人工智能和实体经济的深度融合。③众所周知，人工智能技术以算法和大数据作为基础，而算法、大数据与计算机程序密切相关，人工智能技术在迅速发展的同时，关于涉及计算机程序的发明创造专利保护问题应当及时跟进解决。国家知识产权局作为政府主管专利工作的部门对此迅速作出反应，并于2017年结合实际情况相应修订了《专利审查指南》。2017年2月28日，国家知识产权局以第74号局令的形式公布了关于修改《专利审查指南》的决定。值得注意的是，第74号局令从规范角度特别注重区分涉及计算机程序的发明创造和计算机程序本身的专利适格性差异，前者只有构成技术方案才是专利保护的客体；而后者作为智力活动的规则和方法，不属于专利保护的客体。此外，第74号局令明确，涉及商业模式的权利要求，只有具备了技术性，才可能摆脱"智力活动的规则和方法"的约束，这也正凸显了审查部门对于人工智能领域坚持"技术中心主义"的一贯宗旨。

此后数年，随着"互联网+"技术与移动智能终端软硬件设备的进一步升级发展，人工智能技术继续突飞猛进且在民用领域实现了极为广泛的普及，专利申请量继续保持增长态势，国家知识产权局认为原先的《专利

---

① 王翀：《人工智能算法可专利性研究》，《政治与法律》2020年第11期。
② 2022年中国人工智能产业核心规模及专利申请情况分析，https：//www.seccw.com/Document/detail/id/20916.html，最后访问日期：2023年6月17日。
③ 邓建志、程智婷：《人工智能对专利保护制度的挑战与应对》，《南昌大学学报》（人文社会科学版）2019年第2期。

审查指南》已经难以适应新技术的要求,特别是为全面贯彻党中央、国务院关于加强知识产权保护的决策部署,回应创新主体对进一步明确涉及人工智能等新业态新领域专利申请审查规则的需求,决定于 2019 年 12 月 31 日以国家知识产权局第 343 号公告的形式对《专利审查指南》再次作出修改,自 2020 年 2 月 1 日起施行。如果说第 74 号局令只是针对涉及计算机程序的发明创造作出试探性或原则性规定的话,那么第 343 号公告则在此基础之上,于《专利审查指南》第二部分第九章增设第六节,专门针对涉及人工智能、"互联网+"、大数据以及区块链等的包含算法特征或商业规则和方法特征的发明专利申请审查作出了明确的审查基准和示例,进行了全面指导与规范,并再一次重申了"技术中心主义"对于申请方案的可专利性认定以及严格授予包含算法或商业规则和方法等非适格性要素的发明专利的重要性。

(三)"互联网+"产业形态专利权客体保护规则的不适应性——来自 GUI 外观设计保护地位确立的经验

随着科学技术的进步和经济发展的需要,专利权的客体范围也在不断扩大和逐渐明确,虽然各国立法差异较大,但随着形势的发展,非专利客体的范围也在逐渐缩小。[①] 特别是互联网技术的发展,对于专利保护客体的影响更是明显,我国关于图形用户界面(Graphical User Interface,GUI)(又称图形用户接口)外观设计专利保护态度的转变就是非常明显的例子。长期以来,国家知识产权局认为,"产品通电后显示的图案"不是外观设计专利保护的客体,故拒绝 GUI 外观设计的专利保护,而随着智能手机等移动终端设备应用的迅速普及,智能手机上的 GUI 越来越引起业界重视,专利审查部门应当根据实际情况进行调整,于 2014 年 3 月 12 日以国家知识产权局第 68 号令的形式修改了《专利审查指南》,将 GUI 外观设计纳入专利保护体系。2019 年 9 月 23 日,根据现实情况针对涉及图形用户界面的产品外观设计的审查标准再次修改《专利审查指南》,直至最新一次修订《专利法》,立法部门将局部外观设计正式纳入法律保护体系,而局部外观设计与 GUI 的保护有着非常紧密的关联,这将极大促进对于 GUI 的保护。通过 GUI 保护规则的反复修订实践可以看到,GUI 能否作为专利权客体规则的变化是被"互联网+"技术推动着发展的,也曾经历

---

① 吴汉东:《知识产权多维度解读》,北京大学出版社 2008 年版,第 117 页。

了相当长时间的不适应。

同样,现行《专利审查指南》关于商业方法和算法的专利适格性问题方面,已经与"互联网+"产业的发展存在不适应性,主要体现在两个方面:一是技术中心主义贯彻过于严格;二是商业成功或实践成果标准的绝对排除。关于专利权客体规则方面,固然必须坚持"技术中心主义",但也应当适度放宽。依照《专利审查指南》的规定,对于既包含技术特征又包含算法特征或商业规则和方法特征的权利要求,除了要审查技术特征部分的实质性授权条件,还应当考虑算法特征或商业规则和方法特征与技术特征功能在整体上是否存在彼此相互支持、相互作用关系,而"功能上彼此相互支持、相互作用关系"是指算法特征或商业规则和方法特征与技术特征紧密结合、共同构成了解决某一技术问题的技术手段,并且能够获得相应的技术效果,这也就是说,在整体方案中,算法特征或商业规则和方法特征仅仅作为"配角",技术特征才是"主角"。

然而,在现实情况中,此类方案的"配角"对于整体贡献非常大,正因为这层主从关系,使得申请方案经常被认定为智力活动的规则和方法,以至于涉及此类的发明专利申请的驳回率极高,导致人工智能、"互联网+"、大数据以及区块链等的发明专利申请难以得到切实有力的保护。如何理解技术,学界争议依然很大。比如有学者提出来,应当从广义角度理解"技术",不能只局限于工业技术本身,而应当拓宽至社会性技术。[1] 实际上,过分严苛的"技术中心主义"既不利于客体范围的科学界定,也抑制专利法宗旨的实现。另一个问题,就是关于商业成功或实践成果标准的绝对排除。依照目前审查指南,商业成功或实际应用不能作为判断专利适格性的标准。但是,算法的实践应用包含了研发人员长期的物质技术投入,以此为基础建构了人工智能技术发展的基础,耗费了巨大的财力成本;成功的商业规则也是投资主体重点开发的成果,并且"互联网+"时代的商业规则的应用基本上需要通过人工智能技术得以实现,若依照当前的审查实务,这些属于"抽象思想、计算机语言与计算规则、计算机程序本身"等非针对产品、生产的技术方案性质的抽象化的具体应用难以成为专利保护客体,这就又成为限制客体发展的障碍。

因此,由于存在这些制度限制,越来越多的企业采取商业秘密的方式

---

[1] 孙海龙、曹文泽:《计算机软件专利保护法律问题研究》,《法学家》2002年第2期。

对包含算法特征或商业规则和方法特征的方案进行保护，加之发明专利审查周期较漫长，这些都不利于对此类客体进行大规模产业应用和商业开发，专利法的激励机制不能得到充分发挥，并与当前"互联网+"产业发展明显不相适应。

第三节 专利授权规则的不适应性

一 创造性标准的判断规则

（一）突出的实质性特点和显著的进步

我国《专利法》第22条规定了授予发明专利权的实质性条件，包括新颖性、创造性和实用性，其中第3款规定了创造性标准，即与现有技术相比，该发明具有突出的实质性特点和显著的进步，该实用新型具有实质性特点和进步。而涉及商业方法和算法的发明创造原则上只能以方法发明专利的形式请求保护，故不涉及实用新型的问题。前文关于专利权主体规则的论述当中，特别是发明人的界定方面，已经对发明创造的实质性特点适当提及，只有对发明创造的实质性特点作出创造性贡献的人才有资格成为发明人，这是发明人主体身份界定的重点。

我国专利法关于"突出的实质性特点"要求严格限定于技术性范畴。"实质性特点"在一般情况下对应于《专利法实施细则》第24条第1款规定的独立权利要求特征部分记载的"区别于最接近的现有技术的技术特征"，至于实质性特点是否突出，则取决于技术方案整体是否显而易见，有没有技术启示的问题。《专利审查指南》规定了常规情形下"突出的实质性特点的判断"，也就是下文要阐述的"三步法"判断准则。另外，在评价发明是否具有显著的进步时，主要应当考虑发明是否具有有益的技术效果。有益效果是确定发明是否具有"显著的进步"的重要依据。通常情况下，若发明与现有技术相比具有更好的技术效果，或者发明提供了一种技术构思不同的技术方案，其技术效果能够基本上达到现有技术的水平；或者发明代表某种新技术发展趋势；或者尽管发明在某些方面有负面效果，但在其他方面具有明显积极的技术效果；此时，应当认定具有这种有益的效果。虽然《专利法》第22条第3款将"突出的实质性特点"和

"显著的进步"作为创造性判断的核心要件且并列，但在实际上，按照国际上普遍采用的创造性标准以及审查实践，对"突出的实质性特点"和"显著的进步"这两个方面的要求应当整体上进行综合判断，针对具体技术方案的判断当然可以有所侧重，尤其是如开拓发明、组合发明等几种不同类型的发明或者发明取得了预料不到的技术效果等不易使用"三步法"判断的特殊情形，没有规定两者应该分别达到何种同样的程度才符合创造性标准。

针对既包含技术特征又包含算法特征或商业规则和方法特征的发明专利申请进行创造性审查时，首先应作为一个整体考虑；然后再将整体方案与现有技术进行比对，判断算法特征或商业规则和方法特征对技术方案作出的贡献程度，如果相对于最接近的现有技术是非显而易见的，具备创造性。反之，则显而易见，也就不具备创造性。

(二) 具体的"三步法"判断准则

显然，创造性的判断比新颖性的判断所涉及的技术比对更为复杂或晦涩难懂，也极易犯"事后诸葛亮"的主观错误，为了使得创造性的判断尽可能客观并更具实操性，《专利审查指南》规定了"三步法"判断准则：

第一步，确定最接近的现有技术，也就是现有技术中与要求保护的发明最为相关的现有技术。该现有技术通常应当属于与要求保护的发明相同或相近的技术领域，并包含最多的与权利要求所记载的技术特征共有的技术特征。

第二步，确定要求保护的发明的区别技术特征，然后根据该区别特征在要求保护的发明中所能达到的技术效果确定发明实际解决的技术问题。应当注意的是，这里的技术问题是要求保护的发明实际能够解决的技术问题，而不是专利申请文件中声称要解决的技术问题，与此同时，尽管说明书所记载的技术解决方案不发生变化，但以不同的现有技术作为最接近的对比文件时，"所要解决的技术问题"通常会有所不同，这里就更能突显现有技术的重要性。

第三步，在最接近的现有技术以及其他相关现有技术的基础上，判断发明为解决技术问题而采取的技术方案是否为本领域技术人员容易想得到的，即现有技术中是否给出将区别特征应用到该最接近的现有技术以解决其存在的技术问题（即发明实际解决的技术问题）的启示，这种启示会使本领域的技术人员在面对所述技术问题时,有动机改进该最接近的现有技术并获得要求保护的发明,如果现有技术存在这种技术启示,则发明是显而易见的。近些年,随着新型技术的不断发展,特别是"互联网+"技术的发展所催生的一系列新客体的审查不适应性,"三步法"固然也受到了理论与实务界的质疑,但经过几十年的实践积累,这一判断规则仍然符合大多数发明专利申请的判断逻辑。

二 商业方法和算法领域普通技术人员创造性判断能力的不适应性

(一)商业方法和算法技术领域的跨界之难

商业方法的创新同样需要专利法的保护,一项符合专利适格性条件的商业方法发明是"商业方法"与"技术"的组合发明,其"本领域"往往涉及技术、商业、管理等诸多学科领域,这就意味着本领域的技术人员属于复合型技术人才,既要知晓本自然科学领域的技术知识,又要知晓相关应用领域的社科商业知识。商业活动中不仅应当考虑技术的专业性,更应考虑其对象的特定性。而对包含算法特征的发明专利申请,"本领域"也会涉及计算机程序本身等属于算法领域的非技术性特征。由此可见,本领域的技术人员需要进行技术领域的跨界,而不能局限于技术特征部分所属的技术领域。但是,算法特征或商业规则和方法特征毕竟又不属于技术领域,这就对本领域技术人员跨学科能力提出了要求,适用上具有相当难度。

(二)商业方法和算法领域技术人员判断能力的提升之难

人工智能时代涉及算法和商业方法的发明专利申请,面临跨学科领域的要求,而要具备判断专业领域之间是否相互支持和依存的能力,实现技术领域的跨界非一朝一夕之功,此中难度可想而知,这就必然对于具体参与审查实践的人的专业判断能力与综合分析能力提出了更高的要求。诚然,"所属技术领域的技术人员"是人而非机器,但是,人工智能时代的创造性审查中,该主体需要被重新审视甚至重新定义。[①] 人工智能算法发明本身较其他专利申请客体而言,具有更强大的资源整合能力和高效、理性的特征,本领域技术人员虽是假想人,但真正落实判断实务的还是实际

---

① 刘强、周奕澄:《人工智能发明专利审查标准研究》,《净月学刊》2018年第3期。

生活中的人类。

人工智能算法能够对庞大的知识数据库进行分类和存储，并能够以极快的速度访问各种数据库，不妨将相关的人工智能算法技术水平假设为本领域的"普通技术人员"，其拥有对所有已知出版物、专利和现有技术的全部知识。[①] 商业模式专利申请所属领域的技术人员应当具备实施公知的计算机和网络技术的基本技能，以及把计算机和网络技术应用于商业方法领域的公知常识，了解与商业方法相关的发明所属相关技术领域及其商业应用领域的所有现有技术，并能够理解和使用用于研究和开发商业应用的普通技术手段。[②]

然而，从当前专利审查部门的人员构成以及历次发布的招聘公告而言，审查部门尚不具备针对商业方法专利而建立的专门审查部门或者专业审查员队伍，而且审查员极少既有特定自然科学技术方面的知识背景，又熟悉商业方法领域的专业知识，加之我国当下还缺少专门的商业方法数据库，[③] 以至于审查员仅仅局限于技术特征的判断，缺乏关于商业特征创造性的审查判断，这也导致审查员难以实现创造性的科学审查，通常根据公知常识对商业方法专利的创造性提出审查意见，难以针对每一项商业方法专利申请方案提出商业方法与技术领域相结合的专业审查意见，如此难免缺乏准确性和说服力，这些都使商业方法专利成为近年来最具争议的专利类型。

（三）商业方法和算法领域创造性的判断之难

众所周知，若一项技术方案可以由本领域的技术人员轻而易举地想到或者很容易将现有技术拼接而得，该具体技术方案便不具有创造性。人工智能算法技术显著提高了普通技术人员的整体研发能力，因为计算机可以代替人类在发明活动中做一些可替代性的工作，并能显著提高研发效率，促进科技进步。人工智能算法依据庞大的数据库实现在不同领域之间合并知识的卓越能力，其不受人类视野或整合能力的限制，这将导致不同领域的组合发明数量不断增加，由此不但给专利审查机关的工作效率和能力提

[①] 王翀：《人工智能算法可专利性研究》，《政治与法律》2020年第11期。

[②] 张平、石丹：《商业模式专利保护的历史演进与制度思考——以中美比较研究为基础》，《知识产权》2018年第9期。

[③] 杨延超：《商业方法专利创造性问题研究》，《专利代理》2016年第3期。

出了更高的要求，而且使得判断"显著进步性"变得越发困难，因为人工智能算法技术大大提高了发明创造的效率，在研发过程中可以轻易避开本领域已有的在先技术，进而满足创造性的要求。然而，算法本身又属于抽象概念，该算法特征成为所采取的技术手段的组成部分，在进行创造性审查时，有必要认识到人工智能算法技术与计算机程序内置的抽象语言之间存在较高的模糊性，应当考虑与技术特征在功能上存在相互作用关系的算法对技术方案作出的贡献。也就是说，要对包括人工智能算法在内的权利要求进行整体考察，如果在评估显而易见性时未考虑人工智能算法技术的知识，则将导致具有可专利性的人工智能算法无法获得专利授权。因此，作为抽象概念的算法特征的贡献如何体现便成为创造性判断的难点，也就是如何在"三步法"判断法则中将区别性的算法特征的整体贡献进行界定，而这个也直接关系到显而易见性的标准。

正如前文所述，算法本身也是创造性劳动的成果，在整体判断时，不能简单以纯技术的非显而易见性作为唯一判断标准，即如何判断两者功能上彼此相互支持、存在相互作用关系，也面临审查难点。对于"互联网+"时代的新商业模式，专利授权与否的判断关键在于创造性。若想获得专利保护，商业上的成功显然不够，必须在技术层面确定具有"突出的实质性特点"和"显著的进步"。在这一背景下，计算机、网络技术的快速发展为商业方法的专利保护提供了技术上的可能，对于包含商业规则和方法特征发明专利申请的审查，也应从该方案整体上进行考察，这一整体既包含技术特征又包含商业规则和方法特征，同样应与技术特征在功能上彼此相互支持、存在相互作用，当整体方案相对于现有技术具有非显而易见性时，才可以认定创造性。

然而，商业方法特征与技术特征本就属于两种截然不同的概念，商业方法特征部分的非显而易见性判断问题，是应当单独评价，还是结合技术特征作为整体与现有技术方案进行比对，如商业特征部分具有非显而易见性，而技术特征部分已经被现有技术公开，但是两者结合能够产生意想不到的应用效果，那么整体方案是否具有显而易见性呢？对比文件进行组合的时候是采取商业、技术分开比对，还是可以将商业文献与技术文献组合作为现有文献呢？可见，这一非显而易见性的判断具有极大难度。当前，《专利审查指南》并未对此作出详细解释，所谓的"商业规则和方法特征对技术方案作出的贡献"如何适用于现行的"三步法"判断规则，非显而易见性的判断仍然缺乏操作指引,针对创造性的审查实践难度较大,有待于进一步明确释义与公布指导案例。

三 域外关于商业方法和算法创造性判断实践及其问题

以美国为例。美国1952年修改《专利法》将"非显而易见性"正式写入法典,与新颖性及实用性相结合形成专利法独特的鼓励发明创造的激励机制。该法第103条(a)款进行了详细规定:"一项发明虽然并不与本法第一百零二条所规定的已经被披露或者已描述的情况完全一致,但如果申请专利的主题内容与现有技术之间的差异甚为微小,以至于在该发明之初对于本领域的普通技术人员是显而易见的,则不能被授予专利。"可见,新颖性是要求专利申请与在先技术存在不同,而非显而易见性则要求这种不同必须达到一定程度。

关于创造性判断,从美国法院作出的一系列重要判例的发展可以看出美国对创造性把握尺度的变化趋势。在1966年"Graham案"[①] 中,美国联邦最高法院给出判断一项发明是否具有"非显而易见性"的Graham标准,即现有技术的范围和内容;现有技术与权利要求的区别;本领域普通技术人员的水平;另类补充标准,如商业上的成功、长期渴望解决的技术需求、他人的失败等。换言之,只有在现有技术中给出了明确清楚的"教导—启示—动机"时,才被认为是显而易见的。美国联邦最高法院在2007年的"KSR案"判决中认为Graham标准明确了专利创造性条件判断时的确定性和统一性,然而僵化、死板地适用TSM标准将导致如果没有提供出现有技术中明确的教导或者启示的书面记载,非显而易见性的证明将是极其困难的。美国联邦最高法院在该案中重新肯定了"Graham案"确定的创造性判断方法,在最后的判断步骤上使用包括"教导—启示—动机"准则在内的7项支持显而易见结论的判断准则,以非穷尽的方式列举了显而易见的集中典型类型。同时,美国联邦最高法院针对"KSR案"中"本领域普通技术人员"进行了重新阐释,指出本领域的普通技术人员应当假设为"具有普通创造力的技术人员,而非仅能机械运作的机器人"。[②]

---

① Graham v. John Deere, 383 U.S. 1 (1966).

② KSR Int'l Co. v. Teleflex Inc., 550 U.S. 398 (2007).

美国在考虑显而易见的结论时，普遍会关注是否"可以产生可以预料的结果"。例如，将已知方法结合现有技术、将已知要素简单替换为另外已知要素、已知技术应用于已知设计等，以及任何基于"Graham 分析法"进行的事实解释和分析推理都可用于支持非显而易见性的判断。2008 年 3 月，美国联邦巡回上诉法院将其解释为：不能僵化地依赖于书面形式的现有技术和专利文献，据此限制本领域技术人员对于其知识和创造力的应用。[1]

"KSR 案"以后，美国重新定义了本领域的普通技术人员的水平，提高了创造性标准。根据判例，美国专利商标局重新明确了关于"非显而易见性"的定义，提出了基本事实调查的 Graham 判断规则，包括三个判断因素：现有技术的范围和内容；现有技术与权利要求的区别；本领域普通技术人员的水平；同时，在审查中需要评估"显而易见"的客观证据的问题，比如商业上的成功、解决长期以来未能解决的技术难题、他人在解决同一问题上的失败、结果的不可预期性等辅助因素。在美国审查实践中，上述三个判断因素与辅助因素应同时进行考虑，即不能只在对于显而易见性判断存在犹豫的时候才考虑辅助判断因素，而是将这些客观的证据作为所有证据的一部分进行考虑，认为辅助判断因素也非常重要。甚至，美国法院在认定某些商业方法专利或算法专利的有效性时，优先考虑了辅助性判断标准，致使原本不具有创造性的发明专利被认定为有效。可见，美国专利商标局重视辅助判断因素的原因在于，相对于其他的判断因素来说，辅助判断因素被视为客观存在的。[2]

美国关于商业方法和算法创造性的判断也遵循了普通发明的判断准则，但与欧洲专利局更看重技术领域创造性不同的是，美国更看重商业领域的创造性。事实上，美国对于既包含技术特征又包含算法特征或商业规则和方法特征的发明专利申请进行创造性审查时，美国经常将抽象概念和创造性问题一并混淆考虑，加之算法、商业方法本身就具有抽象性，这也将导致公众对于专利权的预期产生模糊。然而，抽象概念本质上属于专利适格性判断的范畴，两者本不应当混淆。

---

[1] Takeda Chem. Indus., Ltd. v. Alphapharm Pty., Ltd., 492 F. 3d 1350 (Fed. Cir. 2007).

[2] 杨勤之：《新形势下专利审查中的创造性判断相关问题分析》，《知识产权》2019 年第 10 期。

四　我国商业方法和算法创造性标准的缺位

（一）缺乏商业方法和算法专利创造性标准的具体规范

对于一般专利，创造性标准对所属技术领域的技术人员而言，即"非显而见性"，它更强调技术领域的创新。而商业方法与算法专利适用的大都是普通硬件技术，它更强调计算方法、商业流程、方法、模式的创新，而授予专利本身则意味着商家可对该种计算方法、商业流程、方法、模式进行垄断，由此也带来商业利益格局分配的问题。商业方法和算法专利作为一类新型的客体，在法律层面必然需要通过立法予以明确。中国特色社会主义法律体系，是以宪法为统帅，以法律为主干，以行政法规、地方性法规为重要组成部分，由宪法相关法、民法商法、行政法、经济法、社会法、刑法、诉讼与非诉讼程序法等多个法律部门组成的有机统一整体。宪法作为根本大法具有最高的法律效力。与美国宪法不同的是，我国现行《宪法》没有直接规定关于专利或发明创造的条文，仅于第20条有所涉及，即国家发展自然科学和社会科学事业，普及科学和技术知识，奖励科学研究成果和技术发明创造。显然，这一规定只是作出了激励性宣誓，但没有对发明创造涉及的根本权利义务作出最高保障。可见，这是有所欠缺的。固然，作为各个部门法的母法，宪法不可能针对包括商业方法、算法特征等具体的各种专利客体类型作出周详规定，这既不现实也无必要，但发明创造保护力度的大小直接影响着专利的质量以及专利权行使的顺畅与否，也将从根本上影响国家的综合竞争力。宪法层面应当对发明创造的保护作出直接明确的规定。

《民法典》作为保障公民权利的基本法律，调整民事主体的一切民事活动。我国《民法典》已于2021年1月1日正式实施，对保障公民的民事权益发挥着重要作用。然而，我国《民法典》并未纳入知识产权编，仅对原则性规定以及知识产权交易过程中涉及的合同债权问题作出了规范，但没有明确到专利权获得以及主客体问题。《专利法》作为调整发明创造活动以及专利权获得、行使、保障、救济等具体内容的直接法律，是与专利制度最密切的法律。《专利法》规定了可以获得专利授权的客体以及不能授权的情形，规定了授权的实质性条件，对于指导专利领域的民事活动具有重要作用。商业方法与算法究竟属于方法发明，还是被界定为治理活动的规则和方法，实践中经常难以分辨。一项商业方法或算法一旦被纳入"纯粹的智力活动的规则",自然被排除在专利范畴之外,审查部门也就不需要对其创造性进一步审查。而对于包含商业规则或者算法的发明专利的创造性审查而言,无疑给审查部门带来挑战。

现行的创造性标准严格限制于技术领域,可称为"技术创造性标准";而对于包含算法特征或商业规则和方法特征的发明专利申请,其除了技术特征之外,还有非适格性的其他特征,这部分特征如何适用创造性标准,现行专利法则没有作出规定,而《专利审查指南》的规定原则上只能适用于申请审查阶段,而不能直接适用于其他法律程序当中。随着"互联网+"产业的迅速发展,越来越多的商业方法与算法借助计算机程序实现创新,而在我国就商业方法和算法专利创造性标准尚未作出明确规定的情况下,创新主体只能参考专利法中方法发明专利的规定,但这并不属于商业方法和算法专利应当的归属,因此势必影响授权的科学性。[①]

(二)《专利审查指南》中缺乏专门针对商业方法和算法专利创造性的审查标准

尽管我国在宪法和法律层面都没有直接规定关于商业方法和算法专利创造性的标准,但是作为主管全国专利行政工作的国家知识产权局为此制定了《专利审查指南》,以规范各个专业领域审查员对具体的专利审查实践工作。国家知识产权局第343号公告针对《专利审查指南》作出了修订,对涉及包含算法特征或商业规则和方法特征的发明专利申请的创造性审查作出了规定:"对既包含技术特征又包含算法特征或商业规则和方法特征的发明专利申请进行创造性审查时,应将与技术特征功能上彼此相互支持、存在相互作用关系的算法特征或商业规则和方法特征与所述技术特征作为一个整体考虑。"众所周知,商业方法专利的创造性不仅体现在技术领域的创新,还可能会体现在其经营模式、商业方法领域的创新,创新主体往往对于后者投入相对更多的人力物力。对于"互联网+"时代的商业方法专利申请,专利授权的判断关键在于创造性。若想获得专利授权,仅仅依赖于商业上的成功还不够,技术层面确定也应当具有"突出的实质性特点"和"显著的进步"。按照《专利审查指南》规定,商业模式权利要求既包含商业规则和方法的内容,又包含技术特征,那么在创造性审查时候是要求技术特征本身具有创造性,还是要求"技术特征+商业方法/

---

① 杨延超:《商业方法专利创造性问题研究》,《专利代理》2016年第3期。

规则"作为一个整体方案具有创造性？如何理解"所属的技术领域"，以及如何定位"本领域的普通技术人员"？

同样，人工智能算法是一种特殊的计算机程序，其特殊性主要体现在以下两方面：第一，它的目的是模拟人脑的抽象认知功能，技术门槛更高，进行发明创造需要投入更多的人力、物力和财力。第二，它对人类生产生活方式的改变更加具有革命性，对社会公众利益的影响更大。算法专利在进行创造性判断时，也将面临一样的困境。《专利审查指南》虽然指出了要求"贡献"，但关于这一"贡献"如何判断，如何融入"三步法判断法则"等问题，《专利审查指南》尚未予以明确，导致实操性不高。或许正是基于判断规则的不明确，审查员面对既包含技术特征又包含算法特征或商业规则和方法特征的发明专利申请时，较少采用创造性条款进行审查，而更多依赖于《专利法》第25条第1款第2项排除获得专利权的情形。

（三）缺少针对商业方法和算法引证文件的评述与论证

《专利审查指南》规定，发明专利申请实质审查程序中的检索，主要在检索用专利文献中进行。此外，审查员除在专利文献中进行检索外，还应当查阅检索用非专利文献。检索用非专利文献主要包括电子或纸件等形式的国内外科技图书、期刊、索引工具及手册等。检索工作之目的在于寻找最接近的对比文件，虽然现实当中因为种种原因产生漏检的情况也很常见，但专利文献数据库本身的情况非常关键。由于创造性标准在商业方法专利或算法专利申请时的适用频率相对不高，由此也导致了相关引证文件的评述与论证也不够充分。加之，涉及既包含技术特征又包含算法特征或商业规则和方法特征的发明专利申请在相当长的时间里不能受到专利法保护，导致有些开发主体相对更愿意采取商业秘密的方式进行保护，也使得商业方法部分的现有对比文献较少通过专利文献的形式出现，数量上也不如技术文献充分。这些因素所导致的结果就是，专利审查员大都根据公知常识作出是否具有创造性的判断，而没有引用对比文件予以论证。这一问题势必导致专利申请被驳回或予以授权处于相对不稳定状态，申请人或权利人的信赖利益难以得到坚实保障，不利于市场秩序的长久稳定。

第四节 专利侵权救济规则的不适应性

一 网络专利侵权诉讼管辖地确定之难

知识产权民事法律关系本身具有多样性、复杂性及专业性，随着经济社会的快速发展，知识产权民事纠纷亦变得越来越繁杂。管辖是人民法院行使民事审判权、具体落实审判权的一项司法制度。从诉权的行使和保障来看，管辖是民事诉讼的"门槛"，管辖法院的明确有利于当事人行使诉权，诉讼管辖的确定性是法院解决当事人纠纷的基础，对于当事人诉权之保障的重要性不言而喻。一般而言，审判权是管辖的前提和基础，管辖则是对审判权的具体落实。[①]

关于侵权诉讼案件的管辖，法律层面上由《民事诉讼法》规定，其中分别设置了横向与纵向的管辖机制，如地域管辖、级别管辖、专属管辖及协议管辖等。最高人民法院曾陆续发布诸多司法解释，虽然一定程度上将法律的原则性规定进行了具体化，但由于涉及司法文件实在是太多，知识产权法庭之数量亦逐年增加，加之地方上还会根据本地区实际情况作出适应性调整，由此所导致管辖的实践问题越来越复杂。专利侵权诉讼作为专业程度很高的一类民事诉讼，当然遵循《民事诉讼法》所确定的基本原则与规范。但是，与普通的民事诉讼相比，专利侵权诉讼有两个特点：一是争议的实体问题往往涉及复杂的技术问题，尤其涉及互联网或人工智能的技术问题，通常需要扎实的技术功底才能理解相应技术方案；二是对同一专利权，可能因为侵权行为的不同种类而发生若干个管辖连接点，最高人民法院针对专利侵权诉讼规定了专门的管辖规则。值得一提的是，进入"互联网+"时代，知识产权的地域性与网络空间的无域性导致网络知识产权侵权纠纷不能完全套用传统的地域管辖规则。国家尤其重视涉网类案件纠纷的解决，并且设立了北京、广州、杭州三家互联网法院，集中管辖所在市的辖区内应当由基层人民法院受理的涉及互联网的民行案件。然而，互联网的特性使得传统的管辖权制度难以适用于互联网环境下的知识产权侵权纠纷，网络所具有的全球

[①] 奉晓政：《论互联网法院对知识产权案件的管辖》，《广西财经学院学报》2020年第3期。

性、无域性、交互性对传统的知识产权侵权管辖权制度带来巨大的冲击，传统地域管辖规则的局限性也愈发突出。① 依照最高人民法院《关于互联网法院审理案件若干问题的规定》，互联网法院仅仅受理特定种类的、互联网特征突出的、主要依托互联网而产生的案件。换言之，这类案件的法律关系在互联网上产生、变更与消灭，案件的主要证据亦产生和存储于互联网。由此可知，即便是"互联网+"时代的专利侵权纠纷案件，其并不属于互联网法院管辖。事实上，现行民事诉讼法有关管辖的规定不够明确具体，有关司法解释较多且存在重叠交会之处，导致我国民事案件的管辖问题相对复杂，常常容易产生困惑与争议。

　　侵犯一项专利权的首要条件是在专利权效力所及的地域范围内未经许可而出现该专利产品或使得技术方法得以再实施。对于产品专利而言，专利法所列举的五种实施行为中，制造行为占据最为重要地位。从对世的意义上说，制造行为再现了产品专利权保护客体"从无到有"的动态过程，而使用、许诺销售、销售、进口专利产品的，都不是"从无到有"再现产品专利权的保护客体，而是利用制造者再现产品专利保护客体的后续市场行为，换言之，即有了产品，才谈得上使用、许诺销售、销售、进口。对于方法专利，由于其保护客体是操作方式，属于一种行为过程，谈不上使用、许诺销售、销售和进口，因而方法专利只能制止他人未经许可的使用行为，而对于产品制造方法专利权而言，其保护可以延伸至由该制造方法所直接获得的产品，即产品制造方法的专利权人不但可以制止他人未经许可的使用行为，还可以制止他人未经许可而使用、许诺销售、销售、进口依照该方法直接获得的产品的行为。实际上，从落实管辖权角度来说，《专利法》第 11 条规定的五类实施行为当中，制造、使用、进口的行为本身必然伴随着直观的物理载体，或者产品本身，或者生产设备流水线等，侵权行为所关联的管辖问题不易受到互联网的影响，侵权行为或结果的管辖连接点的确定问题，争议不大；而伴随着互联网购物平台与移动支付技术的快速发展，通过网络方式购物已经成为最主要的消费渠道，也正是基于此，互联网视域下的许诺销售与销售行为跟互联网的关系越来越密切，许诺销售通常以互联网访问页面展示，网络销售的发货地与收货地通

---

① 孙尚鸿：《传统管辖规则在网络背景下所面临的冲击与挑战》，《法律科学》（西北政法学院学报）2008 年第 4 期。

常不在同一个地方，由此导致相关的管辖问题争议颇多。对于因许诺销售行为引起的专利侵权纠纷而言，如果许诺销售行为的具体方式是在商店橱窗中陈列或者展销会上展出，应当由商店所在地、展销会举办地为侵权行为地的中级人民法院管辖；如果许诺销售的具体方式通过报刊广告的形式，应当由报刊的工商注册地的中院管辖；而如果许诺销售的具体方式通过互联网、移动自媒体的形式发布，应当由网站服务器所在地的中院管辖，不能查清服务器所在地的，则由被告住所地的中院管辖。[①]

依最高人民法院《关于审理专利纠纷案件适用法律问题的若干规定》（2020年）第2条，因侵犯专利权行为提起的诉讼，由侵权行为地或者被告住所地人民法院管辖。实践中，法院对于"侵权行为的侵权结果发生地"的理解尚存在争议。一般认为，在专利侵权纠纷案件中，侵权结果发生地应当理解为侵权行为直接产生的结果发生地。如果简单地将原告住所地认定为侵权行为结果地，也就违背了民事诉讼原告就被告的基本管辖原则，更不符合基本的民事侵权诉讼管辖规则。实际上，在该司法解释首次（2001年）发布之时，互联网技术尚处于初期发展阶段，其难以适应"互联网+"的智能社会。当许诺销售行为通过互联网或自媒体的途径实施，由于行为通过网络页面进行展示，可以认为，这是一种信息网络侵权行为，而信息网络侵权行为实施地包括实施被诉侵权行为的计算机等信息设备所在地，侵权结果发生地包括被侵权人住所地。当涉案产品通过互联网方式进行销售，销售关系在网络上完成，专利侵权诉讼的管辖问题便很难界定。实践中，由于专利侵权行为实施地之无形性以及结果发生地之任意性，部分当事人为便利自己而创造管辖连接点的现象。甚至有可能为恶意诉讼者利用，为其发起恶意诉讼提供选择法院之方便。若由其发展下去，民事诉讼一般地域管辖基本原则可能被架空。换言之，若将网购收货地视为侵权结果发生地，原告可以选择任意网购收货地进行起诉，也将使被告面对来自全国范围的诉讼，知识产权侵权的地域管辖制度将形同虚设。虽然最高人民法院知识产权法庭在〔2019〕最高知民辖终13号裁定书中表明，"法释〔2001〕21号专利案件规定第五条规定的销售行为实施地，原则上包括不以购买者意志为转移的销售商主要经营地、被诉侵权产品储藏

[①] 曹建明主编、最高人民法院民事审判第三庭编著：《新专利法司法解释精解》，人民法院出版社2002年版，第57页。

地、发货地或者查封扣押地等,权利人购买侵权产品的收货地通常不宜被认定为销售行为实施地",这在一定程度上抑制了任意制造管辖连接点所产生的不确定性问题,但是,由于民事诉讼法及司法解释并未明确这一问题,这也导致了各地区的司法实践仍然存在不统一性。

二 网络专利侵权行为的判定之难

(一) 客观侵权行为类型多样化

司法实践中,专利侵权行为的不同类型主要通过行为的外在表现进行确定,然构成侵权的前提却在于技术方案或设计方案是否全面覆盖,即所涉之技术方案是否落入权利要求书或外观设计图片照片的保护范围。事实上,侵犯一项产品专利权的首要条件是在专利权效力所及的地域范围内出现该专利产品,从法域角度而言不外乎制造和进口。当从市场交易的不同角度或对世的意义而言,制造行为产生了一种"无→有"的物理现象,即在特定的专利权保护范围内将落入权利要求保护范围的产品制造出来,有了产品才谈得上使产品进入市场流通领域,这是对专利权最直接的侵犯;而销售、许诺销售、使用以及进口行为以产品的存在为前提,且作为市场交易环节的后继行为,也是一系列侵权行为的末梢,该四类行为仅仅实现了已有侵权产品的中间流通作用,有些市场主体通过对价从第三人处购得,并在市场导向机制作用下通过对价与下家交易,通过差价获取利润,这相对于制造行为而言,该四种行为对市场的整体交易而产生的影响要小得多,给权利人专利垄断权造成的直接危害也相对较轻。

(二) 图形用户界面"使用"行为的定性

在"互联网+"产业形态中,电子产品通常配置了显示屏,而随着互联网与人工智能技术的不断发展,电子产品的外观设计要点主要聚焦于GUI,即图形用户界面外观设计。GUI外观设计作为电子产品的一部分,其虚拟性与传统外观设计保护中对有形产品的要求存在冲突。即便考虑到与有形产品的实体交互而设计的GUI,往往也只构成产品的局部外观,难以符合整体性的要求。[①] 由于手机、电脑等电子产品的设计空间较小,作

[①] 李宗辉:《论人工智能时代图形用户界面的外观设计专利保护》,《电子知识产权》2020年第6期。

为 GUI 外观设计主要构成要素的图案、色彩或其结合则对整体视觉效果更具有影响，导致不同 GUI 局部外观设计之间的较小区别，也能够引起一般消费者的关注。① 移动终端的硬件配置日趋同质化的当下，产品载体设计空间日趋狭窄，GUI 在提升移动终端视觉美感的同时，更带来差异化的用户操作体验。② 实际上，GUI 作为局部外观设计在电子产品占据核心地位，例如智能手机更新换代的最主要外观设计要点往往在于操作系统界面的视觉效果，实践表明，GUI 外观设计对智能移动终端产品的利润实现具有实质性贡献。但作为产品整体不可分割的一部分，在组装或嵌套等制造过程中，使用 GUI 的行为本身却难以认定为侵权行为，这对于保护 GUI 的创新设计显然是不利的。

随着互联网技术和人工智能的不断发展，知识信息越来越远离其载体，外观设计作为一种富有美感的装饰性表达，明显区别于发明专利技术方案，独立性越来越明显，其与产品的距离越来越大。③ 因此，对于传统的产品外观设计，没有使用行为是可以的，但对于在"互联网+"产业中，以 GUI 为代表的电子产品的外观设计而言，缺乏使用行为的保护，显然与当前的产业环境不相适应。这值得研究，即外观设计专利权人是否应当有权禁止他人未经其许可而使用外观设计专利产品的问题。

(三) 网络通信领域多主体实施方法专利侵权行为的判定

"互联网+"产业形态下，网络通信领域中多主体实施方法专利的司法保护问题是多年来的研究热点。所谓多主体实施的方法专利，是指专利技术方案需依赖多个主体或者依赖多个执行装置、模块等的共同参与才能完整实施的方法专利，此类专利是伴随社会分工的协同化趋势和网络通信技术的发展而产生的，故在网络通信领域中，此类方

---

① 《最高人民法院关于审理侵犯专利权纠纷案件应用法律若干问题的解释（二）》第 14 条："人民法院在认定一般消费者对于外观设计所具有的知识水平和认知能力时，一般应当考虑被控侵权行为发生时授权外观设计所属相同或者相近种类产品的设计空间。设计空间较大的，人民法院可以认定一般消费者通常不容易注意到不同设计之间的较小区别；设计空间较小的，人民法院可以认定一般消费者通常更容易注意到不同设计之间的较小区别。"

② 黄细江：《图形用户界面外观设计保护新论——苹果诉三星案引发的思考》，《苏州大学学报》（法学版）2017 年第 3 期。

③ 张玉敏、易健雄：《主观与客观之间——知识产权"信息说"的重新审视》，《现代法学》2009 年第 1 期。

法专利较为常见。① 多主体实施方法专利的司法保护之所以特殊，与当前专利法对专利侵权行为的认定标准有关。对于网络通信领域中的多主体实施方法专利而言，实施了覆盖专利权利要求所有技术特征的行为人，往往是网络通信终端产品的消费者和使用者，因其不具有生产经营目的，故其虽实施了覆盖专利方法的所有技术特征，但并不构成法律意义上的专利侵权。② 而提供覆盖专利方法全部技术特征的主要设备的通信产品制造商，则因其并未实施专利权人的方法，或者仅提供了部分产品，也即其并没有实施覆盖专利权利要求所有技术特征的行为，按照现有的全面覆盖的侵权判定原则，难以认定构成直接侵权。然而，这些制造商在未获得专利权人许可的情况下，以生产经营为目的，将专利方法以软件的形式安装在其制造的被诉侵权产品中或集成其他功能模块，起到了不可替代的实质性作用。因终端网络用户利用被诉侵权产品实施涉案专利方法的行为并不构成法律意义上的侵权行为，专利权人创新投入无法从直接实施专利方法的终端网络用户处获得应有回报，被诉侵权的此类生产制造商则通过对外销售获得不当利益，若专利权人的利益无法得到补偿，也必将导致研发创新活动难以为继。

三 网络专利侵权诉讼举证责任分配之难

"互联网+"产业时代的来临，彻底改变了人们的生活方式，我们在感叹社会发展方兴未艾的同时，也震惊网络带给我们的巨大变化，专利权作为绝对权，在网络中的生存受到了强烈的冲击，面对亿万网络用户，专利权的保护也成为刻不容缓的议题。③ 而"取证难、举证难"的老大难问题仍然长期困扰着各类专利权人。专利侵权诉讼举证责任的分配对于"互联网+"产业形态下专利权能否得到有效保护具有至关重要的作用。由于"互联网+"有关的专利通常属于方法专利，其技术特征由实施该技术的步骤组成，而实施该步骤的过程均在网络计算服务提供商的控制之下，即

---

① 张晓阳、石磊：《深圳敦骏科技有限公司诉深圳市吉祥腾达科技有限公司等侵害发明专利权纠纷案的理解与参照——网络通信领域方法专利的侵权判定标准及侵权损害赔偿计算中举证责任分配的适用规则》，《人民司法》2022年第17期。

② 张晓阳：《网络通信领域多主体实施方法专利侵权的判定》，《人民司法》2020年第2期。

③ 黄薇君、李晓秋：《论网络服务提供者的专利权审查义务——兼评〈专利法修订草案（送审稿）〉第63条第1、2款》，《重庆大学学报》（社会科学版）2017年第4期。

处于其作为经营信息和技术信息保密状态之下。当专利权人进行维权，要通过正常手段获得作为对方秘密信息的技术实施情况，并与方法专利步骤进行详细比对以判断是否构成侵权是相当困难的。针对此，现行《专利法》规定的举证责任倒置制度貌似可以为此提供解决路径，如现行《专利法》第66条第1款规定，专利侵权纠纷涉及新产品制造方法的发明专利的，制造同样产品的单位或者个人应当提供其产品制造方法不同于专利方法的证明。

所谓举证责任倒置，指的是基于法律的规定将通常情形下本应由提出主张的一方当事人就某种事由负担的举证责任，转而由对方当事人就某种事实存在或不存在承担举证责任，如果该方当事人不能就此举证证明，则推定提出主张一方当事人的事实成立的一种举证责任分配制度。[①] 当然，也有学者认为前述条款不属于举证责任倒置，而是一条举证责任减轻规则，即"通过具体的方法如举证责任转换、证明标准降低以及免证事实等来减轻专利权人的举证责任，通过举证规则的调整来压缩真伪不明的空间"[②]。至于此，暂且不论该条款的制度称谓如何，关键在于其是否能够解决举证责任分配问题呢？在"互联网+"产业形态下，以云计算技术为例，其具有数字化和网络化的鲜明特性，但其在适用举证责任倒置条款上仍然面临两难境地。首先，专利法作为工业产权保护制度所依赖的制度基础乃批量化的工业产品生产工艺技术，也就是具有空间构造物理形态的客观物质产品，而"互联网+"产业形态下云计算专利技术实施所产生的结果是计算机软件代码和数据，系信息化数据资料，其本身并不能成为专利法意义上的工业产品，这也就阻碍了将其作为举证责任倒置法律要件的产品前提。其次，《最高人民法院关于审理侵犯专利权纠纷案件应用法律若干问题的解释》第17条将申请日作为判断新产品的时间节点标准，不能适应云计算等快速发展的网络化计算服务领域，因为该领域的替代技术发展较快，在进行专利侵权诉讼时很可能已经出现了不同于专利方法但能够实现同样功能的计算方法，因此，将动摇以新产品作为举证责任倒置条件的法理基础，将不适当地扩大举证责任倒置适用的范围，对于社会公众的

---

① 王利明：《论举证责任倒置的若干问题》，《广东社会科学》2003年第1期。
② 胡学军：《从"证明责任分配"到"证明责任减轻"——论证明责任理论的现代发展趋势》，《南昌大学学报》（人文社会科学版）2013年第2期。

利益保护也不公平。① 再次，认定相同产品的前提是产品本身应当是稳定的，一旦专利方法启动以后，可以按照方法步骤所要求的内容得到能够预期的稳定产品，而对于云计算专利技术而言，方法专利中的若干步骤是由接受网络计算服务的网络通信领域多主体实施的，且多数为终端消费者，这类主体当然不会是专利侵权者，因此，体现为方法专利结果数据的信息产品通常还需要经过一定的后续处理才能够提供给客户实际使用，这种处理可能是比较简单的加工，也有可能是比较复杂的处理，即数据本身具体构成是不能够预期的，也就是"相同产品"的比对基础也不明确。最后，即便随着互联网技术的不断发展而认可了信息产品也是工业产品的一种，然而云计算中的数据和软件储存地点对于用户而言都是保密的，且云计算服务提供商不愿意公开其数据来源，除服务提供商以外的第三人也缺乏相应的地域和物理信息，因此，对于专利权人来说要进行调查取证，证明被控侵权人作为产品所提供数据或者软件的事实情况是非常困难的。综上可知，"互联网+"产业形态下即便落实举证责任倒置都面临如此困难，更不用说传统意义上的"谁主张，谁举证"了，故关于举证责任的分配制度，仍然需要结合"互联网+"技术领域本身的固有特性而重新建构。

四 电子商务平台经营者专利侵权责任的界定之难

在"互联网+"产业形态中，电子商务是其中重要的经济活动形式。当前，我国电子商务发展迅速，但伴随而来的，是交易中仍然存在的出售假冒伪劣产品或者不符合质量标准的产品，从而出现侵犯他人知识产权以及消费者人身、财产权利的现象。其中，专利侵权行为更是频频滋生。我国《民法典》的侵权责任编进行了完善规定，由《侵权责任法》（已失效）中的一个条文细化至《民法典》侵权责任编第 1194—1197 条共四个条文，其中第 1195—1197 条是关于网络服务提供者的行为规范及侵权责任规定的适用。

在侵权责任的确定方面，《民法典》《电子商务法》规定电子商务平台经营者在未及时采取必要措施，以及"知道"或者"应当知道"的情形下应当承担责任。换言之，电子商务平台经营者在主观上存在过错。对

---

① 刘强：《技术网络化背景下的专利侵权判定——以云计算技术专利权为视角》，《北方法学》2014 年第 2 期。

于过错的判定，常常以是否履行相应的注意义务来判定，但电子商务平台经营者是否应当承担注意义务、承担注意义务的范围和大小，立法并没有明确规定，而在司法实践中，也常因为电子商务平台的种类的不同而增加了判定的困难。

根据《电子商务法》第 42 条第 2 款的规定，面对权利人发出的侵权通知时，电商平台实际可以采取两种不同类型的应对模式：第一，电商平台仅对侵权通知进行形式审查；第二，电商平台不但对侵权通知进行形式审查，还对其进行实质审查。这两种模式，电子商务平台的注意义务是否相同，法律并未作出明确规定。故面对"互联网+"产业形态的进一步发展，特别是平台经济的繁荣，算法和人工智能技术的运用，电子商务平台的注意义务程度及范围，都仍然是讨论的重点。明晰电子商务平台经营者的注意义务，对于专利侵权判定中电子商务平台经营者的责任承担具有重要意义。

本章小结

2023 年 12 月 20 日，英国最高法院裁决驳回了前述泰勒博士基于 AI 系统 DABUS 所生成技术方案的两项专利申请，最高法院的裁决是基于缺乏将机器定义为创造者的法律框架，根据英国现行专利法，申请专利的发明人必须是具有生命的自然人，专利和发明是针对个人和公司实体的概念，即 AI 不能成为专利发明人。2024 年的 2 月和 4 月，美国专利商标局还发布了《人工智能辅助发明指南》（Inventorship Guidance for AI-Assisted Inventions）和《关于在美国专利商标局实务中使用人工智能工具的指南》（Guidance on Use of Artificial Intelligence-based Tools in Practice Before the United States Patent and Trademark Office）两个文件，说明 AI 的辅助性作用在知识产权领域（尤其是专利领域）获得了正式认可，但也依然强调了人类在创新过程中的核心作用。纵观历史长河，每一次的技术革命所导致的相关法律规则变革都不是一蹴而就的，而是渐变与适应的过程。"互联网+"与人工智能等高新技术的浪潮席卷而至，各种商业化应用形式不断呈现。科技发展最主要的意义在于推动社会前进和人类进步，专利权保护规则的主要目的也是通过法律的手段来鼓励发明创造，推动发明创造的应用，以促进科技发展。"互联网+"的发展进入了原本专属于人类的创造领域，改变了我们的生产方式、生活方式，我们也需要随之改变我们的传统思想及思维方式。"互联网+"技术的进步，给专利权保护规则带来了挑战。现有专利权保护规则在"互联网+"产业形态中呈现出不适应性，需要调整或者消除，以更好推动"互联网+"产业的高质量发展。2024 年 2 月 22 日，在国务院新闻发布会上，中国最高人民法院知识产权法庭副庭长、一级高级法官郃中林指出，随着经济社会快速发展，特别是科技进步日新月异，知识产权的司法保护也出现了新的情况、新的特点，涉及人工智能、大数据、基因技术等新领域新业态的新型纠纷不断涌现，对司法保护规则制度提出了新的需求。

第三章

"互联网+"产业形态下专利权保护规则不适应性的致因

考察专利制度的发展历史可知，专利制度与科学技术存在紧密的双向互动关系。一方面，世界上任何国家或地区制定专利制度的目的都在于为"天才之火加上利益之油"，即以制度之力释放人类的创新天赋、激发人类的创造热情，进而极大地促进科学技术的发展。另一方面，专利制度的产生源于人类历史上技术的现代化，而且，在专利制度产生以后的历史进程中，科学技术的每一次重大进步都会带来专利制度的变革。起源于20世纪70年代的互联网技术，在融入大数据、人工智能、区块链、云计算等全新内容后加快发展，正以前所未有的广度和深度影响和冲击人类生产生活的方方面面。在此背景下，作为与科学技术密切相关的专利制度亦呈现出一系列的不适应：专利权主体规则的不适应性；专利权客体规则的不适应性；专利权获得规则的不适应性；专利侵权救济规则的不适应性。究其原因，主要是因为形成于机器技术时代的专利制度效率释放将尽，同时基于路径依赖、利益再平衡本身困难、法律规范技术等因素又表现出变迁动力不足。

第一节 基础因素：互联网技术迭代更新快

一 互联网技术撮要

(一) 互联网技术的产生与发展

无论是在私人层面、社会层面，还是国家层面，科技都展现出了非凡的价值。为此，培养、吸纳优秀人才、促进科技进步成为世界各国各民族乃至全人类的共同事业。在此动因下，人类科学技术在经历一段较长时间的平缓发展历史以后，自18世纪中叶起即开启了飞速发展的崭新历程，先后经过了蒸汽时代、电气时代和信息时代，进而进入互联网时代。当世人谈论世界的发展进程时，人们往往聚焦于伟大科学家的贡献，而相对疏忽了科技对于社会进步的作用。然而，正如带动火车跑动的是蒸汽机而不是瓦特，照亮黑夜的是电力而非其发现者富兰克林一样，直接助推社会进步的不是科学家本身而是他们的耀眼成果。在当今的互联网时代，于人类社会的发展进步影响最大的毫无疑问是互联网技术。

互联网既是冷战的产物，更是全球化的产物。互联网的前身阿帕网（Arpanet）由美国国防部高级研究计划管理局（ARPA）于1968年建立，旨在应对苏联发射了世界上第一颗人造卫星所带来的威胁——防止其军事指挥中心被苏联的核武器摧毁。在美国政府的引领下，世界各国政府和科学家长期根植于互联网技术的研究，并相继在包交换、TCP/IP、电子邮件、门户网站、社交媒体、App、AI等技术领域取得突破性进展，从而使得互联网技术成为影响当今世界发展的最为重要的力量。关于互联网技术的发展历史，很多专家学者都以年代和关键技术的突破为界对其进行划分。[1] 但从互联网技术对法律制度的影响的角度考察，互联网技术最重要的发展变化在于其商业化与全球化。在美国政府创建互联网之初及之后的（约）三十年时间里，基于互联网创建的特定目的，互联网技术使用范围非常有限，仅仅局限于军方、研究部门、学校和政府部门等。这一状态一直持续到20世纪90年代，之后互联网与商业机构开始融合，这一结合便激发了它在通信、资料检索、客户服务等方面极大的潜力，也就是在20世纪90年代初，商业网络开始发展。伴随着世界各地众多企业与互联网的亲密接触，互联网发展史上迎来了第一个飞跃。在此以后，互联网以肉眼可见的速度飞速发展，在短短的三十年间从所谓的Web1.0阶段，经过Web2.0阶段、移动互联阶段，进而来到现今的智能物联网阶段。[2] 伴随着互联网技术的飞速发展，互联网

---

[1] 如国外两位研究互联网技术发展史的知名学者：Roy Rosenzweig, "Wizards, Bureaucrats, Warriors, and Hackers: Writing the History of the Internet", *The American Historical Review*, ISS. 5, 1998; Janet Abbate, *Inventing the Internet*, Mass.: MIT Press., 2000, p. 212.

[2] 方兴东、钟祥铭、彭筱军：《全球互联网50年：发展阶段与演进逻辑》，《新闻记者》2019年第7期。

技术对人类社会生产生活的影响亦愈加广泛和深刻。

在互联网时代，随着通信手段与传播方式越来越便捷，以往任何时代科技进步的步伐都无法与当前相比，许多先进的科技成果一旦出现便能在短时间内对社会产生重大影响。法律制度作为一种社会现象，受科技进步的影响非常显著。科技的发展既是部分法律制度产生的诱因和基础，而且也是法律运行过程中不断变革发展的终极推动力之一。[1] 整个法律体系中，专利制度受科技进步的影响尤其显著，这要得益于专利制度与科学技术的特别关系。当前，互联网技术的产生与发展正在对专利制度产生深刻的影响。具体体现为：在进入互联网时代以后，专利制度正在大量吸收互联网技术给人们的生产生活所注入的新要素，以维持和构建新的制度稳定性，并试图获得普遍性的接受。然而，法律制度作为基于一定时代经济社会条件的人造产物，在逻辑上其总是滞后于该时代的经济社会条件的，这种滞后性的具体表现即是法律制度与该时代经济社会条件的不适应性。专利权保护规则作为当代法律制度体系的重要组成部分，同样具备上述特征。尽管专利权保护规则在人类理性的推动下，通过规范解释和法律修订不断提升自身的适应能力，但这并没有从根本上解决专利权保护规则于互联网时代的滞后性问题。可见，互联网技术的产生与发展是现代专利权保护规则不适应的最基础原因。

（二）互联网技术外延的扩展

专利权保护规则以科技创新为目的，科技创新成果则形塑了专利权保护规则。从逻辑上而言，要理解和应对互联网技术对专利制度的冲击，必须首先认识互联网技术本身。传统意义上，互联网技术主要包括硬件的组网技术、软件的网络协议以及终端上的显示与交互作用，这些要素都与计算机网络技术息息相关，且都已经形成了自身发展轨迹。[2] 但当代的互联网技术显然已经远远超出了其传统内涵的范围。正如有学者所言，在互联网技术产生以后的50多年时间里，互联网是个一直在快速发展演变的复杂综合体。[3] 那么，互联网技术在当代的内涵和外延是什么呢？在知识产

---

[1] 孟子艳、李鑫：《科技进步对法律的冲击及其回应》，《科技管理研究》2015年第2期。

[2] 戴德宝、范体军、刘小涛：《互联网技术发展与当前中国经济发展互动效能分析》，《中国软科学》2016年第8期。

[3] 方兴东、钟祥铭、彭筱军：《全球互联网50年：发展阶段与演进逻辑》，《新闻记者》2019年第7期。

权领域，凡是依托互联网的技术创新都可以被认为是广义上的互联网技术，包括移动互联网、大数据、人工智能、云计算、物联网等。这些新的技术在"互联网+"快速发展的背景下，催生出层出不穷的新产品、新形态、新模式，对知识产权尤其是专利权的法律关系要素产生新的冲击，加剧了专利权保护规则于新环境的不适应性。

1. 传统互联网技术

尽管现在的互联网技术已经是一个包含众多新技术的一个复杂综合体，但传统互联网技术（又称为信息技术）既是现代互联网技术的源头，亦是现代互联网技术的基础。事实上，现代互联网技术体系中的新成员再次创新的成果均是以传统移动互联网技术为基础，而且这些新技术在被创造出来以后，其运用仍然是离不开传统互联网技术的。如前所述，传统意义上的互联网技术是指与计算机网络相关的技术，其主要内容分为三个层次，分别是硬件、软件和应用。硬件通常包括主机和网络通信设备，主要用于数据存储、处理和传输；软件是指一系列按照特定顺序组织的电脑数据和指令；应用则是指对在数据信息进行搜集和储存的基础上进行的检索、分析、应用、评估使用等。[①] 传统互联网技术主要从两个层次对专利制度产生影响：一是作为直接诱因促进专利制度变化发展；二是作为间接诱因带动诸如大数据、人工智能、云计算、物联网等新技术推动专利制度走向变革。

2. 大数据技术

"大数据"一词最早提及于《第三次浪潮》一书中，阿尔文·托夫勒称其为"第三次浪潮的华彩乐章"。目前大数据尚处于飞速发展阶段，学界对其尚没有形成一个统一的定义。根据学界对大数据"4V 特性"的总结，即多样化（variety）、海量化（volume）、高速性（Velocity）和价值性（Value），大数据可以被理解为人类社会存在的各种各样的海量信息资产，其体量庞大且正在飞速扩大，通常需要新处理模式方能具备更强的决策力、洞察发现力和流程化能力。在大数据时代，大数据已经在很多领域得到了广泛的应用，发挥了越来越重要的作用，给人们的社会、经济和生活都带来了巨大的变化。大数据于专利制度而言，其作为一种新技术成果，其本身即是专利制度所保护的客体；大数据技术针对海量数据的收

[①] 马天旗主编：《专利布局》，知识产权出版社 2016 年版，第 224 页。

集、存储、分析、挖掘的能力于专利运营和创新具有重要意义，在提高高端产业核心竞争力，提升产业发展质量和效益等方面发挥着不可忽略的重要作用；① 但是，大数据技术在给产业发展带来便利的同时，亦引起专利保护权对象范围的扩大和私益与公益的失衡等制度性难题。

3. 人工智能技术

人工智能是研究开发并模拟人类智力活动的科学技术。② 人工智能以数据存储为基础，以机器算法为手段，其核心是使用计算机来模拟人的某些思想过程和智能行为。根据学者的归纳，人工智能目前主要运用于四个领域，即机器学习技术、自然语言处理技术、图像处理技术、人机交互技术。③ 目前，人工智能技术已经迈入全新发展阶段，从辅助性工具逐渐走向自主创新领域，并在全球新一轮科技革命和产业变革中发挥着越来越重要的驱动作用。但是，作为创新发展的战略性资源和激励性要素的知识产权制度，尤其是专利制度与人工智能的契合度并不是很充分。为了推动人工智能技术与产业深度融合发展，平衡与协调人工智能技术与知识产权制度特别是专利制度之间的冲突和矛盾，已经成为当前世界各国专利制度改革的焦点。

4. 物联网技术

什么是物联网？简单地说，物联网指的是将日常使用的非互联网设备连接到互联网上。例如，厨房用具和电器都是可以通过物联网连接的设备。食品公司从这项技术中受益匪浅，因为它使他们能够提高食品安全，减少浪费，更好地跟踪食品生产和储存。例如，在一个农场，传感器被用来通过监测天气状况、土壤湿度、作物成熟度，甚至是昆虫或真菌的存在来帮助优化作物产量。这些传感器可以用来帮助优化灌溉，并确定何时何地需要施肥。灌溉或施肥系统可以根据传感器数据在必要时自动开启或关闭。物联网还可以帮助食品安全，监测运输时间和食品温度，以确保供应链保持温度可控。物联网提供了许多好处；然而，为与物联网相关的创新申请专利确实存在挑战。之所以出现这些挑战，是因为物联网由多种技

---

① 陶然：《大数据技术在专利开放许可制度中的应用研究》，《中国发明与专利》2022 年第 1 期。

② 万赟：《从图灵测试到深度学习：人工智能 60 年》，《科技导报》2016 年第 7 期。

③ 吴汉东：《人工智能生成发明的专利法之问》，《当代法学》2019 年第 4 期。

术、设备、软件和系统组成,所有这些技术都相互作用。

5. 云计算

云计算是一种通过互联网来提供计算服务的模式。它允许用户通过网络随时随地访问计算资源,而无须了解或控制它们的物理位置或配置细节。这些计算资源包括处理能力、存储空间和应用程序等。一般认为,云计算分为三种服务模式:基础设施即服务(LaaS)、平台即服务(PaaS)和软件即服务(SaaS)。在云计算模式下,用户可以根据需要自助获取计算资源,如服务器、存储和应用程序服务,而无须与服务提供商人工交互;用户可以通过互联网从任何位置访问云服务;多个用户可以共享同一组云基础设施,这使得资源利用率更高,成本更低;用户可以根据需求快速扩展或收缩其使用的资源,而不需要进行大规模的基础设施更改;通过云计算,用户可以根据需要弹性地调整资源,实现成本效益和灵活性。当前,云计算已成为现代信息技术的基石,正在改变着企业和个人使用计算资源的方式。

二 互联网技术发展对科技创新活动的影响

当下,互联网已经成为人们生活、学习和工作中不可或缺的元素,正在深刻改变人们的生活方式。甚至可以说,人类正在全领域"互联网化"的道路上不断向更深处行进。在此背景下,作为人们生产生活重要组成部分的科技创新活动亦深受互联网技术的发展。所谓的科技创新是指创新主体站在既有科技成果、科技条件的基础上,在科学前沿研究和高新技术领域不断追求新发现、新突破、新发明、新创造,并将所取得成果进行市场化、社会化的一系列实践活动的总和。从这一概念可知,既有科技成果、科技条件深刻影响着科技创新活动的过程。互联网技术可以说是近几十年来最为显著的几大科技成果之一,从其产生以后就成为新的科技创新活动的基础条件,对创新活动的创新思维、创新主体、创新过程以及创新成果带来显著的影响。在此意义上,互联网技术不仅作为专利权保护规则的直接影响因素形塑专利权保护规则,还通过全面融入新时代创新活动对专利权保护规则发挥更为广泛而深刻的影响。

(一)互联网技术发展对科技创新思维的影响

所谓的创新思维,就是针对存在的社会现象和社会问题,不仅要从传统视角传统路径去思考问题,更要突破固有思维模式去深挖背后的原理,其目的在于通过提出新理论、新观点来丰富和完善相关知识。创新思维作为人类独有的思维方式在人类科技创新活动中发挥着重要作用，它既是科技创新活动的前提和基础，也是科技创新活动得以顺利开展的灵魂和精髓，直接决定科技创新活动成功与否和科技创新成果质量的高低。当前，物联网、大数据、区块链、云计算等科技工具体系在人类社会掀起一场广泛而深刻的变革，使传统工业社会生产方式与生活方式从根本上发生了翻天覆地的变化，人类因此超越"电气时代"，迈入全新的"互联网时代"。而经济基础的变革也必然会导致思维方式的变革，这其中就包括人类的创新思维。

在互联网时代，人类创新思维的改变主要体现在以下三个方面：一是重视技术应用创新。传统上，人类的科技创新活动更加倾向于技术方案本身的创新，目的在于发明创造各种新的技术、新的设计。技术应用创新是互联网技术体系提出的最为重要的创新要求，也就是具体的生产生活中要融入区块链、云计算、大数据以及人工智能等科技成果应用。[1] 最终呈现"互联网+"制造业、金融、农业、零售业以及社会治理的各种新模式，构筑百花齐放的格局。二是重视全面性创新。互联网经济形态是不同于传统工业社会的颠覆式创新，质言之，其是冲破旧社会形态的全面创新，并非传统工业经济形态的延展和扩充。在传统工业社会，生产与消费两个领域中间隔着层层中介，由于即使传递信息尚未实现，消费者的个性化需求难以实现，生产主导着消费。但在互联网时代，传统生产方式已经发生了根本性变革，即生产与消费之间的主导关系发生反转。在互联网技术的加持之下，生产、运输、销售、消费等市场环节得以完全贯通，各个环节主体都能够与彼此进行更为直接有效的沟通和交流，这一变革在生产和消费两个环节之间的意义尤其显著。随着生产者与消费者之间的沟通效率的提高，汇聚和呈现于互联网的消费者的真实愿望、理想和审美情趣等的个性化需求能够快速地为生产者所掌握，进而针对性地进行产品改良和新产品的设计研发，从而大大减少了基于信息不对称所带来的无效创新。三是主张全民创新、开放创新。互联网时代，创新主体也发生了重大转变：创新不再是只有科研专家、业内权威才能碰触和完成的事业，普通民众同样也可以成为创造者。创新需要条件，其中最为重要的条件应该是完成创新所

---

[1] 张建云：《新时代需要何种互联网创新思维》，《人民论坛》2020年第17期。

必须的信息数据资料，在传统社会中，普通民众很难获取这些关键性的信息数据。但是这一困难在互联网时代得到了有效疏解，从而为大众创新提供了可能和现实。具体言之，大数据、移动互联网、云计算及智能终端等实现了海量信息的快速生产、存储、分析和共享。数据的"在线化"使一切都被记录、分析，数据不断沉淀、积聚，形成了真正的大数据。人们可以通过互联网即时即地获取海量知识、共享海量信息，这从根本上打破了传统的信息垄断和知识专享。另外，近年来，开放式创新越来越得到各类创新主体的青睐，大有取代传统的封闭式创新模式核心地位的趋势。与传统封闭式创新不同，在开放式模式下，创新主体不再局限于封闭、集权、自我循环的创新活动，而是创新主体间的相互渗透与借鉴，建立更为广泛的创新平台，使用更为便捷的创新共享机制，并建立更为合理的创新收益分配机制。[①] 伴随着创新范式的演化，创新主体的创新观念和知识产权战略都发生了根本性的转变，最突出的表现就是以协调竞争观取代完全竞争观，注重与其他创新主体在博弈关系以外的充分合作。[②]

（二）互联网技术发展对科技创新主体范围的影响

在科技创新活动中，创新主体永远都居于核心地位，创新主体不仅直接影响到创新活动能否顺利开展，还决定着创新成果质量的高低，因此，培养和吸纳优秀创新人才一直都是各国科技创新工作的重点。如前所述，科技创新活动在本质上是属于人类的实践创新活动，因此，科技创新活动的主体也一直是自然人。尽管有的时候我们在不同场合都宣称"企业是创新活动的主体"，也在法律上允许其作为创新成果的权利主体而存在，但这并不影响人们在"创新活动是由自然人所开展和完成且只能是自然人来开展和完成"这一看法上达成共识。这一共识在法律制度上的体现则是，专门调整科技创新活动的专利法规定，发明人只能是自然人，即便是职务发明（或称为雇员发明），发明人是自然人即具体的研发人员，而不能是法人或其他单位。

对于上述看法以及相应的制度安排，一直以来没人会去怀疑，也没有受到任何外在因素的挑战，直到人工智能技术的到来。人工智能技术以数

[①] Henry W. Chesbrough, *Open Innovation: The New Imperative for Creating and Profiting from Technology*, Boston: Harvard Business Review Press, 2003, p. 43.

[②] 肖尤丹：《开放式创新与知识产权制度研究》，知识产权出版社2017年版，第2页。

据存储为基础，以机器算法为手段，其核心是使用计算机来模拟人的某些思想过程和智能行为，是在互联网技术的基础上发展起来的当代最为尖端的技术之一。通过将人工智能技术运用于机器学习、自然语言处理、图像处理以及人机交互等领域，人工智能可以使机器模拟和表现人类的智慧能力，进而使得机器成为"机器人"。在现代社会中，机器人被用于人类生产生活的广泛领域，但最让人惊异的一定是让机器人作为创新主体参与到科技创新活动去，甚至让其独立地完成一项科技创新。根据学者们的总结，在当前的科技条件下，人工智能大致上从三个层次在科技创新活动中贡献力量：一是辅助工具在人类的控制下参与科技创新活动；二是合作主体开始对科技创新活动做出一些实质性贡献；三是作为独立创新主体在独立思维和自主意识的条件下作出发明。这一结果的出现对"人类发明者中心主义"基本原则造成极大的挑战，进而使得科技创新活动主体在事实层面（非法律层面）由单一主体结构转变为二元主体结构。

（三）互联网技术发展对科技创新成果范围的影响

互联网技术作为当代最为重要的基础性技术，在被广泛应用于各个领域进而与其他新的方法、技术相融合的过程中，不断生成新的科技创新成果。这些成果相对于以往的创新成果体现出明显的差别，大大丰富了人类科技创新成果的类型，拓宽了科技创新成果的范围。

传统科技创新活动中，人们一直奉行"人类发明者中心主义"，发明人、设计人只能是自然人。相应地，科技创新成果也只有人类创新成果之一种类型。但是，在互联网时代，随着人工智能技术的深度发展，人工智能不仅能够作为辅助性工具在人类的指导下辅助参与科技创新活动，还可以作为人类的合作者，在科技创新活动中做出实质性贡献，甚至可以独立完成一项科技创新活动。这一方面突破了传统的"人类发明者中心主义"，另一方面也在科技创新成果领域增加了一种全新的类型，即人工智能生成的科技创新成果。这一科技创新成果的出现，直接引发了学界对专利法上的创造性与非显而易见性等专利授权标准的热烈讨论，[1] 进而有可

---

[1] 杨利华：《人工智能生成技术方案的可专利性及其制度因应》，《中外法学》2023年第2期；季冬梅：《人工智能生成发明专利保护的理论回归与制度探索——以DABUS案为例》，《科技进步与对策》2022第18期；刘瑛、何丹曦：《论人工智能生成物的可专利性》，《科技与法律》2019第4期；刘友华、李麟：《人工智能生成物专利保护的正当性及专利法因应》，《福建江夏学院学报》2018年第4期。

能导致专利授权标准的变革。

互联网技术的发展不仅丰富了科技创新成果的类型，而且在原有科技创新成果的基础上拓展了科技创新成果的范围，这突出体现在对于方法创新范围的拓展。在互联网时代，随着互联技术的广泛应用以及互联网技术与新技术的融合，一系列新的方法类型得以产生。这些新的方法类型包括：一是依赖于互联网技术的商业方法，如云计算方法、物联网商业方法以及其他的"互联网+"商业模式等。随着计算机和网络技术的快速发展，通过网络开展和处理业务变得越来越流行，诸如网络银行、电子商务正受到人们的欢迎。而随着计算机和网络技术的发展，传统的商业方法逐渐与计算机技术相结合，计算机软件、计算机硬件、通信网络等成为商业方法发明的载体。由于利用了计算机技术或网络技术来解决商业应用型问题，从而使得商业方法具备了被授权专利的可能性。二是人工智能算法。传统上的算法表现为数字运算的定理、公式、数字关系的逻辑分析等，因此传统的算法常常被认为是一种抽象的思维规则和运算方法，并不属于科技创新成果的范畴。随着计算机学科的兴起，基于算法逐渐成为人工智能的核心技术，这一概念从传统的数学领域突围进入到计算机领域，即人工智能算法。美国专利及商标局（United States Patent and Trademark Office, USPTO）在 2019 年发布了《专利主题适格性指南》，根据其关于"抽象概念"的分类，人工智能算法是显然区别于智力活动规则的。而且从实践经验角度，人工智能算法通过计算机的实施已经具备了专利法上的"技术性"要求，不能再被视为纯粹的智力活动的规则和方法。在此背景下，学者们开始呼吁将算法纳入专利法上的"技术方案"范畴，[1] 将其作为一种特殊的专利客体纳入专利制度体系之中。[2]

（四）互联网技术发展对科技创新过程的影响

严格说来，互联网技术对于科技创新思维、主体、客体的影响就是对科技创新活动过程的影响。不过除此以外，由于互联网技术的产生、发展与广泛应用，互联网技术还从整体上对科技创新活动的过程产生影响。

首先是对创新活动的平台及工具影响。在互联网时代，互联网平台成

---

[1] 邱福恩：《人工智能算法创新可专利性问题探讨》，《人工智能》2020 年第 4 期。
[2] 许中缘、郑煌杰：《生成式人工智能算法专利保护的理据与进路》，《贵州师范大学学报》（社会科学版）2024 年第 1 期。

为人们开展创新活动的主阵地，随着人工智能、大数据、云计算、5G等技术的飞速发展，短视频、网络直播等新应用、新业态重塑了媒体格局和舆论生态，助推了互联网平台的创新发展。与此同时，互联网技术的核心即信息网络技术和人工智能技术，不仅是互联网时代人们开展科技研发活动所研发的重点，也是进行其他基础研究或应用研究的基础性工具。尤其是人工智能技术，已经在药物挖掘和化合物筛选中开展运用，并且取得了理想的效果。[①]

其次是对创新形式的影响。理论上，创新可以分为三种形式，即原始创新、集成创新和引进消化吸收再创新。在当前科技革命过程中，人工智能技术、信息技术与传统技术领域的创新与研发进行融合，物联网、区块链、生物学、基因编辑、脑科学、再生医学均是上述融合的产物并正在快速发展。与此同时，机器人、数字化、新材料等技术融合加速了制造业向智能化、服务化、绿色化转型的推进。信息技术、人工智能技术、新材料技术与传统能源技术、海洋技术、空间技术亦在加速融合，形成新能源技术、新海洋技术、新空间技术，并加速发展。因此，学科之间、技术之间已经呈现出极为明显融合趋势，与之对应的科技创新成果也主要表现为集成创新。

最后是互联网技术发展对创新的速度亦产生重要影响。由于以集成电路为基础的信息网络技术和人工智能技术的快速发展，迭代创新成为当代新科技革命的主流模式。所谓的迭代创新，指的是以加快创新速度为目标，以最小成本和最低风险，采用多次迭代方式进行创新的模式。[②] 因此，在迭代创新模式之下，一个直接的后果就是创新速度大大加快。例如，在互联网时代，企业产品更新换代的速度在加快，三星、小米手机制造商半年就推出新一代智能手机，而这本质上仍然是背后技术创新速度加快的结果。

三 互联网技术发展给现有专利制度带来的挑战

专利制度与技术存在密切的关联，这不仅体现为专利制度对技术创新

---

① 刘伯炎、王群、徐俐颖等：《人工智能技术在医药研发中的应用》，《中国新药杂志》2020第17期。

② 尹锋林：《新科技革命、人工智能与知识产权制度的完善》，知识产权出版社2021年版，第11页。

的促进作用，还体现为技术进步对专利制度历史发展的重大影响。回顾专利制度的发展历史，技术进步不仅从根本上促进专利制度的产生、发展，决定专利制度的基本取向与面貌，还影响着专利制度的原则与规则。在互联网时代，互联网技术毫无疑问的是当代人类社会最为重要的技术工具。新工具的产生本身是为了解决人们生产生活中的难题，但是，新工具在解决既存难题的过程中亦会给人们带来新的问题。其中一个重要问题就是融入了新技术的社会生产生活关系的治理问题，也即是社会治理制度的现代化问题。作为社会治理制度的重要成员，与技术最为密切的专利制度所受到的影响是最为突出的，包括专利权主体制度、客体制度、权利获得制度、侵权救济制度等方面的内容都受到了挑战。

（一）互联网技术丰富了创新主体范围

所谓的专利权主体制度，即专利法中规定哪些人和组织能够成为专利权的主体，进而享有专利法所规定的权利、承担专利法所规定的义务的制度。在专利法中，关于专利权主体制度的问题主要分为两个层面：一是抽象层面，哪些主体具备成为专利法律关系主体的资格，由于专利法律关系在性质上是属于民事法律关系，因此，该问题事实上就是指哪些主体具备成为民事法律关系主体的资格；二是具体层面，哪些民事主体能够成为专利法上的发明人、设计人以及专利权人，进而能够享有专利法上的权利、履行专利法上的义务。互联网技术发展，对于上述两个层面专利权主体制度都有影响，尤其是对专利法律关系主体资格问题的影响尤为突出。

互联网技术对专利主体制度的影响，具体上主要指的是人工智能技术对于专利主体制度的影响。随着人工智能技术的快速发展，机器人与人的差别日益缩小，其中最为突出的例子就是机器人不仅能写诗，还能生成具有创造性、新颖性和实用性的技术方案。那么问题来了，机器人能否成为专利法上的权利主体呢？该问题事实上关系到民事法律关系主体资格。通说认为，民事法律关系的主体，必须依法具有民事主体资格，只有具有主体资格的人，才能在具体的民事法律关系中成为主体。[①] 在我国《民法典》中，涉及民事主体范围的法律条文是第2条，该条款以闭合的方式明确规定，民事法律关系的主体仅限于自然人、法人和

[①] 马俊驹、余延满：《民法原论》（第四版），法律出版社2010年版，第52页。

非法人组织。① 也即是说，机器人要成为专利法上的权利主体，是不符合民法基本理论的。然而，正如有学者指出那样，尽管主客体二分法是法理上的一项基本原则，但是，主客体之间这种不可逾越的鸿沟现在正发生动摇。② 既然作为非自然人的法人和非法人组织能够取得民事主体地位，那么具有类似性质的机器人也未尝不可。不仅理论如此，实践中，在2017年，伴随着沙特政府授予"索菲娅"（Sophia）智能机器人以公民资格，从而使得"索菲娅"与其他沙特公民一样，在法律层面拥有各项权利。③ 可见，无论是理论层面还是实践层面，对于机器人的民事主体资格都产生了疑惑，对该疑惑的回答无疑最终会影响专利主体制度。

与此同时，人工智能技术还从具体层面影响专利主体制度，即人工智能能否成为专利法上的发明人、设计人以及相应权利人。根据我国专利法相关规定，发明人或设计人作为发明创造的行为主体，必须是对发明创造的实质性特点作出创造性贡献的人，并且发明创造行为只能是自然人主体的行为。而所谓的专利权人，则是指的依法对发明创造成果享有权利的具有严格意义和完整资格的自然人、法人或者其他组织。由于人工智能既非自然人，亦不是法人与非法人组织，这貌似直接否定了人工智能成为专利法的发明人、设计人以及专利权人的可能性。域外实践似乎也是支持这种观点的，在英国 Stephen v. UK's Intellectual Property Office 一案中，英国上诉法院裁定，人工智能（AI）不能成为新专利的发明者。④ 但是，以吴汉东教授为代表的众多学者对此结论并不完全赞同。首先，对于人工智能能否成为专利法意义上的发明人、设计人，有学者通过对专利制度的发展历史进行考察指出，发明人这一概念实际上并不限于依靠自己的创造性智力劳动而作出发明创造的人。⑤ 其次，对于人工智能能否成为专利法上的专利权人，吴汉东教授一方面强调专利权人应该是自然人或自然人的结合

---

① 我国《民法典》第2条：民法调整平等主体的自然人、法人和非法人组织之间的人身关系和财产关系。
② 梁慧星：《从近代民法到现代民法——二十世纪民法回顾》，《中外法学》1997年第2期。
③ 史上首次沙特授予机器人公民身份，https://www.kepuchina.cn/yjjj/201710/t20171030_239731.shtml，最后访问日期：2023年1月15日。
④ AI cannot be the inventor of a patent, appeals court rules, https://www.bbc.com/news/technology-58668534，最后访问日期：2023年1月15日。
⑤ 张吉豫、袁鹏飞：《人工智能生成技术方案的可专利性》，《数字法治》2023年第6期。

体,另一方面也指出未来的专利制度必然要对人工智能生成技术方案的权利归属作出选择。①

(二) 互联网技术丰富了创新成果形式

互联网技术发展对专利权客体制度的冲击直接体现在专利权客体范围的扩大。专利权保护的客体一直处于变动之中,但总体趋势是逐渐扩大。专利制度最初并不承认较为抽象的商业方法、基因等不具有传统技术特征的客体,但随着科学技术的发展,域外出现一系列具有广泛争议的案件,基因、商业方法也逐渐通过专利法进行保护。互联网技术的深度发展,又伴随着一些争议客体的产生。

互联网技术对专利权客体范围的冲击首先体现在人工智能生成技术方案是否能够成为专利权的客体。在传统专利法律框架下,人造机器的角色定位主要是两个维度,即作为专利法的保护对象和成果(新专利技术)研发工具而存在。但是,这一传统定位在新的时代已经有了很大的不同。伴随着新技术革命的持续推进,机器不再仅仅作为与人类相对的具有纯粹被动性质的客观事物而存在,已经逐步发展成为能够在没有人类控制和介入的情况下,独立开展研发创新活动,即具备自主创新能力的"主体"。例如,当前社会中的人工神经网络、基因编程技术、智能机器人等都已具备了自主生成专利法意义上技术方案的能力,而这些都是人工智能的典型运用模式。②并且,经过对人工智能生产技术方案进行专利法上的新颖性、创造性和实用性检测,结果也是符合的。按此逻辑,人工智能生成技术方案理当被纳入专利权的保护范围。但是,现实的状况显然并不能够让人就此满意。对于专利法意义上的技术方案而言,支撑其获得专利法保护的关键在于其能够为人类所运用并造福人类,而人工智能生成技术方案的可转化性和可实施性往往会基于缺乏详细的技术细节说明和背景信息披露受到重大影响。因此,人工智能生成内容能否作为专利权客体,还需要相关法律制度进一步完善。

在互联网时代,另外一个影响专利权客体范围变化的对象是商业方法。在较长的一段时间里,商业方法的可专利性问题都是知识产权界讨论

---

① 吴汉东:《人工智能生成发明的专利法之问》,《当代法学》2019年第4期。
② 刘鑫:《人工智能生成技术方案的专利法规制——理论争议、实践难题与法律对策》,《法律科学》(西北政法大学学报)2019年第5期。

的一个重要问题。时至今日，商业方法的可专利性特质已经得到众多国家和地区的认可。但是，商业方法专利需要满足可专利主题资格和可专利实质要件。① 随着互联网的发展，商业方法又与互联网密切结合，形成"互联网+"商业方法。"互联网+"商业方法是商业经营方法在互联网商业中结合特定网络技术进行延伸的结果，是依赖某种技术而引申出来的一种新型的商业方法。② "互联网+"商业方法是互联网时代背景下所产生的创新性智力成果，理应与传统商业方法一样，受到知识产权法的保护。关于"互联网+"商业方法的知识产权保护具体路径，学者指出，相对于其他保护路径，对"互联网+"商业方法采取专利权保护具有更明确的可能性和现实性。③ 但是，关于"互联网+"商业方法的保护路径，理论上仍然存在著作权保护模式、商业秘密权保护模式、商标权保护模式以及专利权保护模式的选择。④ 我国到底应该采取何种模式，还需要理论界和实务界做进一步的讨论。

此外，随着近几年数字经济的飞速发展以及算法创新在人类的创新领域成功占据高地，⑤ 如何对算法创新提供有效的知识产权保护，已成为当前一项重要课题。当前，中国、欧洲、美国等国家和地区在审查实践中，都对算法创新的可专利性问题采取了"二分法"解决路径：对算法和算法在特定技术领域的运用予以区别性对待，其中，前者在任何时候都不具备可专利性，但后者如果能够满足专利"三性"的要求，则是可以获得专利法的保护的。⑥ 然而，也有学者对这种技术性安排提出了质疑。⑦ 创造性、新颖性和实用性的技术特性作为专利权客体的本质

---

① 李晓秋：《析商业方法的可专利性》，《政法论坛》2011年第2期。
② 李艳：《网络法》（第二版），中国政法大学出版社2017年版，第69页。
③ 苑野：《物联网商业方法的专利保护探析》，《知识产权》2018年第4期。
④ 徐芳：《"互联网+"模式下我国商业方法专利制度的完善》，《中国律师》2017年第2期。
⑤ 俞思瑛：《算法创新已成为全球创新的高地》，https://m.bjnews.com.cn/detail/157155880815474.html，最后访问日期：2022年2月10日。
⑥ 关于算法的"二分法"，还有学者将其分为抽象算法与程序性算法（具体算法），并进一步认为程序性算法可以成为专利权的客体，其原理和结论基本相同。参见吴汉东《计算机软件专利保护问题研究》，《当代法学》2022年第3期。
⑦ 邱福恩：《人工智能算法创新可专利性问题探讨》，《人工智能》2020年第4期。

属性，已经在世界绝大多数国家专利法中达成了共识。既然属于抽象思维范畴的算法在经过计算机这一媒介的实施后，已经在事实上具备了传统技术方案的关键特质，那就应该考虑将其纳入专利权客体的范畴。

（三） 互联网技术引起对专利审查程序和标准的新思考

互联网技术对于专利审查程序而言是一把锋利的双刃剑，一方面，互联网技术的快速发展给专利审查带来了巨大的便利；另一方面，也给专利审查的过程带来了更大的困难。在专利审查的过程中，检索是必要的基本步骤，是核心的一环。审查员通过检索，了解专利涉及的技术领域，本申请的背景技术和当前的技术问题，领悟本申请的发明构思；进而才能找到最接近的现有技术，判断本申请的新颖性与创造性。由于现有技术资料如烟波浩渺，彻底、完全的检索是客观上无法达成的。因此，在我国当前的专利审查工作中，主要是采用智能化检索系统，它集成了世界专利文摘翻译库和国内外专利中文翻译全文库，多个非专利库等，具有语义分析功能，可以自动地按照内容相关性进行排序，极大提升了审查员的检索效率。① 与此同时，基于互联网专利的更迭较快的特征，传统的专利审查规则体现出明显的不适应。根据管理学领域专家的研究，互联网发展加速了专利的折旧，企业竞争加剧的同时可获得的技术知识资源更加丰富，有利于提高创新知识的更新速度。② 更直接的表述就是互联网专利相对于传统专利而言具有更快的更迭速度，这势必要求我们重新审视现有的专利审查程序和标准。按照现行专利法的规定，对于发明专利的审查授权，需要经过初步审查、实质审查程序符合相应条件后才能获得授权。按照国家知识产权局在网上作出的答复，发明专利申请一般需 3 年左右的时间可以被授权，实用新型专利申请一般需 1 年左右的时间可以被授权，外观设计专利申请一般平均 0.5 年左右的时间可以被授权。③ 较长的审查期限显然是与

---

① 王超、庞晓敏：《专利审查中合理利用移动互联网检索工具》，《中国科技信息》2024 第 5 期。

② 余泳泽、刘凤娟、庄海涛：《互联网发展与技术创新：专利生产、更新与引用视角》，《科研管理》2021 年第 6 期。

③ 国家知识产权局就专利申请流程咨询相关问题的答复，http：//jlhd.cnipr.com.cn：20818/jact/front/mailpubdetail.do？transactId＝340384&sysid＝6，最后访问日期：2023 年 2 月 16 日。

新时代技术创新实践不契合的,而且会导致诸如技术方案的效益释放殆尽而仍未获得专利授权或者侵权行为是否成立仍然未有明确结论等现象的发生。为此,有学者建议,为了回应互联网创新方案迭代周期短的问题,采用实用新型保护短周期创新成果。① 这种解决方案虽然能够明显缩短互联网技术方案获得专利授权的时间,但解决办法亦会带来新的困难,即将互联网有关技术方案纳入现行实用新型专利体系,是否会导致实用新型专利理论体系的不协调?

在专利授权审查标准方面,世界各国基本上都是统一的"三性"标准,即创造性、新颖性和实用性,我国亦不例外。在该"三性"中,尤其以创造性最为复杂,亦最为关键。专利法上的创造性,即与现有技术相比,该发明具有突出的实质性特点和显著的进步,该实用新型具有实质性特点和进步。而互联网技术发展对专利审查标准的影响也主要体现在创造性标准的适用过程中。在专利申请授权实践中,对专利创造性标准影响最为明显的是人工智能和商业方法。就人工智能而言,人工智能发明对创造性标准的冲击主要体现在两个方面:一是人工智能的创新活动和成果涉及众多领域,从而使得创造性判断的关键要素"所属技术领域"难以确定;二是人工智能开展创新活动的惊人效率,使得传统上对"本领域一般技术人员"的界定标准变得无效。基于此,有学者提出,考虑到人工智能发明具有的出色创造能力,并会带来大量的专利申请,创造性标准理应有所上调。② 就商业方法而言,学界专家在肯定商业方法具有专利法保护的必要性和可能性的基础上,亦承认将商业方法纳入专利法的保护范围,必将对专利审查标准尤其是创造性标准带来挑战。③ 具体言之,专利法立法宗旨在于保护技术方案,因此,创造性的审查对象也是针对于技术方案本身。但是,根据《专利审查指南》的规定,商业模式权利要求既包含商业规则和方法的内容,又包含技术特征。那么,在对商业方法专利申请审查时,创造性审查到底是针对技术特征还是针对"商业方法(规则)+技术特征"这一整体呢?同时,由于商业方法专利的复合性(跨领域性),又

---

① 闫文锋、苏丹:《试论新业态对专利制度的挑战》,《知识产权》2018 年第 5 期。
② 刘强、周奕澄:《人工智能发明专利审查标准研究》,《净月学刊》2018 年第 3 期。
③ 张平、石丹:《商业模式专利保护的历史演进与制度思考——以中美比较研究为基础》,《知识产权》2018 年第 9 期。

如何定位"本领域"以及"本领域的一般技术人员"？这些都将是专利审查标准在互联网时代需要解决的问题。

(四) 互联网技术发展对专利侵权认定及救济程序的影响

互联网技术发展对专利侵权救济规则的影响是全方位的，包括对专利侵权诉讼管辖法院、侵权行为认定、网络证据的认定以及损害赔偿金额的确定等。

第一，互联网技术发展对于专利侵权诉讼管辖法院的影响。关于专利侵权诉讼的管辖法院，尽管我国专利法相关规定在《民事诉讼法》第28条以及各知识产权单行法的司法解释的基础上作了比较详细而明确的规定，[①] 但是互联网环境之下，仍然存在不明确的地方，这突出地体现在侵权行为地的确定问题之上。根据相关司法解释的规定，侵权行为地是指侵害他人合法权利的法律事实所在地，包括侵权行为实施地和侵权结果发生地。由于互联网环境下在线销售的不断发展，互联网的虚拟性、隐蔽性、连接点的多样性等特点多引发存在众多所谓的侵权行为地或者说难以确定具体的侵权行为地的困难。此外，这里还有一个需要特别提到的问题，即能否依据网购收货地来确定管辖法院的问题。由于我国民事诉讼法上规定的管辖连接点既包括被告住所地、不动产所在地等静态连接点，也包括侵权结果发生地等相对的动态连接点。而网购收货地很容易就被归类于侵权结果发生地，进而将其作为确定管辖法院的依据。浙江省高院在蔡某诉丹阳市美利达塑业有限公司侵害外观设计纠纷管辖异议案中指出：网购收货地可由当事人指定而成，具有不确定性，以此作为管辖连接点，会使得当事人对受诉法院缺乏相对稳定的预期，与民事诉讼法关于地域管辖的立法原意不符。[②]

第二，互联网技术发展对侵权行为认定的影响。按照我国《专利法》对专利侵权行为的界定，侵权行为的认定在多数时候需要建立在具体产品的制造、使用、许诺销售、销售、进口等的基础之上。[③] 然而，在互联网环境下，互联网领域有很大一部分都是方法专利，专利的实施不会产生实质性的产品，因此必须借助一定的技术手段方可确定一项互联网方法专利

---

① 详见《关于审理专利纠纷案件适用法律问题的若干规定》第5条。
② 浙江省高级人民法院〔2015〕浙辖终字第123号裁定书。
③ 《专利法》第11条。

的侵权行为。[1] 这一特性在云计算专利侵权中表现得尤为突出。由于云计算具有系统性、分步性、集成性，这使得云计算中的系统专利或方法专利在实施中，呈现侵权主体多元化、侵权地域跨境化之特点，多个主体配合实现跨境侵权将成为常态。囿于"全面覆盖"原则，实践中通常无法触及被控侵权技术中位于境外的对应技术特征，陷入跨境要素无法作为特征纳入审查的困境。[2] 进而给云计算专利侵权认定带来一定困难。与此同时，面对网络平台上的专利侵权行为，由于电子商务平台并不能够直接介入用户内容的编辑与生成，其往往只能发挥有限的作用。那么，处于消极中立地位的网络平台此时到底该不该承担法律责任，在多大范围内承担责任？对此，我国《民法典》通过构建以"通知规则"[3] 和"知道规则"[4] 为核心内容的网络平台间接侵权责任制度对此做出了回答。但学界对于该制度也不无疑问。首先，在网络平台未直接实施侵权行为的情况下，将用户发布的侵权内容归责于网络平台，这一打破侵权责任法上自己责任原则的设计是否存在充足的法律基础？其次，在"通知规则"和"知道规则"的具体适用过程中，两者是可以统合在同一责任基础之上，还是分别适用不同的归责标准？最后，对"知道规则"中"应当知道"的理解，其是否在一定程度上向网络平台施加了对用户发布内容的主动事前审查义务？如果回答是肯定的，那么这类事前审查义务可以在多大程度上注入我国《民法典》第1197条的"应当知道"中？[5] 除此以外，专利侵权除外制度在数字经济时代亦有了新的发展。数字经济时代，在摩尔定律等因素的影响下，技术创新不断加速，呈现出日新月异的景象。与此同时，针对现有专利进行的改进发明和以现有专利为研究工具的创造活动，是否以及在何种条件下、多大范围内可以被视为不侵犯专利权的例外，同样成为不容忽视的、关乎整个创新生态系统良性发展的法律和公共政策问

---

[1] 尹锋林：《新科技革命、人工智能与知识产权制度的完善》，知识产权出版社2021年版，第139页。

[2] 刘友华、张妙：《云计算专利跨境侵权认定问题研究——美国的经验与借鉴》，《知识产权》2016年第9期。

[3] 《民法典》第1195条第2款。

[4] 《民法典》第1197条。

[5] 李夏旭：《网络平台间接侵权责任的法理基础与体系展开》，《比较法研究》2023年第3期。

题。这一方面涉及对《专利法》上专利"科研和实验使用例外"条款重新解释，另一方面也关乎专利侵权认定标准的革新。对此，学者提出可以借鉴版权合理使用的"四要素"判断标准，从使用目的、使用客体、使用主体和使用行为，以及使用对专利权人市场利益的影响等方面来认定相关的专利使用行为是否构成"科研和实验使用例外"。[①]

第三，互联网技术发展对于网络证据认定的影响。在信息网络时代，信息逐渐成为最为重要的生产资料，而网络则是人类获取信息资料的主要路径，很大一部分人的工作行为都与互联网绑在了一起。与此同时，计算机网络也改变了人们处理问题的方式，其中就包括收集、储存和提供证据的方式，而相应地网络证据亦成为专利侵权诉讼中的一种证据形式。所谓的网络证据是以数字形式存在的、以通信网络作为传播媒介的、通过计算机系统来展现的能够作为证据使用的材料。[②] 与其他形式的证据一样，网络证据要作为证据使用，必然要对其真实性、合法性和关联性加以认定，尤其是网络证据的真实性需要仔细核实。然而，由于网络证据具有数据性、脆弱性和系统依赖性等特征，导致网络证据真实性的审核存在很大的困难。[③]

第四，互联网技术发展对于损害赔偿金额的确定的影响。通常认为，侵权损害赔偿的基本原则是"填平原则"，即损害多少赔偿多少。在此理论的指导下，我国专利法规定了非常明确的专利侵权损害赔偿金额的计算方法，并进一步明确了各个方法的适用顺序。[④] 尽管如此，我国知识产权理论界与实务界还是一致认为该问题是专利侵权诉讼中的难题，以至于在我国司法实践中绝大多数案件仍然是采取末位顺序的法定赔偿方法来确定损害赔偿金额的。[⑤] 究其原因，乃是受制于知识产权客体的无形性，进而导致举证困难、实际损失难以准确界定等。然而，在互联网环境下，损害赔偿金额难以确定的困难将会进一步放大，这一方面是由于前述网络证据

[①] 李宗辉：《论数字经济时代的专利"科研和实验使用例外"》，《科学学研究》2024年第10期。

[②] 来小鹏主编：《网络知识产权法研究》，中国政法大学出版社2021年版，第202页。

[③] 来小鹏主编：《网络知识产权法研究》，中国政法大学出版社2021年版，第203页。

[④] 《专利法》第71条。

[⑤] 詹映：《我国知识产权侵权损害赔偿司法现状再调查与再思考——基于我国11984件知识产权侵权司法判例的深度分析》，《法律科学》（西北政法大学学报）2020年第1期。

搜集、存储、提供以及核实上的困难，进而导致举证上的困难；另一方面还因为互联网的特性使得侵权行为变得更加容易，而且极易扩大难以控制，甚至有些侵权行为发生以后都难以被发现，从而最终导致根本无法对权益人的损失进行合理的评估。

第二节 内在因素：专利权保护规则的滞后性

尽管理论界对于专利制度功能的界定偶有差别，但一般都认为专利制度的主要功能有两个：首先，从世界各国专利制度的运行实践来看，专利制度是一种通过设立私权激励科技创新的重要制度。其次，专利制度还有助于促进技术信息的公开与传播，有利于促进社会公众科学知识水平的提升，并为后续的科技研发与应用提供重要的参考资料，进而促进创新发展。专利制度的功能是指专利制度对人类社会科技、经济、文化等方面发展所具有的积极意义与价值，这也构成一定时期人们对专利制度科学性与合理性进行评价的标准。社会或多或少都是行走在法律前面的，尽管人类时刻都在努力填补这一缺口，但人们的努力永远阻止不了历史的演进。因此，法律的滞后性是一种历史的必然，而滞后的法律将会慢慢弱化对社会的调整作用，甚至会阻碍社会的良性发展。具体说来，专利制度在"互联网+"产业形态中的滞后性，从表面看来是专利主体制度、客体制度、权利取得制度、侵权制度、审查制度等在互联网经济社会中的不适应，但从本质上而言，则是上述制度在互联网时代已经不能很好地发挥其激励创新、促进技术信息公开与传播、维护市场竞争秩序的功能。

一 激励理论功效的有限性

尽管理论界已经有诸多学者对知识产权法上激励理论提出了质疑，认为该理论赖以证成的思想实验前提已被心理学研究部分推翻；激励效果亦得不到历史经验事实的有效支撑；且具体知识产权制度尚存阻碍技术进步之可能。[①] 但直到今天，激励创新理论仍然是支撑知识产权制度最为重要

---

① 类似观点参见李琛《知识产权法基本功能之重解》，《知识产权》2014年第7期；王烈琦《知识产权激励论再探讨——从实然命题到应然命题的理论重构》，《知识产权》2016年第2期。

的理论。在专利法领域，通说亦认为，激励创新是专利制度最重要的立法目的和正当性依据，这可以从世界各国专利法立法目的条款中基本包含"促进科技创新""促进科技发展""鼓励发明创造"之类的表述得证。而专利制度的运行实践也证明，专利制度通过赋予专利权人一定期限的合法垄断地位，使权利人能够在市场竞争中获取和保持竞争优势地位，收回成本并取得丰厚利润。因此能对投资主体和创新主体起到刺激作用。

但是，进入互联网时代以后，激励理论作为支撑知识产权制度（专利制度）合理性的理论基础进一步受到质疑。激励理论的核心机制在于，知识产权制度通过保障创造主体和投资者获得充分合理的市场回报来鼓励创新与投资。但是，这一激励机制在人工智能领域的作用是非常有限的，甚至会出现激励不足。[①] 激励理论的有效性必须建立在"理性经济人"的假设基础之上，[②] 但是，显然人工智能不具有"经济理性"这一自然人才具有的品质。由于人工智能不具备自然人的生物属性，它既没有通过自己所生成的技术成果收回成本与获取利润的需求，亦不会对付出与收获的比率进行评价，因而不会基于专利制度的激励措施来调整自己的行为选择。而且，人工智能在创新活动中所消耗的资源相对于人类的创新活动所消耗的资源要少很多，通过专门制度进行经济效益补偿的必要性大大降低。此外，根据相关学者的研究，基于人工智能技术的工作原理，激励理论运用的结果可能适得其反。一方面，对人工智能生成物给予排他性保护可以刺激市场对人工智能的需求，但这也可能削弱人工智能公司持续优化模型的动力，从而阻碍这项技术的长期发展；另一方面，对人工智能生成内容实施排他性保护，虽然可以直接提高市场对人工智能的需求，但也会明显降低人类创作的积极性。[③]

二 专利权主体保护规则的固有稳定性

主体制度是专利法的重要组成部分，是专利法中规定发明人、设计人、专利申请人和专利权人资格的有关法律制度。按照我国《专利法》

---

① 刘强：《人工智能对知识产权制度的理论挑战及回应》，《法学论坛》2019年第6期。
② 杨明：《知识产权制度与知识财产创造者的行为选择》，《中外法学》2012年第4期。
③ S. Alex Yang, Angela Huyue Zhang, "Generative AI and Copyright: A Dynamic Perspective (February 4, 2024)", http://arxiv.org/pdf/2402.17801，最后访问日期：2024年6月16日。

的规定，发明人和设计人是发明创造的行为主体，是指对发明创造的实质性特点作出创造性贡献的人；专利申请人是指就已经完成的发明创造向国家专利行政管理部门提出专利申请的人；专利权人则是指依法对发明创造成果享有权利的自然人、法人或者其他组织，是专利法中具有严格意义和完整资格的权利主体。通常情况下，发明人或设计人、发明专利申请人与专利权人是同一主体，但也存在权利归属他人的情形，即发明人、发明专利申请人未必就是专利权人。无论如何，专利法中的发明人与设计人只能是自然人，专利申请人与专利权人只能是自然人、法人与非法人组织。

（一）专利主体规则理论基础的滞后性

考察专利主体制度可知，支撑专利主体制度的理论基础并非单一的，包括：支撑唯有自然人方能成为发明人与设计人的"人类发明者中心主义"；支撑发明人、设计人可与专利申请人、专利权人相分离的专利权属于纯粹财产权理论；[①] 支撑法人与非法人组织作为权利主体的自然人团体构造理论；[②] 支撑自然人、法人及非法人组织作为法定民事主体的主客体二分原则[③]等。结合互联网技术的实践现状和理论界研究讨论的焦点可知，当前专利主体制度理论基础的滞后性主要针对的是主客体二分原则和人类发明者中心主义理论。

民法上的主客体二分原则指的是民事权利主体与民事权利客体二元对立并且不能相互转化。这一原则是建基于近代西方哲学所倡导的人与自然的主客体关系，人的主体地位和主体价值得到特别彰显，而客体则处于被贬损的地位，以服务人的主体性为目的。[④] 基于这一原则，能够成为民事权利主体的只能是自然人和自然人的集合体，而不能是与之对应的自然、社会和物。客观而言，主客体二分原则施行对于人类的目的价值其他基本权利的维护与实现，具有重要的意义。亦正是因为此，主客体二分原则的正统地位一直是难以撼动的。但是，考察民事主体制度可知，随着子女、奴隶、法人等原本属于客体范畴或非自然人范畴的对象被纳入民事权利主体范围，主客体之间这种不可逾越的鸿沟早已不是牢不可破了。而作

---

① 马一德：《专利法原理》，高等教育出版社2021年版，第37页。
② 朱庆育：《民法总论》（第二版），北京大学出版社2016年版，第417页。
③ 刘强：《人工智能对知识产权制度的理论挑战及回应》，《法学论坛》2019年第6期。
④ 梅夏英：《民法权利客体制度的体系价值及当代反思》，《法学家》2016年第6期。

为民法主客体二分原则哲学基础的"主客二分"认知方法和思维模式亦在哲学领域受到反思,其中严格的"主客二分"理论更是受到了严厉的批判。关于主客体之间的关系,学者认为应当辩证地予以看待。即既要看到主客体的区别和差异,也要看到主客体的一致和统一;既能看到主客体之间动态的相互作用和相互生成,又能看到主客体之间静态的相对稳定和继承。① 这一规律在当代法学领域的运用或是表现就是:传统民法的主、客体框架已然被打破,人的遗传基因物质不能简单作为客体事物看待,没有生命但具有人工智能的机器人也有可能被赋予法律资格。②

人类发明者中心主义理论是人类中心主义理论在发明创造活动领域的具体应用,指人们认为只有自然人才可能实施发明创造活动,也只有自然人才能够成为法律上的发明人和设计人,进而能够享有法律权利、承担法律义务。这一理论来源于人们在创新活动中的经验总结。传统上,创新活动作为一种实践性活动,其主体只能是自然人,人类发明者中心主义是对这一事实现象的客观描述。但是,无论从实然或是应然的角度,理论形成以后都不是一成不变的。相反,作为实践活动在抽象层面的反映,思想理论必须跟随人类实践活动的变化而适时调整。在互联网时代,随着人工智能技术的深入发展与运用,我们完全可以畅想,未来社会的发明人将会分为"自然人发明人"与"智能机器人发明人"。

专利主体规则理论基础的滞后性还体现在对单独权利主体、少数权利主体的过度青睐之上。所谓单独权利主体是相对于复数权利主体,而少数权利主体是相对于多数权利主体。一直以来,传统财产权制度都倾向于实现权利主体的单独化、少数化,只有基于更为重要的目的,例如维持婚姻家庭关系、具有更高效率的合伙组织体,才会优先选择保留权利主体的复数化与多数化。专利制度同样有此倾向,例如两个以上独立完成发明创造主体就相同技术申请专利,专利权只能授予给一个主体;合作开发完成的发明创造,当事人一方转让其共有的专利申请权的,其他各方享有以同等条件优先受让的权利。③ 传统财产权制度的这一倾向有其现实合理性,即

---

① 胡敏中:《重思"主客二分"——基于主客体关系》,《学术研究》2021 年第 1 期。
② 吴汉东、张平、张晓津:《人工智能对知识产权法律保护的挑战》,《中国法律评论》2018 年第 2 期。
③ 《专利法》第 9 条、《民法典》第 860 条。

减少关于财产归属与利用的相关纷争。但是，这一理论预设在互联网经济时代则存在明显不适应之处。在互联网经济时代，知识产权创新模式已经由传统的封闭创新走向开放创新，以用户创新、同侪创新为代表的开放式创新典型实践具有鲜明的主体分散性、不特定性等特征。[①] 创新模式的革新在激发全社会创新活力、拓展创新主体的能力边界、提高创新主体的创新绩效的同时，也不可避免地带来了新模式下创新主体的复数化与多数化现象，以及引发创新成果知识产权权利归属的难题。

（二）专利主体规则于实现专利制度整体功能上的不足

专利主体规则在实现专利制度的整体功能上主要是通过以下路径实现：通过赋予发明人、设计人以专利权利主体资格，使其能够从自己的发明创造活动中收回成本获得利润，从而鼓励他们继续开展创新活动；在明确权利归属的基础上，通过权利主体的主动行为实现科技信息的公开与传播，以及通过权利主体的维权行为维护市场自由公平竞争秩序。由此可见，专利制度整体功能的实现是建立在准确界定专利权利主体范围的基础之上的。换句话说，如果专利权利主体范围过窄，这势必会影响到未得到法律认可的创新主体开展创新活动的积极性，也会阻碍相应科技信息的公开与传播，并带来市场竞争秩序的混乱。

具体言之，由于遵循人类发明者中心主义，现行专利主体制度并不认可人工智能的发明人、设计人主体资格；而基于民事法律关系主客体二分原则，人工智能亦不能在现行专利法体系中获得民事权利主体地位，这势必影响人工智能的开发者、设计者或所有者的创新积极性。因为，尽管人工智能不具有自然人的生物属性而不具备制度激励的必要性与可能性，但是人工智能的创新活动始终是建立在人类的创造性活动基础之上的，无论是人工智能的开发过程还是人工智能生成技术成果的过程，都离不开诸如编程人员、设计人员和所有者、使用者等主体的支撑，而这些自然人主体都是需要给予激励的。如果法律制度对人工智能创新主体地位的不重视，必然导致人工智能的开发者、设计者或所有者失去获得利益的凭借。因此，赋予人工智能以发明人地位，虽然不能对人工智能本身产生意义，但是，它能够通过保障相关自然人权益来进一

[①] 李永明、向璐丹、章奕宁：《开放创新范式下知识产权权利归属问题研究——基于用户创新、同侪创新典型实践之内在特征》，《浙江大学学报》（人文社会科学版）2024 年第 2 期。

步促进创造性机器的发展。① 与此同时，基于针对自身生成的技术方案，人工智能没有获得专利权的可能性与必要性，这事实上也就宣告了专利法中"以公开换垄断权"的制度设计的失效。此时，对人工智能享有实际控制权的主体必然会选择保密的方式来对人工智能生成技术方案进行保护，从而使得专利制度促进技术信息公开与传播的功能落空。此外，由于人工智能的权利主体不被认可，其生成的技术方案亦不能成为专利权的客体而受到保护。人工智能生成技术方案一经面世，其他经营者可以毫无限制地擅自使用、竞相模仿，这种行为显然是一种不正当的"搭便车"行为。如果任由这种"搭便车"现象存在，进行科技创新的动力就会严重挫伤，久而久之就会形成乐于模仿、懒于创新、投机取巧、坐享其成的风气，不仅不利于社会的创新发展，更可能不断磨灭人类的创新能力。

不仅如此，传统上以具备排他性、垄断性地位为特征的专利权主体制度设计，在网络共享经济时代可能阻碍创新，进而与专利制度的立法目的背道而驰。首先，排他性、垄断性权利主体制度设计所依赖的封闭创新范式在新经济环境下面临解体危机。随着信息技术的不断发展和赋能，社会分工精细化，创新周期加速化，内生式的封闭创新范式难以满足新环境下的企业创新要求。在此背景下，创新主体随即转向一种新的创新范式，即以协同式创新为底层逻辑的开放创新范式。② 而这一创新模式又反过来促进专利权属制度与专利主体制度的变革。其次，知识产权排他性证成的激励理论在共享经济环境中的解释力将不再充足。激励理论成立的假设性要件包括激励效果的"公共福祉"最大化。但正如有学者指出的那样，过度的排他性保护最终可能减少消费者剩余，从而降低整体社会福利。③ 因此，在互联网共享经济时代，相关专利制度设计应从关注专利权利主体的排他性、垄断性利益，转向重视知识产权作为社会资源进行价值实现所产生的包容性利益。

---

① Ryan Abbott, "Hal the Inventor: Big Data and Its Use by Artificial Intelligence", in Cassidy R Sugimoto, et al. eds., *Big Data Is Not a Monolith*, Cambridge: MIT Press, 2016, pp. 187-198.

② 林韶:《共享经济时代知识产权财产认识论变革与治理——以网络化开放创新为切入点》,《科学学研究》2024年6月3日网络首发。

③ 朱阁、崔国斌、王迁、张湖月:《人工智能生成的内容（AIGC）受著作权法保护吗》,《中国法律评论》2024年第3期。

三 专利权客体保护规则适用的局限性

专利权的客体，又称专利法保护对象，是指受到专利法保护能取得专利权的发明创造。专利客体制度主要指专利法上规定哪些发明创造能够成为专利权的客体，哪些应当被排除在专利权客体之外的法律规范的总称。《专利法》第 2 条规定，发明创造是指发明、实用新型和外观设计。[①] 与此同时，专利法还规定了客体例外制度。客体例外制度由例外客体范围及其排除规则与适用机制共同构成，在形式上呈现"1+N"形式，内容上可分为发明创造的例外客体（如我国《专利法》第 5 条的规定）和不授予专利权的发明创造（如我国《专利法》第 25 条的规定）两种类型。[②] 自专利法诞生以来，专利权客体的范围一直处于变动之中，但总体趋势是专利权客体范围不断扩大。就我国现行专利客体制度而言，尽管经过 2017 年《专利审查指南》的修改，专利权的客体范围又有了进一步的拓展，但仍然没有将互联网时代典型的发明创造完全纳入其中，使得这部分发明创造的法律保护问题悬而未决。

首先，在现行专利权客体制度之下，人工智能自动生成的技术方案不属于专利权的客体范畴。分析前述有关专利客体的法律规范可知，我国专利客体制度没有明确将人工智能生成技术方案排除在专利权客体之外。事实上，人工智能生成客体知识产权认定困境的产生根源即在于人工智能主体资格的缺失性。[③] 即：由于人工智能不能成为专利法上的发明人与设计人，其生成的技术方案当然也不属于专利权的客体。但是，如果根据我国

[①] 对于工业品外观设计的保护，国际上有专门法模式，专利法模式，以及个别国家的工业版权模式。中国采取了专利法模式。根据《知识产权强国建设纲要（2021—2035 年）》的部署，中国将在未来制定专门的外观设计保护法。李明德教授经过研究提出设计方案：参考欧盟及其成员国的做法，对于外观设计提供注册保护，同时对于未注册外观设计也提供一定程度的保护。对于注册外观设计或者未注册外观设计权利的有效性，法院可以在个案中判断。对于注册外观设计的保护期限，可以采取缴纳一次维持费获得 5 年保护期的方式，通过最多两次展延和缴纳维持费用，达到相关国际公约所要求的 15 年保护期限。参见李明德《中国外观设计保护制度的改革》，《知识产权》2022 年第 3 期。

[②] 宁立志、郭玉新：《专利权权利客体例外制度研究》，《河南师范大学学报》（哲学社会科学版）2020 年第 1 期。

[③] 刘鑫：《新业态知识产权保护法律问题的阐释与纾解》，《中国市场监管研究》2021 年第 10 期。

《专利法》第 2 条①以及第 22 条②的规定进行分析，部分人工智能生成的技术方案是应当被纳入专利权客体范畴的。而且从市场角度而言，利用人工智能生成技术方案维持自己的技术优势与竞争优势是人工智能产业主体重要的战略选择，该类主体存在就该技术方案申请专利的强烈需求。如果粗暴地将所有人工智能生成技术方案排除在专利权客体之外，势必引起授予专利权利以激励技术创新的制度目的落空、技术方案公开化和商业化的制度运行受阻等不利后果。基于此，将人工智能作为"可专利主题"，在当前业已成为世界各国特别是发达国家促进本国创新发展的重要专利政策立场。③

其次，在现行专利权客体制度之下，人工智能算法的专利适格性仍然不明确。作为企业竞争与国际竞争的重要部分，算法已从最初的纯粹演算方法发展到如今人工智能的核心要素。对于算法的保护方式，一直都是理论界所讨论的焦点问题。从近期我国学术界的相关研究成果来看，多数学者主张采用专利法的方式对其进行保护。④ 与此同时，面向新一轮科技和产业革命的需求，国家知识产权局在 2019 年修订的《专利审查指南》增加了一节"包含算法特征或商业规则和方法特征的发明专利申请审查相关规定"。毫无疑问，这一改变通过进一步明确我国算法相关专利申请的审查规则，从而具有激励算法相关创新的效果。但是，由于《专利审查指南》所确立的审查规则仍然拘泥于算法本身不能受到专利保护的"限制

---

① 《专利法》第 2 条：本法所称的发明创造是指发明、实用新型和外观设计。发明，是指对产品、方法或者其改进所提出的新的技术方案。实用新型，是指对产品的形状、构造或者其结合所提出的适于实用的新的技术方案。外观设计，是指对产品的整体或者局部的形状、图案或者其结合以及色彩与形状、图案的结合所作出的富有美感并适于工业应用的新设计。

② 《专利法》第 22 条：授予专利权的发明和实用新型，应当具备新颖性、创造性和实用性。新颖性，是指该发明或者实用新型不属于现有技术；也没有任何单位或者个人就同样的发明或者实用新型在申请日以前向国务院专利行政部门提出过申请，并记载在申请日以后公布的专利申请文件或者公告的专利文件中。创造性，是指与现有技术相比，该发明具有突出的实质性特点和显著的进步，该实用新型具有实质性特点和进步。实用性，是指该发明或者实用新型能够制造或者使用，并且能够产生积极效果。

③ 吴汉东：《人工智能生成发明的专利法之问》，《当代法学》2019 年第 4 期。

④ 如张吉豫：《智能时代算法专利适格性的理论证成》，《当代法学》2021 年第 3 期；王德夫：《论人工智能算法的知识产权保护》，《知识产权》2021 年第 11 期；狄晓斐：《人工智能算法可专利性探析——从知识生产角度区分抽象概念与具体应用》，《知识产权》2020 年第 6 期。

性思维"，①加之在审查标准中设置了"技术方案"这一较高的要求，从而使得部分算法创新成果，尤其是通用的共性基础算法创新成果的专利适格性并不明确。

最后，在现行专利权客体制度之下，部分商业模式创新仍然被排除在专利权客体之外。随着互联网技术的发展，以及数据处理设备性能的提升，商业模式正在日渐成为企业的核心竞争力之一。然而，新颖的商业模式虽然能够有效帮助企业获得融资或者占领市场，其也存在易于被公众获知且易于被抄袭模仿的问题，这使得新颖的商业模式不能长期为企业带来回报。这充分说明法律制度对商业模式的保护不力。究其原因：一方面是因为我国专利法未对商业模式的专利客体属性做出明确规定，仅仅明确了发明、实用新型、外观设计三种类型，从而使得商业模式的专利客体属性并未受到足够的重视。另一方面，尽管随着2017年《专利审查指南》的修订，我国商业模式的可专利性逐渐变得明朗。②但是，由于我国在对商业模式的专利审查时，执行的是一个较高的审查标准，即不仅仅局限于对商业模式的技术特性进行审查，而是更进一步对技术方案能否解决具体技术问题进行审查，从而导致很大一部分商业模式并不能取得专利权客体的资格，进而不能获得专利法的保护。

四 专利授权规则的一元性与技术多元性的区隔

(一) 专利审查程序的滞后性

专利审查机构所承受的巨大压力可以从大量专利申请的积压中充分反映。不幸的是，在互联网时代，这一态势可能会进一步强化。如何优化我国专利审查机制以应对互联网时代对专利审查效率的需求，是未来我国专利制度改革的重要内容。

专利权的取得与著作权的自动取得制度不同，需要经过国家专利行政管理部门的审查与授权。根据我国《专利法》的相关规定以及国家知识产权局的官方回答，一项发明专利自专利申请到最终的授权，所需时间平

---

① 张吉豫：《智能时代算法专利适格性的理论证成》，《当代法学》2021年第3期。
② 2017年《专利审查指南》第二部分第一章第4.2节第（2）项：涉及商业模式的权利要求，如果既包含商业规则和方法的内容，又包含技术特征，则不应当依据《专利法》第25条排除其获得专利权的可能性。

均为 3 年。这对于传统技术方案而言是可以接受的，毕竟其技术寿命相对较长，在获得专利授权之后的很长一段时间仍然具有显著的经济价值。但是，这种水平的审查效率在互联网时代则明显是不适应的。在互联网时代，技术创新不再是以线性方式而是以指数方式发展，呈现加速发展状态，这在国际上被称为技术进化的加速回报定律。① 工信部公布的《2013 年移动互联网白皮书》指出，移动互联网产业迭代周期由 PC 时代的 18 个月缩减至 6 个月。在 2016 年由 360 公司发布的《互联网专利界定及相关问题研究报告》指出，现今中国互联网公司的平均寿命只有 3—5 年，每一年自然死亡率在 20%—30%，而近两年这一寿命周期变得更短。② 在此背景下，如果仍然按照之前的审查速率来审查互联网技术的可专利性，其结果很有可能是技术方案在获得专利授权时已经没有了经济价值，甚至发明创造该技术方案的主体都已经不在了。以商业模式创新为例，商业模式专利的授权率低、审查周期长，使得越来越多的企业的专利申请在还没有发挥作用之前，就已经面临商业模式更新换代的问题，其专利既起不到保护作用，也无法达到维权的目的。基于此，通过制定专门的互联网技术审查机制或者说改善现有审查机制是未来我国专利制度改革的重要内容。

（二）专利审查标准的不适应性

在判断某一客体的可专利性时，不可避免地要根据专利法中新颖性、创造性、实用性的标准对这一客体进行审查。而且，"三性"标准的适用，除了基于发明专利、实用新型专利以及外观设计专利这一专利客体分类而有所区别之外，并没有根据技术方案所存在科技领域不同而作区别性的安排。但是，进入互联网时代，人们发现，互联网领域的技术方案一方面具有可专利性的必要性与合理性，另一方面却经受不住专利法"三性"标准的严格审核。究其原因，乃是因为互联网领域的技术方案与传统技术方案事实上是存在区别的，以至于并不适宜采取相同的标准来对其可专利性进行评价。

---

① 国务院发展研究中心"国际经济格局变化和中国战略选择"课题组、戴建军、熊鸿儒：《全球技术变革对国际经济格局的影响》，《中国发展观察》2019 年第 6 期。

② 《互联网专利新挑战：迭代快与微创新如何进行专利保护》，https：//m.21jingji.com/article/20160606/herald/0f040d62b417b7d43c155a3e0d767697.html，最后访问日期：2022 年 2 月 21 日。

首先是新颖性标准的不适应。对于新颖性①的判断，主要是通过将技术方案与现有技术进行比较而判断，即经过本领域的技术人员对现有技术进行检索比对，判断二者的技术特征是否相同。但是，这一具体操作方法在互联网领域的运用则存在明显的困难，尤其是对算法技术的审查过程中。基于"训练数据+预测数据"模式的人工智能算法，通过对不同的数据进行搜集、学习，最终生成涉及不同领域的智能发明。②这一方面使得新颖性的判断主体难以准确选择，无论以哪个领域为基础确定判断主体，所选择的主体都很难说是属于"本领域"的技术人员。另一方面也极大地扩展了作为比对对象的现有技术的存续范围，而专利行政部门的现有技术检索能力和资源都是有限的，很难对所有的现有技术文献进行检索发现，更不可能实现对其进行一一比对，这无疑会增加新颖性判断的难度和准确度。

其次是创造性标准的不适应。在专利审查实践中，创造性③的判断通常要经过三个步骤：第一，以本领域一般技术人员的视角去判断技术方案是否属于"显而易见"；第二，从客观实效的角度判断技术方案是否具有显著的进步；第三，结合其他因素进行综合考虑，这些因素包括：是否解决了人们一直渴望解决但始终未能获得成功的技术难题，是否克服了技术偏见，是否取得了预料不到的结果，在商业上获得成功。

创造性标准及其具体操作方法的适用在互联网时代可能会失灵，这充分体现在以下几个方面：第一，"所属技术领域的技术人员"的确定难。创造性的判断需要确定发明创造所属的技术领域，方能进一步选定用来比对的现有技术，而互联网时代的发明技术创造性判断首要的难题就在于所述技术领域的判断，因为互联网时代的发明技术往往可以归属于多个领域。以人工智能技术为例，人工智能技术至少涉及及《国际专利分类表》中所列的 8 个技术领域。④ 基于此，同时完全知晓技术方案所涉及领域的

---

① 《专利法》第 22 条第 2 款：新颖性，是指该发明或者实用新型不属于现有技术；也没有任何单位或者个人就同样的发明或者实用新型在申请日以前向国务院专利行政部门提出过申请，并记载在申请日以后公布的专利申请文件或者公告的专利文件中。

② 姚叶：《人工智能算法的可专利性问题研究》，《创新科技》2021 年第 9 期。

③ 《专利法》第 22 条第 3 款：创造性是指与现有技术相比，发明具有突出的实质性特点和显著的进步。

④ 张洋：《论人工智能发明可专利性的法律标准》，《法商研究》2020 年第 6 期。

所有技术知识、获知所有现有技术的技术人员也很难准确选择。而对于人工智能技术而言，确定创新性判断主体的困难还进一步延伸到"到底是本领域普通技术人员抑或本领域普通人工智能"①。第二，现有技术的确定难。与新颖性的判断一样，创造性判断同样需要确定现有技术，只不过创造性判断对现有技术的运用更加强调点对点的比对。但无论如何，创造性的判断都要建立在全面整合现有技术并进一步确定其中最接近的现有技术的基础之上。如前所述，无论是全面整合现有技术还是确定最接近的现有技术，在互联网领域，都是很困难的。第三，"具有显著技术进步"的技术要求适用于所有发明技术并不合理。这主要是针对"互联网+"背景下的商业模式创新而言。商业模式创新的专利客体属性已经在很多国家和地区获得认可，我国理论界的很多专家学者对此也表示认同。但是，以用户体验上的革新与进步为核心价值的"互联网+"商业模式上的创新，显然不同于专利法所强调的技术方案的创造性。若仍然以传统的"显著技术进步"为标准，则"互联网+"商业模式上很难满足现行专利法对专利权客体创新性的要求。但这并不意味着"互联网+"商业模式不属于人类创造性的智力成果。事实上，正是基于其在商业模式上的显著创新性，给经营者带来强劲的差异化竞争优势。

最后是实用性标准的不适应。实用性②包括三层含义，一是技术方案的可实施性，二是实施的可再现性，三是实施效果的有益性。但是以算法为典型代表的互联网技术并不能完全满足实用性标准的要求，这主要体现在以下两个方面：第一，技术方案的属性不明。实用性标准是针对技术方案而言的，我国当前《专利审查指南》对算法专利的要求就重点强调了这一点。但是，随着算法在包括经济学、音乐、艺术、心理学、语言学和文学在内的文科领域得到了广泛的应用，其"技术方案"的属性有时候并不是很明确。也正是因为如此，有学者主张"技术方案"判断步骤的功能应限制为仅将明显不满足技术性的申请排除在专利适格范围之外。③ 第二，实施的再现性不明确。所谓的再现性，是指本领域的技术人

---

① 刘友华、李新凤：《人工智能生成的技术方案的创造性判断标准研究》，《知识产权》2019年第11期；周围：《"互联网+"商业模式保护路径初探》，《兰州学刊》2019年第9期。

② 《专利法》第22条第4款：实用性是指发明或实用新型申请的主题必须能够在产业上制造或者使用，并且能够产生积极效果。

③ 张吉豫：《智能时代算法专利适格性的理论证成》，《当代法学》2021年第3期。

员，根据公开的专利技术信息，能够将该技术内容转化实施并解决专利权人所指向的技术问题。这种重复实施不得借助公开技术信息所包含内容之外的要素，并且实施结果具备较强的稳定性。但是在算法领域中，尽管算法是由人设计的，算法技术一经完成并投入使用，就很容易脱离人类的掌控而进入自主运行的模式。在此情形下，要对算法技术进行"可再现性"检测往往是很困难的。

五 专利侵权救济规则执行的相互制约性

在互联网时代，专利侵权救济规则的滞后性主要体现在两个方面：一是网络服务者专利侵权规制制度的缺失；二是传统专利侵权判定规则在新的技术环境下失灵。

专利侵权活动在互联网背景下的一个重大特点就是专利侵权活动由线下发展到线上，这一转变引出了关于网络服务提供者法律责任问题的广泛讨论。通说认为，尽管实践中网络服务提供者很少作为直接侵权人而存在，但在很多直接侵权行为中提供了必要的帮助。为此，在2009年的《侵权责任法》（已失效）、2018年的《电子商务法》以及2020年的《民法典》中都有关于网络服务提供者法律责任的专门条款，也即是学界所说的"通知—删除"规则。从上述法律规范的适用范围以及"通知—删除"规则的字面含义来看，"通知—删除"规则当然应当适用于网络领域的专利侵权活动。但是，不少学者认为，不应当将著作权领域的"通知—删除"规则轻易地引入专利和商标等其他知识产权领域。[1] 理由是"通知—删除"规则对于制止专利侵权行为并不具有实际意义，而且让网络服务者承担判定是否侵权是一个不现实的任务。受此思想的影响，《专利法》第四次修订虽然为了加入网络服务提供者的法律责任而几易其稿，但最终通过的《专利法》并未对网络服务提供者的责任进行规定。尽管如此，学界仍然深刻意识到基于网络领域专利侵权活动的泛滥，在《专利法》中明确网络服务提供者的责任有其必要性与可能性。为此，部分学者从积极

---

[1] 李明德：《"通知删除"制度在专利侵权领域的适用——威海嘉易烤生活家电有限公司诉永康市金仕德工贸有限公司、浙江天猫网络有限公司侵害发明专利权纠纷》，《中国发明与专利》2018年第7期；吴汉东：《侵权责任法视野下的网络侵权责任解析》，《法商研究》2010年第6期。

角度提出将《侵权责任法》第 36 条规定纳入专利法的具体方案;① 还有部分学者对《专利法》的规定提出了批评，指出否定"通知—删除"规则适用于专利领域，既与权益保护优位于促进网络产业发展的法律价值取向相悖，又系对专利权的不当限制。② 事实上，基于网络侵权泛滥维权难、网络服务提供者具备承担必要义务的能力、司法机关的认可与适用等现实因素，理应在《专利法》中增加相应条款，以明确网络服务提供者的法律责任，加大专利权的保护力度，避免网络空间成为专利保护的法外之地。

互联网技术发展对专利侵权制度的另一重大影响在于，伴随着人工智能、云计算、大数据、物联网等新技术在经济社会的广泛运用，一些非典型的专利侵权行为相继出现，对传统专利侵权判定规则发起挑战。

首先，人工智能发明创造过程中专利侵权认定的困难。现行人工智能已经具备了开展发明创造活动的能力，人工智能在发明创造过程中，为了满足技术功能的需要，有可能涉及实施他人的专利，也有可能生成与他人专利并无实质性差别的发明，导致存在侵犯他人专利权的潜在风险。如果人工智能生成发明创造的过程中侵犯他人专利，就会产生一个实质性的难题，即到底谁是侵权责任主体。除此以外，人工智能生成发明中专利侵权呈现多主体、多步骤的特点，往往会涉及多方主体参与问题。③ 在此情况下，侵权行为的定性、各主体之间责任的划分等，都将成为人工智能专利侵权判定中不可回避的问题。显然，这些问题回答必将对传统专利法"人类发明者中心主义"原则产生重大影响。

其次，云计算专利侵权对专利间接侵权行为的认定以及"全面覆盖原则"的冲击。云计算专利多为方法专利，可以由单个主体实施，也可以由多个主体实施。当一项云计算专利被多个主体实施，被告仅仅是实施了部分专利步骤，剩下的步骤由他人实施，或者被告没有实施专利的任何步骤，而是由其他多个主体分步骤实施了专利技术。对此情形，我国专利法

---

① 王迁：《论"通知与移除"规则对专利领域的适用性——兼评〈专利法修订草案（送审稿）〉第 63 条第 2 款》，《知识产权》2016 年第 3 期。

② 刘建臣：《"通知—移除"规则适用于专利领域的理论困境及其破解》，《知识产权》2019 年第 1 期。

③ 孜里米拉·艾尼瓦尔：《人工智能发明创造中的专利侵权困境及其应对》，《中国科技论坛》2021 年第 4 期。

并没有明确规定相关规制措施，而是通过司法解释确认了专利引诱侵权与帮助侵权的法律责任，这本身即构成我国专利间接侵权机制的不足。更甚的是，鉴于我国司法实践一直以来对专利间接侵权的认定持谨慎态度，这种由多方主体共同完成专利技术步骤的行为将更难以被认定为专利间接侵权行为。不仅如此，由于云环境是基于互联网上的服务平台，且本身具有一定的虚拟特征，所以现实世界中的地域性特征在整个云计算中无法显现，以至于一项云计算专利的每一个技术步骤实施地都可以是全球任何一个地方。如果某个市场主体实施一项云计算专利，部分步骤在国内完成，部分步骤在国外完成，那么该市场主体侵权行为的认定就变得更加困难了。在"全面覆盖"侵权认定规则下，将境内缺失的相应技术特征纳入侵权行为中考察是判定具有跨境因素的行为是否构成侵权的关键。但是，囿于一国专利法的效力范围仅限本国领域内，法院直接将跨境要素纳入比对范围又缺乏法律依据。因此，潜在侵权人只要将被控侵权结构的部分组件或步骤置于境外，就可以轻松实现侵权责任的规避。①

最后，3D打印技术亦对传统专利侵权判定规则发起了挑战。按照关于专利侵权构成要件的经典理论，专利侵权的构成必须建立在生产经营的目的基础之上，这也得到我国《专利法》的认可。② 但是，在3D打印相关的专利侵权中，实施专利侵权行为的主体往往都是普通消费者，而普通消费者个人性的打印行为往往难以与"生产经营目的"挂钩的。③ 显然，按照专利侵权构成要件的经典理论，很难将普通消费者的3D打印行为认定为专利侵权行为。但是，在一个人人均可成为制造家的时代，如果将普通消费者的3D打印行为完全排除在侵权行为之外，无疑会使专利权人的利益受到严重的损害。

---

① 刘友华、张妙：《云计算专利跨境侵权认定问题研究——美国的经验与借鉴》，《知识产权》2016年第9期。

② 《专利法》第77条。

③ 刘毕贝：《3D打印冲击下专利侵权制度应对的新思考》，《科技管理研究》2017年第18期。

第三节　外部因素：专利权保护规则变革的障碍

鉴于传统专利制度在互联网环境下的不适应，改革现有专利制度以使其适应信息经济时代的要求是专利制度完善的现实路径。然而，受制于制度变迁的路径依赖以及利益再平衡的困难等因素，以及受到互联网环境下技术类型的多样性、技术发展的迅捷性、技术使用的广泛性等多方因素的影响，专利制度变革的过程必然充满了荆棘。

一　专利权保护规则变革的路径依赖

（一）路径依赖理论与法律制度变迁

路径依赖理论是指给定条件下人们的决策选择受制于其过去的决策，即使过去的境况可能已经过时。路径依赖概念描述的是人类的当前行为对过去选择依赖性，人类的这种依赖性类似于物理学中的"惯性"，一旦我们为某一事业选择了特定路径，则该事业就被锁定在该路径上很难轻易改变。[1] 路径依赖理论最初起源于生物学界，被用来说明偶然性随机因素对物种进化路径的影响。不过，路径依赖理论真正受到广泛关注则是得益于美国学者保罗·A.大卫（Paul A. David）将其引入经济学领域，进而被经济学家布莱恩·阿瑟（W. Brian Arthur）将其运用于研究技术变迁。此后，美国著名经济学家道格拉斯·C.诺斯（Douglass C. North）在大卫和阿瑟的基础上，将路径依赖理论从技术变迁领域进一步拓展到制度变迁领域，形成制度变迁的路径依赖理论。诺斯认为，在制度变迁的过程中，同样存在基于收益递增效应而形成的自我强化机制，一旦制度的发展路径被设定好之后，它就会沿着既定的路径持续发展下去，即使这一路径在经过一定距离后已经慢慢失去效率。[2]

尽管路径依赖理论主要被运用于技术、经济领域，但是自从诺斯将其适用范围拓展到制度变迁领域之后，路径依赖理论亦开始受到法学界的重视，并被作为分析法律制度变迁的基础理论之一。在普通法领域，基于普

---

[1] 时晓虹、耿刚德、李怀：《"路径依赖"理论新解》，《经济学家》2014年第6期。

[2] 时晓虹、耿刚德、李怀：《"路径依赖"理论新解》，《经济学家》2014年第6期。

通法"遵循先例"的基本原则，使得路径依赖理论完美地适用于解释普通法的制度发展与变迁，以至于有学者认为，路径依赖是普通法发展的应然之义，甚至认为，路径依赖本身就是普通法的美德。① 不仅如此，普通法学者亦认为，路径依赖理论的具体内容对普通法的模式和变化过程产生重要影响，这是一个客观事实。根据美国学者欧娜·A. 海瑟薇的观点，路径依赖理论包括三个独立的分支，即递增回报路径依赖、进化路径依赖和排序路径依赖。虽然每一条分支都有其具体和独特的特点，但它们都有一个中心观点：在每一条分支中，一个结果或决定是由通向它的路径以具体和系统的方式形成的。这些路径依赖的每一分支反过来都对法律体系的变化过程和模式有着重要的影响。② 同样地，路径依赖于中国法律发展的影响也是显而易见的，法律工具主义理念、自上而下的强制性建构程式以及传统法律文化中的糟粕性因素构成了中国法律发展之"路径依赖"的主要原因。③ 事实上，进入21世纪以后，不少学者开始运用路径依赖理论研究中国法律制度的发展变化，并取得较为丰硕的成果。④ 而作为现代法律体系中的重要一员，专利制度的变迁同样深受路径依赖理论的影响。

（二）路径依赖影响专利制度变迁的具体表现

1. 专利制度于"人类发明者中心主义"原则的依赖

受"人类中心主义"的哲学观和人类科技发展水平的影响，近代专利法构建起了以"人类发明者中心主义"原则为基石的专利主体制度。在此理论基础上，专利法中的发明人、专利权人、专利侵权人以及专利侵

---

① Frédéric G. Sourgens, "The Virtue of Path Dependence in the Law", *Santa Clara L. Rev.*, No. 2, 2016.

② Oona A. Hathaway, *Path Dependence in the Law: The Course and Pattern of Legal Change in a Common Law System*, Available at SSRN: https://ssrn.com/abstract=239332，最后访问日期：2022年10月22日。

③ 刘同君：《当代中国法律发展的困境与超越——基于路径依赖视角的考察》，《法学杂志》2010年第1期。

④ 相关成果如季卫东：《中国的司法改革：制度变迁的路径依赖与顶层设计》，法律出版社2016年版；张建伟：《法与金融学：路径依赖与金融法变革》，《学术月刊》2005年第10期；刘同君：《当代中国法律发展的困境与超越——基于路径依赖视角的考察》，《法学杂志》2010年第1期；韩毅：《"路径依赖"理论与技术、经济及法律制度的变迁》，《辽宁大学学报》（哲学社会科学版）2010年第3期；周天舒：《中国公司治理法律规则发展模式的再探讨：一个路径依赖的视角》，《中国法学》2013年第4期，等等。

权责任主体都只能是自然人或者拟制人,而且主要是自然人。"人类中心主义"的实质是一切以人为中心,① 人以外的其他一切事物在顺位上都是靠后的,甚至可以为了人的利益而被牺牲。毫无疑问,"人类中心主义"是一种伟大的思想,它建立在自我生存维持与自我中心的生命本质基础之上,它的实践促使人类不断地去发挥自己的创造能力,改变自己从属于自然、依附于自然的地位,于人类的生存与发展具有重要意义。与此同时,与近代专利主体制度相适应,基于人类科技发展水平的限制,专利法意义上的发明者只是表现为自然人,即使是法律上的拟制人(法人或非法人组织)作为专利权人、专利侵权人以及专利侵权责任人等其他专利主体,也都是建立在自然人是发明人的基础之上的。因此,传统专利法的"人类发明者中心主义"原则有其合理的理论基础与现实基础。

自 20 世纪中叶以来,伴随着日益严峻的环境问题,学界开始重新审视"人类中心主义"思想的合理性,并在此过程中形成了完全与之相反的"生态中心主义"思想。由于存在"人类中心主义易于走向人与自然关系上的'主体论',即以掠夺式征服自然为特征的'人类沙文主义';非人类中心主义则易于从客体来要求主体,极端的便走向'客体论',即对人的主体地位完全否定"②的弊端,现代主流哲学思想已经对绝对人类中心主义思想进行了调整,即从绝对人类中心主义走向相对人类中心主义。③ 因此,专利法"人类发明者中心主义"原则的理论基础已经开始动摇。不仅如此,进入互联网时代以后,随着人工智能技术的快速发展和广泛应用,只有自然人可以从事发明创造活动的"客观事实"已经不再"客观"因而也不再是"事实"。在人工智能时代,人工智能不仅能够作为自然人发明者的辅助手段或工具,还可以与自然人合作开展发明创造活动,甚至可以独立地完成发明创造活动。正是这一变化直接动摇了专利制度"人类发明者中心主义"理论,也促使学界开始广泛地讨论人工智能在专利法上的主体资格。

然而,在当下这场热烈的讨论和激进的实践中,尽管有学者主张应当

---

① 余谋昌:《走出人类中心主义》,《自然辩证法研究》1994 年第 7 期。
② 陈忠:《以人为中心的多极主体化——对人类中心主义与非人类中心主义的一点思考》,《哲学动态》1995 年第 6 期。
③ 邱耕田:《从绝对人类中心主义走向相对人类中心主义》,《自然辩证法研究》1997 年第 1 期。

肯认或有条件地肯认人工智能发明创造者的身份,[1] 部分国家和地区也以法律实践的方式对人工智能发明者身份予以支持，例如南非和澳大利亚，但是，当前学界多数学者仍然对此问题持否定态度。他们或者认为，"人工智能对生成的技术方案虽具有'创造性贡献'，但由于欠缺'自由意志'与法律主体资格，不能成为专利法上的发明人";[2] 或者认为"由于人工智能不具备欲望的机制，它不具备主体性；而将人工智能拟制为法律主体，当前并无迫切的现实需要，也缺乏可行性"[3]，等。事实上，即使是支持人工智能发明者地位的部分专家学者也并不主张立刻对现有专利主体制度做出实质性的变化，而是要等到将来的时机成熟。[4] 与此类观点相呼应，以美国、英国为代表的前沿国家则仍然坚守发明人必须为自然人的传统观点，而我国最新修订的《专利法》亦未对此问题做出任何回应，这在事实上是以默认的方式否定了人工智能的发明者主体地位。毫无疑问，随着经济社会环境和科技发展水平的突变，仍然坚守原有的专利主体制度显然已经不合时宜。但是，由于对既有理论（人类发明者中心主义）和制度（民事主体制度、专利主体制度）的强烈依赖，多数国家仍然选择维持原样。从反面的角度，南非与澳大利亚之所以承认人工智能的发明者地位，乃是因为南非《专利实施细则》和澳大利亚《专利法》没有任何条款否认人工智能的发明者地位，因此，南非与澳大利亚做出此种选择，这本身亦可算是一种路径依赖。

2. 专利制度对于"激励创新"理论的依赖

关于专利制度的正当性学说，学界主要形成了四种理论，即劳动财产权理论、人格财产理论、专利竞赛理论和专利激励理论。这四种理论形成于不同的历史时期，并从不同的价值角度和利益方向证成专利制度的正当性。但是，激励创新理论无疑是现代专利制度最重要的立法目的

---

[1] 参见吴汉东《人工智能生成发明的专利法之问》，《当代法学》2019年第4期；刘强《人工智能对知识产权制度的理论挑战及回应》，《法学论坛》2019年第6期。

[2] 刘友华、任祖梁：《人工智能发明人资格再探——兼评DABUS案的影响》，《武陵学刊》2022年第2期。

[3] 龙文懋：《人工智能法律主体地位的法哲学思考》，《法律科学》（西北政法大学学报）2018年第5期。

[4] 参见吴汉东《人工智能生成发明的专利法之问》，《当代法学》2019年第4期；吴高臣《人工智能法律主体资格研究》，《自然辩证法通讯》2020年第6期。

与正当性依据,① 这可以从典型国家的立法实践得以证实。例如,《美国宪法》第 1 条第 8 款规定,②《日本专利法》第 1 条规定,③《韩国专利法》第 1 条规定,④ 等等。我国 2020 年《专利法》第 1 条亦明确规定"……鼓励发明创造,推动发明创造的运用,提高创新能力……"是其立法目的。究其原因,则是因为专利制度在行为后果主义标准检视下的优异表现。诚如诺斯等所言,在知识产权制度产生之前,对创造的激励是偶然的,因此技术的发展是缓慢的,但是,建立了系统的知识产权制度以后,技术进步则是持续稳定的。⑤ 值得说明的是,专利激励理论最初作为证成专利制度正当性的理论工具而产生,但在随后的发展进程中其适用范围得到进一步拓展,成为检视专利制度合理性的标准之一,进而影响到专利制度的变革。并且,随着该理论的不断强化,已经成为现代专利制度的强烈依赖。

在互联网时代,正是由于专利制度对于激励创新理论的强烈依赖,为现代专利制度的变革——人工智能能否成为专利法上的主体、人工智能生成物能否成为专利权的客体,制造了人为的障碍。激励理论影响专利制度变革的具体路径体现为:专利制度的正当性基础和价值功能是激励创新,任何不能体现这一正当性基础或实现该价值功能的制度安排都是不合理的。遵循这一逻辑,由于人工智能不具有可激励性,因而不能够成为专利法上的主体,人工智能生成物亦不具有专利客体的属性。⑥ 但是,任何理论都是构建于实践之上,是对经验的概括与抽象。因此,当实践与经验发

---

① 马一德:《专利法原理》,高等教育出版社 2021 年版,第 21 页。

② 《美国宪法》第 1 条第 8 款:为促进科学和实用技术的进步,保障作者和发明者在一定期限内对其作品和发明享有独占权利。

③ 国家知识产权局条法司组织翻译:《外国专利法选译》(上),知识产权出版社 2015 年版,第 2 页。

④ 国家知识产权局条法司组织翻译:《外国专利法选译》(上),知识产权出版社 2015 年版,第 194 页。

⑤ [美] 道格拉斯·诺思、罗伯斯·托马斯:《西方世界的兴起》,厉以平、蔡磊译,华夏出版社 1999 年版,第 126 页。

⑥ 相关论述参见:Pamela Samuelson, "Allocating Ownership Rights in Computer-Generated Works", *University of Pittsburgh Law Review*, Vol. 47, 1985; Ralph D. Clifford, "Intellectual Property in the Era of the Creative Computer Program: Will the True Creator Please Stand up?", *Tulane Law Review*, No. 6, 1997;刘友华、任祖梁《人工智能发明人资格再探——兼评 DABUS 案的影响》,《武陵学刊》2022 年第 2 期,等。

生了变化，具有依附性的理论理应作出调整。更何况，尽管激励理论在解释专利制度的正当性上具有较强的适应性，但激励理论自其形成之始就受到来自各方面的质疑，例如专利制度在带来经济回报的同时亦伴随巨大社会成本、激励理论在计算机软件和半导体产业中并不重要、创新是人类的天性无须激励等。

3. 专利制度对于客体法定规则的依赖

专利权的客体即能够得到专利法保护的对象。在现行专利法体系中，专利权的客体主要是由法律予以明确规定，即任何一项发明创造要想获得专利授权，首先必须属于专利法明确规定的客体范畴，并且不属于专利法所明确排除的对象，这一规则称为专利客体法定原则。例如，《美国专利法》第101条规定，专利权的客体仅限于"方法、机器、产品或者物质的合成"四种情形；《德国专利法》第1条、《日本专利法》第2条都将专利权的客体限定在发明的范围以内；我国《专利法》第2条则规定可专利主题包括发明、实用新型和外观设计。在专利客体法定原则之下，任何新的对象要想获得专利法的保护，必须通过立法的程序进入到专利客体制度之中。专利法旨在保护创新并借此提升社会的经济效益和福利水平，同时平衡创新者利益与社会公共利益。为实现上述目标，哪些对象能够成为专利权的客体必须由专利法进行明确规定。

专利客体法定原则有其正当性基础，但是也客观带来新事物难以走进专利客体范畴以内以及专利客体制度突出的路径依赖的后果。自20世纪中叶以来，随着互联网技术、基因技术、人工智能、大数据、云计算等高新技术的现代化发展和市场化运用，一些新的技术成果应运而生，典型的如计算机程序、商业模式、基因技术以及人工智能算法等。这些技术成果一方面具有显著的经济价值，具有给予专利法保护的需求，另一方面又与各国专利法法定的专利权客体存在区别，从而不能简单地将其纳入专利权客体的范畴，进而引起理论界和实务界的广泛讨论。对于这些新的技术成果是否应当被纳入专利权客体范畴，反对者多从专利权法定客体类型出发，认为其不属于专利法所明定的类型，进而拒绝对其进行进一步的评价。以计算机程序在美国专利法体系中的发展变化为例，以美国为代表的发达国家对计算机程序的保护大致经历了"专利保护—反专利保护—专利和版权保护"的发展历程。在从"可专利"到"反专利"的选择过程中，其主导因素就是计算机程序不是专利所保护的方法（Process），且大多数难以满足严格的可专利性要求。① 值得说明的是，尽管在一些国家和地区的专利法中，已然将计算机程序、商业方法、基因物质发现等纳入专利权客体范畴之内，但这种变化并非通过立法来实现，而更多是采取"解释主义"的方法，即通过《专利审查指南》的修订和完善，不断扩大"可专利主题"范围。这充分体现了专利法在客体制度上的路径依赖性。

4. 专利制度对专利审查规则的依赖

第一，专利主体适格标准的依赖。从人类发明者中心主义立场出发，任何发明创造只可能由有思维和创造力的自然人完成，这在各国专利法中得到一致认同。美国专利法虽未将由自然人完成发明作为授予专利权的特定门槛，但《美国专利法》第 100 条对发明人也解释为"发明或者发现专利发明的个人（individual）或者多人"。我国《专利法实施细则》第 13 条规定，发明人"是指对发明创造的实质性特点作出创造性贡献的人"，这里的"人"显然是指自然人。基于这一立法规定，主体是否适格成为专利审查人员在进行专利申请审查时首先需要核实的问题，而这也成为众多专家学者口中影响人工智能生成技术可专利性的首要障碍。就目前各国的专利实践来看，这一障碍不仅仅停留在理论层面，也在事实上被执行。美国、英国和欧洲专利行政部门在 DABUS 案中都明确否定了人工智能的发明者主体地位。值得说明的是，就连最初认可 AI 可以作为专利发明人的澳大利亚也在上诉审中推翻了初审法院的裁定。尽管专利法更关注的是发明本身的实质贡献，而并不在乎"人类精神"因素的存在，② 但目前各国法律实践表明，主体的自然人要求在未来的一段时间仍将被多数国家所依赖。

第二，"专利三性"标准的依赖。在进行客体适格性审查以后，"专利三性"的判断将成为专利审查人员的重要工作，也是最富挑战性的工作。所谓的"专利三性"即新颖性、创造性、实用性，是一项发明创造要能够转化为专利技术所必须具备的条件。对此，尽管世界各国在具体表述上可能存在差异，但这一要求在世界上建立了专利制度的国家几乎是一致的。"专利三性"之所以能够在世界范围内获得广泛的认可，乃是因为

---

① 唐昭红：《美国软件专利保护制度研究》，法律出版社 2012 年版，第 56 页。
② 刘友华、李新凤：《人工智能生成的技术方案的创造性判断标准研究》，《知识产权》2019 年第 11 期。

"专利三性"标准不仅能够实现专利制度的价值功能,还能在各方利益主体之间达致利益平衡,从而使得专利制度兼具稳定性与灵活性。基于此,"专利三性"成为专利法上最为经典的标准,受到各国专利法的依赖。这可以从现代各国专利法"专利三性"标准的发展历程得证:自"专利三性"形成以来,新颖性从国内新颖性,发展为混合新颖性,再到世界新颖性;创造性从依附于新颖性,发展为独立要件,再成为专利实质审查的核心;实用性从专利的最初要件,到现在的弱化,甚至虚化。[1] 与此同时,通过这一发展历程还可以发现,尽管针对不同产业领域和不同技术发展阶段,专利实质要件始终处于调整变化之中,但"三性"作为一项专利的必要条件,这一要求一直未有变化。

第三,专利审查期限的依赖。如前所述,根据我国《专利法》的相关规定以及国家知识产权局的官方回答,一项发明专利自专利申请到最终的授权,所需时间平均为3年。这一专利审查速率在互联网时代显然是不适应的,因为,正如工信部公布的《2013年移动互联网白皮书》指出的那样,移动互联网产业迭代周期由PC时代的18个月缩减至6个月。换句话而言,在现有专利审查机制之下,一项互联网发明技术在提交专利申请之后,可能要在其寿命终止以后方能获得专利授权,这显然是不合理的。解决这一困境的唯一办法即在于针对互联网发明技术设定快速审查通道。但是,这一要求对于现有专利审查机制而言显然是不可承受。由于专利申请数量持续快速增长、新技术发展对快速修改专利审查标准提出更高要求、不以保护创新为目的的非正常申请专利行为等因素的存在,已经使得审查人力和预算资源的压力日益增大。而精细化、差异化的审查机制不仅增加了审查单位、审查内容(首先需要进行技术区分),也提升了审查的难度(高效率的审查需要建立在更加熟练的审查技术之上)。

二 专利权保护规则变革中的利益失衡

(一)专利法中的利益平衡

利益作为人类社会中一个十分重要的社会要素,主导着人类社会的一切活动,包括个体的和群体的。在任何时代,任何人的任何行为都离不开特定的利益。然而,现实中的利益总是有限的,尤其是相对于众多的利益

---

[1] 吴汉东:《人工智能生成发明的专利法之问》,《当代法学》2019年第4期。

追求者而言更显短缺，加上利益主体各自都有最大化实现自身利益的倾向，造就了现实社会中众多利益冲突的必然性。哲学上的平衡是矛盾双方基于力量相当而处于一种相对静止的状态。这种理论体现在社会领域之中，则体现为各种相对力量在冲突与对峙中互相抵销形成均势进而进入一种相对稳定状态。以此为基础的利益平衡即是指，在一个体系中，各方势力相对和平共处、相对均衡的状态。利益平衡不仅是一种状态，也是一种过程。作为过程的利益平衡，主要是一种法律方法。作为一种解决利益冲突的法律方法，利益平衡通过"权利—权益"机制来实现冲突性利益的协调。法律通过利益平衡所要达到的平衡目标是，先满足最重要的和需要优先考虑的利益，然后使其他的利益最少牺牲。[①] 这种法律方法在立法与司法实践中均有所体现。

就专利法律制度而言，一百多年前，美国总统林肯在谈到专利制度的理性时指出，专利制度是为天才之火添加了利益之油。专利法律制度是一种通过赋予发明创造者或发明创造所有人以专有性权利，来促进新技术方案和新设计方案的创造、传播与利用，推动社会文明进步的法律制度，与利益存在"天然的"联系。专利法律制度所维护的利益专利权人的个人利益和社会公共利益，首先就构成一对矛盾体。尽管从哲学辩证法的角度，我们可以说个人利益与社会公共利益是统一的，公共利益是个人利益的总和，个人利益的实现有助于公共利益的实现，但二者的矛盾也是一个不可磨灭的。此外，众多个人利益之间也存在普遍的矛盾。在现实生活中，每一个权益主体都在专利法律制度的范围努力实现自身利益的最大化。由于资源的有限性，个体的对利益的追求和努力常常会指向同一个目标。此时，每个权利主体为了保护自己的正当利益不受侵犯或妨碍，必将与他人产生利益上的对峙。从哲学角度而言，这种现象是普遍而又必然的，也是不可能彻底消除的。因此，对围绕发明创造而产生的相互冲突的利益关系进行协调，是专利法律制度调整的核心内容。

在协调专利法律制度中的利益冲突时，有必要引入并切实贯彻利益平衡原则，并进行相应的制度设计。考察域外以利益平衡原则为基础构建的专利制度的运行效果，它通过事前合理公平地分配相关主体的权利和义

[①] 冯晓青主编：《知识产权法前沿问题研究》，中国人民公安大学出版社2004年版，第12页。

务，在相关主体发生利益冲突时借助利益评估、利益衡量来提供解决冲突矛盾的原则与方法，从而最大限度实现体系内部的和谐。

（二）"互联网+"产业形态与专利法中已有利益平衡机制的失衡

近年来，随着"互联网+"技术的发展，伴随着专利权客体范围的扩充，专利权人利益得到进一步强化。而且，基于资本的逐利性，具有突出经济价值的专利技术颇受资本的青睐。因此，资本方往往会成为专利权人的合作者，而专利权人一旦获得资本的加持，其力量会大大强化进而打破以专利技术为中心构建起来的平衡关系，以致损害他人利益和社会公共利益。不偏不倚谓之"法"。如果专利权利人的力量过分强大，以致社会公众利益受到忽视，进而使得社会公众陷入侵权的陷阱，丧失自由、举步维艰，其后果可能造成与专利权保护之初衷南辕北辙。反之亦然。

以电子商务中的专利人恶意投诉为例。专利权人恶意投诉又称专利权人恶意通知，指专利权通知人明知或应知无权通知或者通知依据不充分，仍然发起通知，从而给被通知人造成损失的行为。[①] 此外部分行为人大量囤积"申请审核门槛较低"的实用新型、外观设计专利后，以专利权人身份，向电商平台投诉其他卖家通过互联网销售侵犯他人专利权的商品；然后以撤诉为由，向卖家索要专利转让、实施许可费等高额钱款。这种囤积专利后选择如电商大促等特定时间索赔行为属于滥用专利权行为。电子商务产业是国家数字经济发展战略中重要的组成部分，其为我国的经济增长贡献出巨大的力量。然而，当前恶意投诉乱象频发，同行业竞争者通过恶意投诉，实现不正当竞争目的的情形较为常见。有个别商家为了打击竞争对手，会以专利侵权的名义在电商平台进行投诉，这样就会在短时间内下架竞争对手的热销产品链接，致使竞争对手错失销售时机。但专利侵权涉及专业性较强且难度较大的侵权判断，判断失误的概率高，实践中无疑加重了电商平台的审查义务，也使无辜的被投诉者遭受了不必要且难挽回的经济损失。电子商务领域中专利权人的恶意投诉行为打破了专利法中的利益平衡，不仅会妨碍平台内经营者的正常经营活动，给入驻平台的商家造成难以估量的经济损失，而且扰乱了平台内公平竞争的营商环境，不利于电商平台长期稳健地发展，阻碍该产业甚至"互联网+"产业形态的高质量发展。

[①] 李晓秋、李雪倩：《民法典时代电商平台专利恶意投诉之规制路径》，《南通大学学报》（社会科学版）2022年第4期。

进入智能化、数字化的"互联网+"产业形态，一方面，专利权权利人的可期利益和实际权益随着发明创造知识扩散超速度和信息传播高密度而显著增加；另一方面，发明创造知识或者产品投入在"互联网+"下很可能收益倍增或者十倍增、百倍增。可见，既有的利益平衡已经失衡。

（三）"互联网+"产业形态发展与专利法中利益平衡的再建之难

一般认为，在市场经济体制下，对作为产权的包括专利权的知识产权保护必不可少。但学术界对此一直有一些不同的声音，遭到一些经济学家的批评。比如认为保护知识产权是为了奖励发明，推动知识和技术的广泛运用，但知识产权的垄断可能导致交易成本的提高，降低社会效益，甚至限制知识和技术的传播。因此利益平衡是知识产权法中的关键性原则和机制。考察知识产权制度的发展历史可知，从知识产权制度萌芽产生以来，利益平衡原则贯穿于其发展的全过程，主导了知识产权制度的每一次重大变革。而细究国际上范式知识产权法的具体制度规范，无不都是在协调和解决知识产权人与社会公众之间的利益冲突。因此，可以说整个知识产权法在价值构造上主要表现为一系列的平衡模式和与此相适应的制度安排。[①] 从这个意义上讲，整个知识产权法都是一部利益平衡法，专利法亦不例外。专利法是在专利权人和包括专利权人的竞争对手在内的社会公众之间的权利义务的适当分配与均衡。[②] 我国《专利法》第1条规定，"为了保护专利权人的合法权益，鼓励发明创造，推动发明创造的应用，提高创新能力，促进科学技术进步和经济社会发展，制定本法"。从这一规定可以看出，我国专利法的目的具有多样性，包括专利权人合法权益的维护、鼓励发明创新、推动发明创造的运用、促进科技进步以及促进经济社会的发展，每一目的之后都对应着相应的利益主体。值得注意的是，专利法多个目的之间在事实上是存在冲突的。这就决定专利法不可能同时追求各个目的的最大化实现，而只能通过制度的精巧设计来实现各个目的之间的均衡。可见，任何时期的专利制度都是一定主体之间利益均衡的结果和体现。

专利制度上的利益平衡是一个永无止境的过程，对这种状况的不断追求也是专利法不断完善的过程。追求利益平衡是专利法的不懈追求，但任

[①] 冯晓青：《知识产权法利益平衡理论》，中国政法大学出版社2006年版，第62页。

[②] 冯晓青：《知识产权法利益平衡理论》，中国政法大学出版社2006年版，第127页。

何意义的利益平衡都是处于动态变化之中的,它依赖于特定的环境和条件。一旦这种环境和条件被改变,那么原先的利益平衡状态就将不复存在,新的利益失衡状态旋即形成,并将随着时间的推移而不断强化。这种失衡状态达到一定程度时,就会引起一场新的利益平衡运动。相对于最初的利益取舍与协调,利益再平衡显然更加困难。这一方面是因为制度"惯性"或者说制度的路径依赖,即制度本身的滞后性;另一方面是利益再平衡将会受到众多既得利益者的反对,从而使得利益再平衡的过程进展缓慢。

三 专利权保护规则变革中的技术局限

面对"互联网+"这一新型发展模式给技术发展和保护领域所带来的冲击和影响,专利权保护规则在一些问题的应对上呈现出明显的不适应,如前述的主体范围、客体认定、权利取得以及侵权救济等。这一结果与专利权保护规则制定的技术局限有着密切的关系。任何成文性法律都是通过立法专家按照一定的程序所设计(认定)并以文字予以表述出来的,这个过程也即规则的制定过程本身是存在技术局限的,这些技术上的局限在任何一部法律规则的制定过程中都有影响,专利制度亦不例外。正是受此技术局限的影响,专利权保护规则从破壳之际就已经存在先天不足,这些先天不足很大程度上影响到专利权保护规则的后天适应性。由于这些技术上的局限性是很难完全克服的,导致立法专家在后期的制度修订完善过程中仍然受制于此,进而再一次对制度规则的改变造成不利影响。从这一角度而言,专利保护规则制定和修订过程中的技术局限性,开启和延续了专利权保护规则在"互联网+"时代的不适应性,也构成专利权保护规则变革功效实现的主要障碍。值得注意的是,尽管笔者前面提到这些技术局限是难以克服的,但这并不意味着关注这些技术局限就没有意义。法律规则虽然不可能在任何时候、任何领域都是让人信服的,但确实存在特定条件下"最令人信服的结论",即法律是能够具备科学性的。[①] 研究和掌握这些立法过程中的技术局限,并在此基础上尽力减少该局限对规则制定和修订的影响,是有利于帮助人们找到"最令人信服的结论"的。

---

① 李琛:《论知识产权法的体系化》,北京大学出版社2005年版,第15页。

(一) 主观局限性：立法者理性的有限性

理性是人类所具备的重要品质，人类的行为受理性的支配，而动物则是在本能的驱使下活动。何为理性？关于理性一词内涵的讨论，西方思想史上最早可以追溯至古希腊时期，即古希腊的"逻各斯"（Logos）和"奴斯"（Nous）两个概念，在之后的历史进程中，人们对于理性的兴趣从未间断，不同时期人们对理性的内涵形成了独具特点的观点。加上理性一词向来都是哲学、心理学、社会学、政治学甚至数学等诸多领域的重要主题，因此，理性的内涵可谓非常丰富且多样。对此，笔者无意在此过多介绍不同时代不同领域不同学者对理性一词的内涵界定，仅从一般意义角度去理解理性。即，所谓理性是指人类能够运用理智的能力，它通常指人类在审慎思考各项客观的证据后，以推理方式，推导出合理结论的一种思考方式。据此，法律作为一种拟制性成果，属于人类理性的产物。因为法律是立法专家运用理智能力的结果。在立法过程中，无论是准确发现和抓取社会问题，抑或是结合现有相关规制制度判断是否有必要创设法律制度，还是在特定目的指引下综合本国国情并借鉴国外相关制度基础上具体设计出法律制度，任何一个环节都离不开理智能力的运用。因此，立法者的理性构成一部法律的重要基础，立法者理性的高度在很大程度上决定了一部法律的质量，进而最终影响到法律在具体实施中的适应性。

据此，一部法律的良好适应性必须建立在立法者的充分理性的基础上，然而，立法者的理性总是有限的，这构成法律制定技术中的主观局限性。关于理性的程度，在理论上存在绝对理性与有限理性的界分。18—19世纪，人们一度认为人的理性可以达至"绝对理性"的维度。但是，这一乐观主义的态度在进入 20 世纪后被越来越多的人证明是不现实的，"有限理性"理论由此诞生。有限理性概念最早由现代认知心理学家西蒙（Simon）所提出，其核心观点是人的理性只可能是处于完全理性与不完全理性之间，而且永远不可能达至完全理性。这一观点在现代社会中得到了广泛的支持。[1] 心理学家认为，由于受认知能力发展水平、非认知心理因素以及环境条件等众多因素的限制和约束，人的理性是有限度的。[2] 当代

---

[1] Herbert A. Simon, *Models of Bounded Rationality*, Volume1: *Economic Analysis and Public Policy*, Massachusetts: MIT Press, 1984, p. 1.

[2] 刘永芳：《有限理性的本质辨析与价值之争》，《心理学报》2022 年第 11 期。

知名数学家、物理学家诺桑·S. 亚诺夫斯基（Noson S. Yanofsky）也指出，人类的理性是有局限的，如果我们执意相信理性是无所不能的，就会被理性的局限所限制，从而导致缺乏足够的想象力和探索精神。① 有限理性当然适用于立法专家，立法专家理性的有限性决定他们所制定法律必然是不完美的，甚至是不具备可操作性的。例如，张军教授在其法学随笔中就谈到这样一个不具操作性的，某校园对驶入车辆要求限速不超过 20 公里，但据他观察，在不出现意外和拥堵情况下，几乎没有人会在这个限速内行驶。②

立法者的有限理性对法律适应性产生深刻的影响，具体主要体现在以下几个方面：首先，立法者的有限理性使得立法者不一定能发现和抓取真正的社会问题。法律的制定和运行是有成本的，只有在存在真正需要法律予以规制的社会问题时，方才会制定相应的法律。反之，如果立法者未能准确地发现社会问题，其制定出的法律的实施效果当然欠佳。其次，立法者的有限理性使得立法者并不一定能够准确判断法律制定的必要性。对于某一社会问题，如果已经存在相关法律制度予以规制，此时并不需要制定新的法律制度，即时制定出相应法律，也会因为调整范围的交叉重合而效果不理想。再次，立法者的有限理性决定了，其不一定能制定出有效解决相关问题的法律制度。最后，立法者的有限理性决定了，有时候即使立法者隐约地发现了需要解决的社会问题并正确地判断需要制定法律，但基于其对自身认知理性有限性的判断，此时立法者可能会选择暂时忽略它，直到人们对该问题有更为全面更深层次的了解后，再来制定相应的法律进行解决。例如，在 2020 年修订的《专利法》中，立法者并未对人工智能生成技术的可专利性、权利主体、权利归属等问题进行回应，在笔者看来，这并非立法者未发现该问题，而是他们认为目前该问题还未完全呈现在我们面前，立法者也还不能对该问题的解决形成相对成熟的方案，因而故意留待后面合适时机再来解决。

（二）客观局限性：语言文字的有限性

法律作为一种行动指南，必须能够为人所知悉了解，如果无法为人所

---

① ［美］诺桑·S. 亚诺夫斯基：《理性的边界：人类语言、逻辑与科学的局限性》，王晨译，人民邮电出版社 2023 年版，第 68 页。

② 张军：《法律人的理性与沉思》，中国民主法制出版社 2013 年版，第 54 页。

知，则无疑是一纸空话。①为了实现这一目的，现代法治文明都要求法律必须向社会进行公布，不认可秘密法的有效性。法律的公布与表达是通过语言文字来完成的，语言文字作为法律条文的载体，既是执法者实施执法行为的基础，也是普通大众认识了解法律进而遵守法律的桥梁。因此，语言文字的清晰性、完整性、精确性对于法律的实施具有至关重要的意义。

基于这一目的，成文法语境下的立法语言具有自身鲜明的风格和特质，明确性是立法语言最基本的要求。②法谚云："法律不明确，等于无法律。"只有明确的法律规范方能使公民清晰的预测基础上获得安全感，方能在划定权力行使界限的基础上保障公民基本权利，方能在避免权力滥用的基础上保证法律的统一性和权威性，也方能更快更公正地解决法律纠纷。为此，立法专家在立法过程中，都会尽量使用准确、简洁、庄重的语词来表达法律条文。亦如法谚说："法律暧昧或不确实，如令遵守，实属苛酷。"准确标准要求立法者必须使用清晰、合适、恰切的语词来表述法律规则，每一个词语、句子和段落的内涵与外延都是相对明确固定的。法谚云："简洁乃法律之友。"简洁标准要求立法者用词须符合语言经济原则，力求言简意赅，以简驭繁，还要注意在专业术语使用与通俗易懂之间实现平衡。"法律和法令是一种庄严慎重的东西。"③庄重标准要求立法语言要庄重严肃、威严冷峻，少用华丽辞藻而务求朴实无华。

法律语言追求明确性，立法专家也在这一道路上孜孜不倦地追求，但无论是多么睿智、专业、勤奋的立法专家，都不能从根本上避免法律语言文字的模糊性，这构成立法技术在客观上的局限性。法律是用语言来表达的，而语言具有多义性、模糊性和词义的可变迁性，这也就是哈特所说的"语言的开放结构"。当人们借助于语言技术来实现特定目的时，也就必然要忍受语言文字本身的缺陷。因此，对法律规则来说，"无论它们怎样顺利地适用于大多数普通案件，都会在某一点上发生适用上的问题，将表现出不确定性，它们将具有人们称之为规则开放结构的特征"④。法律语

---

① [美] 本杰明·N. 卡多佐：《法律的成长 法律科学的悖论》，董炯、彭冰译，中国法制出版社2002年版，第3页。

② 张建军：《立法语言的明确与模糊》，《光明日报》2011年3月1日第11版。

③ 《董必武政治法律文集》，法律出版社1986年版，第338页。

④ [英] 哈特：《法律的概念》，张文显等译，中国大百科全书出版社1996年版，第127页。

言文字的模糊性不可避免地会直接影响到法律制度的适应性效果,专利法也不例外。在理想层面,法律条文的语言文字(能指)与立法者想要表达的内容(所指)必须是完全对应的。如果能够达到这一要求,则法律制度的实施将会取得良好的适应性效果。但正是因为模糊性这一语言文字不可消解的属性,使得现实中"能指"与"所指"往往是不可能完全对应的,而且这种状况还会随着社会的发展变化不断地加剧,尤其是在受技术更迭影响较大的法律领域更是如此,如专利法领域。此外,法律语言文字的模糊性还通过阻碍法律变革来影响法律制度的适应性效果。这种阻碍不在于影响法律变革的进程,而在于影响法律变革的效果。以专利法为例,面对"互联网+"产业技术发展中的新问题,专利制度也必然要进行改革,但是受语言文字模糊性的影响,立法者针对这些新问题所设计的内容并不能完全准确地表达出来,进而就会影响专利制度革新成果的适应性效果。

(三) 目的局限性:确定性追求下的有限性

确定性是法律的重要特征,一个完全不具稳定性的法律制度最多只能被视为解决某一具体问题的方法。法律对于确定性(稳定性)的追求由来已久。对此,哈特维克勋爵在18世纪的时候就已经断言:"确定性是稳定性之母,因此,法律旨在于确定性。"[1] 拉德伯鲁赫也肯定地指出"法的确定性是法的基本的乃至首要的功能"。[2] 苏力教授也表达过类似的观点:"从社会学的角度来理解法律,法律的主要功能也许并不在于变革,而在于建立和保持一种可以大致确定的预期。"[3] 法对确定性或稳定性的追求具体体现在立法上则是,制定出来的法律除非明显不符合社会现实且不能通过法律解释方法予以适用,一般是不会轻易修改的。以我国《专利法》为例,基于专利制度与科技进步间的密切关联,专利制度的稳定性相对较差。尽管如此,我国《专利法》自1984年诞生以来,一共也只经历了四次修订,基本上控制在每十年修订一次。相较于现代世界中更新速度不断加快的科技而言,我国《专利法》的变动速率显然是相对滞后的。

---

[1] 转引自[美]埃德加·博登海默《法理学——法律哲学和方法》(修订版),张智仁译,上海人民出版社1992年版,第293页。

[2] 转引自李琦《法的确定性及其相对性——从人类生活的基本事实出发》,《法学研究》2002年第5期。

[3] 苏力:《法治及其本土资源》(第三版),北京大学出版社2015年版,第7页。

之所以如此，一个重要原因即是朝令夕改的法律制度是不符合法律本质要求的。

稳定性与确定性本身并不足以为我们提供一个持续有效的法律制度。法律必须服从进步所提出的正当要求。因此，我们有理由相信，法律虽然必须是稳定的，但也不可一成不变。但是，任何一部法律的变革过程都是缓慢而艰难的。个中原因当然是复杂的，而其中一个重要原因则是，在人类法律制度高度的借助于可视性工具（语言文字）予以体现的过程中，虽然有利于人们切身的感受法律并遵守法律，却也使其无法避免产生这样的缺憾：法律规范也随之变得相对僵硬。简单来说，即是法对于确定性的追求与塑造在一定程度上也构成法律变革的障碍。这种障碍的形成原理主要包括以下几个：首先，法对确定性的追求奠定了人们对于法律发展的基本基调，即尽量维持静止不变。这就使得任何主体，如果要提出变革法律的主张，必然只能在经过深入考察、周密论证、实践检验的基础上，小心谨慎地提出。即使如此，变革的主张通常也会遭受以法的确定性为基础的观点的针锋相对。其次，法对确定性的追求促使立法专家必须在运动与静止、保守与创新、僵化与变化无常这些彼此矛盾的力量之间谋求某种和谐，而这一目的的实现从来都是艰难万分，甚至永远都是难以实现的。此外，法对确定性的追求还使得法的解释适用方法不断优化完善，正是诸如扩大解释、目的解释、类推适用、漏洞填补等法律解释适用方法的充分实施，使得法律变革的进程得以延缓。

基于法对确定性的追求，使得法律的变革始终是在充满荆棘的路程中缓慢行进。渐进的变革过程一方面有利于维护法的稳定性，另一方面亦必然导致法的不适应性。就《专利法》而言，我国《专利法》在2020年修订过程中，专利权人的权益保护得到加强、专利转化实施得到推进、专利授权制度得到改进，但是在专利权主客体范围、专利权取得以及专利侵权救济等方面仍存在一些明显不足，进而使得其是在面对"互联网+"产业形态的复杂状况时，就难免发生反应不灵的情形。

本章小结

"互联网+"产业形态对现有专利权保护规则提出挑战。这是因为，我们处在一个时刻都在变化着的世界。为此，今天的法律不能成为明天的法律。而作为与科学技术密切相关的专利权保护规则，面对互联网、人工智能、云计算、区块链、大数据等新兴技术的袭来，亦呈现出一系列的不适应。究其原因，主要是因为形成于机器技术时代的专利制度效率释放已尽，同时基于路径依赖、利益再平衡本身困难、法律规范技术等因素又表现出变迁动力不足。因此，在高科技技术迭代更新日益加快的互联网时代，如何实现专利权保护规则在确定性与灵活性之间的和谐，是现今专利权保护规则实践所必须面对的问题，也是决定专利权保护规则在"互联网+"时代适应效果如何的重要问题。

第四章

提高"互联网+"产业形态下专利权保护规则适应性的路径及其域外实践

在"互联网+"产业形态中,专利权保护规则必须坚持两个导向:一是确保规范的有效性,根据经济社会变化对自身的内容作出相应的调整;二是保持规范的稳定性,以可预测的规范体系引导经济社会健康发展。这种调整和保持都体现了各国采用何种方式来塑造专利权保护规则的适应性机制。需要确定的是,"互联网+"带来的技术革命是全球性的,当前专利法面对的挑战并不是孤立而局限的域内问题,更多地体现为一种全球范围的共同关注。因此在论及提升我国专利权保护规则适应性的问题时,不能简单把问题视角限制在当下中国社会的语境中,可以从他国应对策略、治理模式中寻找经验。也即通过考察域外对新产业形态下专利权保护规则的讨论、创新与实践,力图从中外法制的比较研究中获得启发。以"扬弃"的态度学习域外先进的规制逻辑、司法理念,尊重但否定不合时宜、不符合我国现阶段国情的因素,完成对本土法治的先反思与再塑造。

第一节 提高"互联网+"产业形态中专利权保护规则适应性的逻辑理路

专利权保护规则的基本特性包含了保护规则的确定性和保护规则的灵活性,专利权保护规则的适应性可以消解和克服专利权保护规则确定性与保护规则灵活性间的紧张关系。在现代社会,适应性是其核心特性,而专利权保护规则适应性既是专利权保护规则的核心特性,也是现代知识产权法治社会的核心特性。

一 更新滞后的专利权保护规则:以确定性为中心

法律的确定性,亦称为法律的稳定性。因此,所有的法律思想都力图协调确定必要性与变化必要性这两种彼此冲突的要求。① 法的稳定性,首先指向法制系统与社会系统之间稳定的联系,确保法制系统在社会系统中占据稳定的控制地位。② 稳固的法治系统是社会治理的基石。作为理性的经济人,人们都有趋利避害,追求自身利益最大化的生物本能。稳定代表着可预测性。从社会学的视角出发,法律的主要功能在于创建和维持一种有迹可循的预期。法律的相对稳定性对于法律的实行与实现而言具有极其重要的意义。

实施稳定的专利权保护规则才能实现稳定的法律秩序。专利权保护规则涉及发明创造主体与社会公众之间的利益分配,稳定的规则对于人们的决策与妥善的行为安排具有重大意义。与此同时,稳定性也增强了法律的权威性。朝令夕改的法律无法让人们接受与信赖,必然也不会被人们遵守。在稳定性与权威性的双重作用下,人们可以借助专利权保护规则的具体规定预判他人的行为,清楚地了解自身权利的边界,在各自自由的范围内开展相关活动,从而提高社会运作的效率。

专利权保护规则清晰明确地规定了人们拥有的权利以及该权利的界限,划定出人们自由行动的时空范围,具有较强的可操作性。其中奖励与惩罚性质的具体规则实质上是对人们行为的肯定性与否定性评价,该种评价背后体现着立法者的价值选择以及利益取舍。在奖励与惩罚规则的适用过程中,立法者的价值观念就借助法律条文这一载体转移到社会系统之中。司法判例的公开与宣传又将立法者的价值观念植入了社会公众的内心,通过不断向公众灌输法律要求的方式,促使公众逐渐形成尊重法律、遵守法律的习惯。除此之外,具体的惩罚性规则通常由假定、处理和制裁三项基本要素构成,其中制裁部分由国家强制力予以保障,因此惩罚性规则对社会公众具有较强的威慑力。威慑力的形成能够起到约束人们自身行

---

① [美]罗斯科·庞德:《法律史解释》,邓正来译,商务印书馆2016年版,第4页。
② 周永坤:《论法的稳定性》,《苏州大学学报》(哲学社会科学版)1987年第3期。

为的作用，预先阻止部分违法行为的发生，降低社会治理的成本。法的强制作用为前述法的指引作用、评价作用、教育作用的发挥提供了有力的保障。在这四项法的规范性功能的共同作用下，运行顺畅的国家机制得以构建。

专利权保护规则的最大优势在于连续、稳定且高效。长期处于不稳定状态的专利权保护规则势必是不具有规范性的，同时不稳定性将导致无序状态的出现，进而影响法的效率价值的实现。从适用的角度上看，在司法实践中，稳定的专利权保护规则是落实"同案必须同判"规定的前置要件。"同案同判"是公正司法的必然要求，也是法的平等价值的充分体现，其作用在于保障案件本身实体公正的实现，纠正法律适用与法律解释方面的瑕疵，以此促进司法的科学化。2020年7月，最高人民法院颁布《关于统一法律适用加强类案检索的指导意见（试行）》，旨在健全完善类案检索制度，进一步统一法律适用，为"同案同判"规定的落地提供制度支撑，进而提升司法的公信力。2021年9月，《最高人民法院统一法律适用工作实施办法》出台，规定了9类案件必须进行类案检索，进一步明确了类案检索的情形和范围，旨在规范承办法官裁量权的行使，保障社会公平正义的实现。试想一下，倘若专利权保护规则长期处于变化的状态，司法机关的审判工作将因此受到极大的困扰。这种不确定性不仅降低审判的效率，而且还严重破坏司法的公信力，更谈不上实现"同案同判"的目标。由此可见，规则的稳定性在法的实施过程中发挥着举足轻重的作用。规则的稳定性保障着实施效果的公正性，也是专利法的目的得以充分实现的前提。

从守法的角度看，专利权保护规则的稳定性维系着人们对法律的信任，人们不会担心自己的行为因规则的任意调整，在法律上的评价突然由合法变为违法，因此人们愿意遵守专利法中的各项要求，相信按照规定行事能够获得可预期的利益，同时尽可能规避违反规则所要承担的违法成本，以此追求自身行为的社会利益最大化。长期处于不稳定状态的专利权保护规则势必减损法律的权威性，也不会得到人们的认同。法律不被认同就难以对人们的行为进行约束，专利权保护规则的实效将无法发挥。

专利权保护规则实效的发挥是一个层层递进的过程。首先，专利权保护规则实效的发挥能够激励拥有特殊才能的人尽其所能研发出有益于整个社会的发明创造。其次，专利权保护规则的有效实施还能进一步确认专利法在社会生活中的控制地位，提高企业对知识产权的重视程度，进而提早制定知识产权保护战略，同时加大对研发与产品更新的投资力度，以此增强企业自身的核心竞争力。再次，良性的竞争激励着创新，稳定的规则保障着秩序。各大企业的竞争将为市场注入源源不断的活力，促进国内市场经济的健康发展。最后，综观国际经贸风向，知识产权的保护状况已经成为国际社会评估一国市场投资、贸易环境的重要指标。[①] 健康有序的国内市场环境又为技术引进提供了具有吸引力的投资环境，新技术的引进将推动我国经济的发展。

综上所述，无论是从适用的角度，还是守法的角度，稳定的专利权保护规则的重要性都是不言而喻的。专利权保护规则的稳定性是规则实效发挥的前提，而充分发挥专利权保护规则的实效才可能对社会产生积极影响，增进整个社会的福利。

二　消除专利权保护规则变革障碍：以灵活性为补充

法律必须确定，但又不能一成不变。当社会各方利益的新情况或影响国家安全的新形式出现，法律须得根据社会生活情态的不断变化作出新的调整。这样，法律秩序就必须兼具稳定性与灵活性。

当下，人类已经从互联网信息时代迈入了智能信息时代，人工智能技术的发展蒸蒸日上，势不可挡。技术的发展不仅仅在于研发经费的投入，更重要的是需要相关制度的支持。这种支持作用得以发挥的原理在于通过制度对社会的调节，进而培育出适合新兴产业发展的社会环境，当然此处需要满足一个重要的前提——制度与社会系统之间的联系要保持稳定。也就是说，制度首先需要适应社会发展的变革。在人工智能技术浪潮的席卷之下，世界各国纷纷将其纳入战略规划与公共政策领域，我国也从2015年起开始人工智能产业发展的部署。相关政策文件的陆续发布传递出新的政策目标，这意味着国家对人工智能产业的高度重视与大力扶持。政策文件的实施将对社会产生新的作用力，促使社会各界朝着政策目标制定的方向前进。不过仅仅依靠政策创新推动社会的发展变革还远远不够，传统的发展模式以及社会结构所形成的路径依赖对于社会的变革而言是一股强大

---

① 吴汉东：《专利法推动经济和社会全面发展》，《中国知识产权报》2010年3月31日第6版。

的阻力，因而需要同时借助法律创新的力量去打破现有的社会秩序，为新兴产业的发展营造合适的制度土壤。换言之，政策创新与法律创新所形成的合力才能有效对抗社会本身存在的保持现状的惯性所形成的阻力，即推动社会发展变革的力量大于阻碍社会发展变革的力量时，社会的发展变革才会发生。

众所周知，专利法主要的社会职能在于保障专利权人的合法权益，增加社会创新活力。因此，在大力发展人工智能产业的时代背景之下，专利法也应当积极配合国家的政策目标，发挥其激励创新的功能，助力人工智能技术的进步，从而推动我国经济发展的转型升级。对于技术变革引发的新的利益诉求，专利权保护规则因滞后性无法做出回应时，专利权保护规则的社会调节作用将出现失灵的状况，这时需要及时地进行适应性调整，做出妥善的制度安排，以此重新恢复规则对社会的调节作用。

在专利法领域内，有学者认为功利主义可以作为解释专利是经济政策的理论基础。[1] 因此，专利权保护规则的设计应当立足于时代发展的客观需要，聚焦于最大限度发挥专利权保护规则激励科技创新的本质功能，回应人工智能产业相关主体与社会公众的利益诉求。随着人工智能时代的到来，现有的专利法已经暴露出滞后性的问题，倘若不及时加以调整，专利权保护规则的规范性将大打折扣，专利法将难以被社会公众接受。

这就好比法与外部世界的信息交流。社会系统并非静止不动，技术的变革推动社会的发展，因而社会系统时常发生变化。法作为调节社会的工具，需要与社会系统长期保持信息交流，从而与社会系统建立起稳定的联系，以此确保法的与时俱进。唯有与时代的发展达成均衡的法律才能实现其所要发挥的功能和作用。具体到专利权保护规则而言，专利权保护规则与社会系统之间想要保持稳定的联系，规则必须随着社会的发展而变化，从而适应新的社会环境，达到新的平衡状态。质言之，专利权保护规则与社会系统之间的稳定的联系并非要求专利权保护规则的一成不变，而是要求专利权保护规则根据社会发展变革的需要灵活调整，从新的平衡状态中获得稳定性。专利权保护规则的稳定性将对社会的调节产生积极的影响，因为稳定性是维护法律权威的重要因素，法律的权威性与稳定性所形成的合力又有助于提高法对社会调节的效率。

---

[1] 刘瑛、何丹曦：《论人工智能生成物的可专利性》，《科技与法律》2019年第4期。

依法治国方略实施以来，法律的地位被提到一个空前的高度，即确定了法在我国社会系统中的控制地位。党的十一届三中全会指出：为了保障人民民主，必须加强法制。必须使民主制度化、法律化，使这种制度和法律不因领导人的改变而改变，不因领导人的看法和注意力的改变而改变。这为习近平法治思想的形成奠定了基础。2017年，习近平总书记在党的十九大报告中提出"全面依法治国"的基本方略。依法治国的基本方略要求各级领导干部以法治思维与法治方式全面深化各个领域的改革，摆脱人治对国家治理的干预与阻碍。近年来，围绕着依法治国方略，我国实施了系列重要举措，包括大力培养德才兼备的法治人才，加强高校法学学科建设；顺应时代的发展，修改滞后的法律（例如《专利法》《著作权法》），颁布新的法律（例如《数据安全法》《个人信息保护法》）；重视司法审判机制的改革，致力于让人民群众在每一个司法案件中感受到公平正义。前述举措纷纷反映出国家为营造依法治国的大环境所付出的努力，也从不同的角度印证了法治在我国具有极其重要的社会地位。国家对法律的高度重视增强了法在社会系统中的权威性。这是法律获得社会认同与普遍遵循的前提。

三 提高"互联网+"产业形态下专利权保护规则适应性路径的法治表达

在法治中国进程中，专利权保护规则适应性的提高主要通过立法和司法两条基本路径。首先，对于立法路径，立法者需要以当前的法治观念和专利政策为引导，通过界定专利权客体、明确专利权内容和建立专利法律规范体系，将现实的社会需求在法律规范文本中充分表达。同时立法者还要通过对法律语言技术、规范构造技术和法典体系技术的综合把控，赋予专利法规范体系一定的开放性，使之能够应对社会生活的复杂变化。而且当抽象的专利法律规范与具体的案件事实之间出现矛盾时，还可以通过立法解释或法律修正来变更专利权保护规范，使之获得新的品格。这种变更有积极的变更，也有消极的变更。前者指增加专利权保护规则，后者则删除不符合"互联网+"产业形态的专利权保护规则。其次，述及司法路径，司法审判人员在司法实践中，除了以事实为依据，以法律为准绳作出公正裁判外，还应当善于利用法律本身具备的灵活性对法律作出合理解释。充分考虑案件的具体情况，在法律的一般性与案件的特殊性之间寻求最佳的解决方案。在每一个司法判决中都做到一般正义与个别正义、形式公平与实质公平的合理平衡。只有这样，法律才能真正适应的社会生活需要的变化，在维护国家秩序的同时，获得自我更新和发展。

第二节 美国提高"互联网+"产业形态下专利权保护规则适应性的实践

一 专利权保护的法制沿革

作为资本主义大国，美国是世界上较早建立专利制度的国家之一。其专利制度的历史性演进与现代化发展可以跨越世纪分为三个阶段。

第一阶段是19世纪以前早期专利制度形成阶段。可考察的专利习惯最早出现于17世纪的美国殖民地时期。18世纪的独立战争前后，经法院授予发明人的特权出现，一些州制定起自己的专利法律。直到1787年的制宪会议上，各州代表才纷纷将制定专利法的职权交由国会统治。[1] 根据1787年《美国宪法》第1条第8款第8项，"为促进科学和实用技艺（useful arts）的进步，对作者的作品和发明者的发明，在一定期限内给予专有权利的保障"。随后，美国国会依据该条款着手制定专利法，各州授予发明者特权的活动、所依据的规范被进一步取代。1790年《促进实用技艺进步法》作为美国的第一部专利法出台，1793年国会又对三年前的法律作出全面修订，明确了专利权保护的客体，将原定的专利审查制改为注册制，由联邦法院在诉讼中对专利的效力加以确定。[2] 这一历史时期的专利法虽不成熟，但也奠定了美国专利制度的宪法根据和成文法基础。

第二阶段是19—20世纪专利制度发展阶段。1836年，国会对专利法进行了一次重大修订，为避免坏专利持续泛滥，将专利注册制重新改为审查制；明确了专利的实质性授权标准和申请人的披露要求；设立专利局，作为专门负责审查专利申请的行政机构。1836年的专利法构筑了美国现

---

[1] 李明德：《美国知识产权法》，法律出版社2014年版，第32页。

[2] William H. Francis, Robert C. Collins, *Cases and Materials on Patent Law*, West Virginia: West Publishing Co., 1995, pp. 78-79.

代专利制度的基础框架,其所确立的基本准则和程序性规定一直沿用至今。① 此外,美国专利法在这个世纪还经历了数十次补充、修改,制度趋向现代化。

第三阶段是 20 世纪至今的专利制度改革完善阶段。1952 年,专利法经历了一次全面的修订,重新编排了原有的法律规定,在原有立法和司法实践的基础上将专利法的相关法规法典化。同时将专利局决定和法院判例中确定的许多原则成文法化,例如,将最高法院在"Hotchkiss v. Greenwood"一案②中确定的"非显而易见性"的专利实质性审查标准纳入法典中。现行《美国法典》第 35 编的专利法文本就是 1952 年修法的版本。而后为了与《关贸总协定》和《北美自由贸易协定》的规定相适应,专利法经历了 1984 年和 1994 年的修改,增订了实施细则,专利保护期延长至 20 年。21 世纪前后专利法的重要修改主要见于 1999 年时任美国总统克林顿签署的《美国发明保护法》(AIPA)和 2011 年时任美国总统奥巴马签署的《美国发明法》(AIA),确定了专利"早期公开、延迟审查"制,以发明人先申请原则(专利权授予最先申请专利的发明人)取代了过去的先发明原则(专利权授予最先作出发明的人)。

经过两百多年的发展,美国专利法经过多次修改、调整,形成了周密而完备的专利保护体系,为推动其国内经济技术发展和维持国际竞争优势提供了强硬的法律保障。从本书寥寥几语间,只能探见这体系庞大、内容繁多的美国专利法的一角。事实上,设置专门的专利审查机构、引入"非显而易见性"的创造性审查标准等内容都是美国专利制度的首创,已经为世界各国效仿、运用。在全球"互联网+"产业形态为法治运行带来智能化革命的时代背景下,考察域外最新法治实践,可知己知彼,吸取经验;学习比较,合理借鉴。

二 专利权保护的立法动态

美国的立法动态包括现行成文法对专利权主客体规则的规定与相关判例法涉及法律解释与适用的内容。作为联邦制的普通法系国家,美国现行

---

① Bruce W. Bugbee, *Genesis of American Patent and Copyright Law*, Washington, D. C.: Public Affairs Press, 2008, p. 61.

② Hotchkiss v. Greenwood, 52 U. S. 248 (1850).

法律体系由成文法和判例法共同构成，可以作为行为准据和裁判依据的法律渊源主要包括国内的宪法、制定法、行政法规、判例法以及在美国生效的国际条约，而本书对专利权保护规则的研究更接近私法领域，因此兼顾专利法的宪法基础，而主要把目光聚焦在美国的制定法和判例法上。

《美国宪法》第1条第8款第8项的规定被看作行政机关履行依法授权的职责、发明者享有专利权的宪法基础。根据联邦最高法院在"Graham v. John Deere Co."案中的说明，这既是一项授权条款，亦是一条限制规定。行政机关授予发明人的专利权并非过去英国王室授予亲信的垄断权利，必须被限定在"促进科学和实用技艺进步"的目的范围内。国会在行使其职权时，不能超过明定的宪法所施加的限制，[①] 也不能在不具有创新、发展新需要的社会条件下扩大专利垄断的范围。国会不能任意将公共领域内的知识"拿走"，或者限制对新的材料的自由使用。联邦最高法院强调，创新、发展和增加实用知识的总量，永远是专利制度的内在要求。[②] 从专利制度的内在要求和宪法的明文授权、限制出发，美国专利法得以制定和完善。

现行美国专利法见于《美国法典》[③] 第35编（以下简称35 U.S.C）。对于专利权的主体规则，35 U.S.C第100条规定了2011年《美国发明法》确定的最先发明人申请原则（AIA First Inventor to File Provisions），并在条文后附上了相关定义。即"发明人意指发明或发现'发明标的'的个人（individual），在共同发明的场合，发明人指向共同发明或发现'发明标的'的多位个人（individuals collectively）"。35 U.S.C第115条规定了发明人宣誓和署名的义务（也是权利），彰显了发明人与发明成果之间的人格权法

[①] [美] 谢尔登·W. 哈尔彭、[美] 克雷格·艾伦·纳德、[美] 肯尼思·L. 波特：《美国知识产权法原理》（第三版），宋慧献译，商务印书馆2013年版，第201页。

[②] Graham v. John Deere Co., 383 U.S. 1, 148 U.S.P.Q. 459 (1966).

[③] 《美国法典》（*United States Code*，USC）是每六年刊印一版的对美国一般制定法进行汇编和法典化的官方出版物。美国任何一部联邦法律的产生程序是：首先由美国国会议员提出法案，当这个法案获得国会通过后，将被提交给美国总统给予批准，一旦该法案被总统批准（有可能被否决）就成为法律。当一部法律通过后，国会众议院会在此届国会卸任之年将法律的内容汇编入美国成文法律大全，继而公布在《美国法典》上。参见中华人民共和国商务部《国际条约与境外法规——美国》，网址：http://policy.mofcom.gov.cn/page/nation/USA.html，最后访问日期：2022年3月1日。

律关系。在学理讨论中，学者认为这一规则突出强调了发明人的尊严和价值，发明被认为是发明人自我价值的延伸。[1] 在法律适用上，"宣誓和义务"作为权利，发明人可以放弃但不能转让或继承。但作为义务，如若不履行，则构成专利申请的驳回理由，影响专利权的实际取得。由条文中的语词表达和具体规定观之，美国仍然坚持以自然人作为发明创造的主体，并未将"人工智能发明主体"的争议纳入立法考量的范畴。尽管美国近年来陆续出台或发布关于人工智能的法案、研究报告，如国会在2017—2018年连续出台的《人工智能未来法案》和《人工智能就业法案》，专利商标局在2020年发布的《人工智能发明：用专利追踪美国人工智能的扩散》研究报告等。美国的政府官员从未轻视人工智能带来的影响、挑战，相反对这一领域的关注程度更深、研究进程加快。只不过相关的议案和研究都以人类的安全和发展为最终关切，旨在促进科技创新、规避技术风险、促进智能产品应用。即仍然坚持把人工智能作为实现人类目的的手段放在客体的地位上，这一观点也为绝大多数国家和地区在立法层面认同。

对于发明专利的授权范围，各国大都从正反两个方面进行规制。一方面，立法或判例会从正面明确"可专利主题"，作为受专利法保护的客体。另一方面，法律也会设置"专利排除领域"，一些智力成果会因缺乏足够的技术特征或背离公共利益的需要而被当作可专利性的障碍。[2] 在美国，35 U.S.C 第100条将"可专利主题"概括为"发明"或"发现"，并在第101条将其具象为"方法、机器、产品或物质的组合"四种类型。这一条文是对1793年美国专利法的沿用，只是将更抽象的"技艺"（art）改为了较具体的"方法"（process）。另外，成文法并没有明确指出专利排除领域。但是美国法院通过一系列司法判例确定了所谓的"司法例外"，即不具有专利适格性的主题。它们被归纳为：抽象概念、自然现象和自然规律。美国立法对专利客体范围的规定具有很强的包容性和开放性，联邦最高法院也曾作出论断，除了已知的司法例外，"太阳下人类制造的任何成果都可以被授予专利权"[3]。这一论断可能被有心人认为言之

---

[1] ［美］罗杰·谢科特、［美］约翰·托马斯：《专利法原理》（第2版），余仲儒组织翻译，知识产权出版社2016年版，第10页。

[2] 崔国斌：《专利法：原理与案例》（第二版），北京大学出版社2016年版，第56页。

[3] Diamond v. Chakrabarty, 447 U.S. 303, 309 (1980).

过甚。事实上，美国保持宽松的专利客体范围无可厚非。因为35 U.S.C 第101条"可专利主题"的列举指向的是专利的适格性（eligibility），并非智力成果申请最终的可专利性（patentability）。其实，专利的适格性也仅仅是申请可专利性的最基本的要求，可专利的客体还要经过新颖性、创造性、实用性的一系列实质性审查，才能最终授予发明人以专利，在立法之外，更多还是要依赖商标专利局或联邦法院在个案中进行具体认定、裁判。在专利权保护规则社会适应性层面，这样开放包容的立法也能随司法实践的发展与时俱进、历久弥新。这两百多年来，美国专利法对"可专利性主题"的判断和界定并没有发生实质性变化。但通过法院对条文的解释和判例的解读，美国不断将一些新兴的客体，如基于商业方法、基因技术、计算机软件等产生的发明，纳入专利客体的范围内。法律也正是通过宽松的专利适格性要求，有效地促进了美国近现代生物医药、计算机软件等产业的发展。①

三 专利权保护的司法实践

美国的司法实践包括专利商标局（USPTO）与联邦法院系统在专利主体确认、客体审查方面的法律运用实践。涉及"法官造法"推动专利权保护规则演进的举动时，尤其重点关注联邦法院在"Alice Corp. v. CLS Bank Int.""Mayo Collaborative Services v. Prometheus Laboratories, Inc."这两个案件中可专利性审查和判断的经验。

对于专利主体的身份确认和权利义务，美国专利商标局在其2019年最新修改的《专利审查指南》中进一步释明。第2109条"发明人身份"（inventorship）的条款明确，发明人身份取得的关键在于对"发明构思"归属的认定。发明人必须是对发明的构思有所贡献的人。② 在程序上，发明人或共同发明人必须在专利申请时宣誓或表明身份，如果专利申请中指定的发明人不正确，有关申请将被驳回。③ 在第301-IV条"权利归属与转让"条款中，专利商标局确定了专利权人对专利享有的财产性权利。其

---

① 王太平：《知识经济时代专利制度变革研究》，法律出版社2016年版，第34页。
② In re Hardee, 223 USPQ 1122, 1123 (Comm'r Pat. 1984).
③ Manual of Patent Examining Procedure (MPEP) in USPTO, 2109 Inventorship [R-01.2024], https://www.uspto.gov/web/offices/pac/mpep/s2109.html，最后访问日期：2022年3月2日。

中，个人所有权指向"个人实体"（individual entity）当只有一个发明人，且该发明人尚未转让专利财产权利时；或者拥有专利所有权益的各方将专利财产权转让给其中一方时，个人对专利财产享有所有者的权利、利益。共同所有权则指向"多个当事人"（multiple parties），当多个发明人未转让其权利或全部转让给多个受让人时，多人可以共同对专利财产享有民事权利、利益。[①] 而对于"人工智能专利主体"的争议，当前实际应用的人工智能缺乏自主意识，不具备价值判断能力是各国理论界和实务界普遍的共识。而服从于人类命令的人工智能，其生成的技术方案也是人类利用工具科研创新的结果。人工智能本身无法参与"构思"，无法对生成的内容进行判断和选择，而要"对发明的构思有所贡献"就更不现实。因此，依照对身份确认的路径来解释，人工智能在美国无法取得专利主体资格。更何况人工智能不具有自然人的法律人格，不可享有和承担宣誓、署名、表明身份的权利、义务，即使是行使财产性权利也要依赖于其背后的所有权人或使用者，依照权利义务承担的路径去认识，人工智能依然被排除在美国专利权主体规则保护的范围。具体到最新的司法裁判中，专利商标局和联邦法院依然明确"人类发明者中心"的地位。针对美国计算机科学家泰勒为人工智能系统DABUS（统一感知自动引导设备）提出发明人身份认定的主张，专利商标局明确予以驳回。泰勒于2021年8月6日又向美国弗吉尼亚州东区联邦法院提起诉讼，他引用国家专利计划委员会在1943年发布的一份报告中的表述"可专利性应根据对技术进步的客观贡献决定，而不是由完成发明的主观过程决定"，以此主张基于人工智能系统DABUS生成"可变形食品容器"和"吸引注意力的闪光装置"两项技术方案的事实，应当允许DABUS AI被列为专利中的发明人。针对泰勒的主张和诉请，美国联邦法官莱昂尼·布里克马（Leonie Brikema）裁定：《专利法》仅允许"个人"（individual），即自然人拥有专利。对于人工智能能否被列为美国专利的发明者，明确的答案就是"不行"。虽然科技发展日新月异，未来人工智能精细复杂的程度可能会使它们成为"类人化"的存在，甚至被认可发明人的资格。但是，"想象中的时代尚未到来。一

[①] Manual of Patent Examining Procedure（MPEP）in USPTO, 301 Ownership/Assignability of Patents and Applications［R-01.2024］, https：//www.uspto.gov/web/offices/pac/mpep/s301.html，最后访问日期：2022年3月2日。

旦时机来临，也将会由国会决定是否以及如何扩大专利法的适用范围"[1]。莱昂尼法官作出的解释、裁判正符合《美国宪法》中专利权条款的限制，即不能在不具有创新、发展新需要的社会条件下扩大专利垄断的范围。人工智能生成智力成果的问题需要法律作出回应，裁判作出解释，但不至于对现行法造成颠覆。

而对于权利要求专利适格性的审查，美国新版《专利审查指南》确定了基本的判别步骤，第一步是判断案涉客体是否属于35 U.S.C第101条规定的可专利主题，即方法、机器、产品或物质的组合四种法定类型。第二步有两个子步骤，以Step 2A和Step 2B区分，在Step 2A中，要判断专利申请是否针对"司法例外"。经过一系列判例发展，[2] 美国抽象出了三种属于司法例外的类型，即如果权利要求仅仅针对"抽象概念""自然现象"或"自然规律"，则不符合专利保护的条件。其中抽象概念有一些经典的表现形式，包括数学概念、组织人类活动的某些方法、智力活动。涉及司法例外的判断，审查人员还需要更勤勉的努力，因为"在某种程度上，所有的发明创造都体现、反映或应用了自然规律、自然现象或抽象概念"[3]，但并不只是它们"本身"的重现。因此在Step 2B中，对于权利要求中不可避免涵摄抽象概念、自然现象的智力成果，审查人员还需要将权利要求作为一个整体，评估成果或方案中的其他要素是否构成发明构思，以确保其远远超过司法例外本身。如今明文规定在审查指南中的判断方法也是在美国判例法中形成并确立下来的。其实，对于产业创新发展过程中出现的计算机软件、商业方法等客体的专利适格性问题，专利商标局和联

---

[1] Stephen Thaler v. Andrew Hirshfeld, Performing the Functions and Duties of the Under Secretary of Commerce for Intellectual Property and Director of theUnited States Patent and Trademark Office, et al., Defendants, United StatesDistrict Court, Eastern District of Virginia, 1: 20-cv-903（LMB/TCB）（E. D. Va. Sep. 2, 2021）.

[2] Gottschalk v. Benson, 409 U.S. 63, 67-68, 175 USPQ 673, 675（1972）; Parker v. Flook, 437 U.S. 584, 589, 198 USPQ 193, 197（1978）; Diamond v. Chakrabarty, 447 U.S. 303, 309, 206 USPQ 193, 197（1980）; Diamond v. Diehr, 450 U.S. 175, 185, 209 USPQ 1, 7（1981）; Bilski v. Kappos, 561 U.S. 593, 601, 95 USPQ2d 1001, 1005-06（2010）; Alice Corp. Pty. Ltd. v. CLS Bank Int'l, 573 U.S. 208, 216, 110 USPQ2d 1976, 1980（2014）.

[3] Manual of Patent Examining Procedure（MPEP）in USPTO, 2106.04（a）（1）Examples of Claims That Do Not Recite Abstract Ideas ［R-10.2019］, https://www.uspto.gov/web/offices/pac/mpep/s2106.html#ch2100_d29a1b_13a9e_2dc，最后访问日期：2023年3月3日。

邦法院的态度从消极排除的"完全否定"到积极确定审查标准的"部分肯定"已经历了跨世纪的轮回。[①] 目前对于可专利性审查的标准是2012年"Mayo案"和2014年"Alice案"采用的"两步测试法",对应到《专利审查指南》中的后两个步骤,强调对抽象概念的实际应用和权利要求整体的技术性特征。具体而言,第一步要确定权利要求中是否含有自然现象、自然规律或抽象概念。如果结论是肯定的,则进入第二步的审查,要判断权利要求的剩余部分是否构成对上述司法例外的实际应用,或者该权利要求中的技术特征或者技术特征的组合是否"足以确保"该专利申请整体上"远远超出"其所涉及的自然规律、自然现象或者抽象概念本身,构成具备可专利性的"发明构思"。如果答案是肯定的,该申请符合专利适格性的要求,可以进一步对其进行实质要件的审查。不过,这一判断标准绝非万能公式,司法裁判者在个案中还要具体确定涉案客体与抽象概念、实际应用的关系,分析"足以确保""远远超出"等模糊的规范要件是否真正实现。

综上所述,在"可专利主题"宽松的成文法规定下,美国对个案专利申请采取了较为严格的审查措施。而且当35 U.S.C第101条的文本内涵保持两百多年稳定不变的情况下,司法裁判对专利客体的审查标准随着产业变革和经济进步的步伐不断调整、修改、变迁,具体适用到个案的裁判中就更显灵活多变。这样宽严相济的制度设计在规范与事实间保持了一种微妙的平衡,使美国专利权保护规则在法律实质的不变中应对社会发展的万变。

第三节　德国提高"互联网+"产业形态下专利权保护规则适应性的实践

一　专利权保护的法制沿革

作为世界闻名的发达工业国家,德国专注于创新科技产品的研发和对复杂工业过程的管理,并为先进制造业发展提供民主法制和知识产权相关

[①] 李晓秋:《析商业方法的可专利性》,《政法论坛》2011年第2期。

的保护。不同于我国专利法保护的三种发明创造,德国的"专利"仅仅指向狭义的"发明",而实用新型和外观设计受专门知识产权立法的保护。德国第一部《专利法》于1877年颁布,同年设立德国专利局(1998年更名为德国专利商标局)。德国专利制度大体经历了"专利法颁布至第二次世界大战结束""第二次世界大战结束至德国统一""德国统一至今"三个历史发展阶段。[①] 专利法随着其国内科学技术发展和国际战略形势变化不断被调整、修正,增设了强制许可等内容、延长了专利保护的期限、修订了程序方面的规定;在欧洲区域经济一体化的背景下,呈现出现代化、欧洲化和国际化的特点。

现行的德国专利法是在德国1980年专利法的文本基础上再次修订的成果,法律几次修改的趋势大都是为了与《欧洲专利公约》的新规定保持一致。目前德国授以专利权保护的对象便包括德国发明专利、欧洲发明专利和在德国有效的国际发明专利。在2009年,德国对雇员发明的制定法规则作出重大修订,对专利法和专利局、专利法院与联邦最高法院之间联结衔接的程序性事项加以改进,通过并颁布了《专利法的简化与现代化法》(Gesetz zur Vereinfachung und Modernisierung des Patentrechts),经历了德国工业产权保护领域的重要变革。而时隔十年有余,德国专利法律制度再一次迎来全面革新。2021年8月10日,德国总统签署并发布了《专利法的二次简化与现代化法》(Zweites Gesetz zur Vereinfachung und Modernisierung des Patentrechts)(以下简称《二次简化与现代化法》),对《专利法》《实用新型法》《外观设计法》《半导体保护法》等十部涉工业产权保护的法律做了不同程度的修订。根据该法规定,其主体部分内容于2021年8月18日生效,部分规定于2022年5月1日生效。

虽然论专利制度的建立时间,德国比英美等国家晚,但是随着科学技术的高速发展,德国专利法律制度已形成兼具独特性和代表性的体系。[②] 例如,德国专利法在程序方面规定详尽,在专利诉讼程序中采用确权与侵权分离的原则;尽可能保护专利权人的合法利益,无须担保便可发

---

① 中国人民大学知识产权教学与研究中心、中国人民大学知识产权学院编:《十二国专利法》,《十二国专利法》翻译组译,清华大学出版社2013年版,第117—118页。

② 刘昶:《工业4.0时代的第一次工业产权法大修——〈德国专利法律之二次简化和现代化法〉评述》,《电子知识产权》2021年第10期。

布用以维权的临时禁令，同时根据比例原则设置禁令例外规则，避免对侵权者或第三人造成过重而不利的影响，在利益平衡的价值指引下形成了高效的专利纠纷解决机制。总体而言，德国作为大陆法系国家，其对于专利法的成文规定与中国专利法律没有形成太大差异，但是由于国家工业化背景、法院习惯、法制史的不同，两国具体的专利法律实践仍大相径庭。在"工业4.0"信息和通信技术高度发达的智能化生产背景下，德国在工业产权保障，尤其是发明专利保护方面独特的法治理念和实践经验值得中国认识、学习、合理借鉴。

二　专利权保护的立法动态

德国的立法动态包括德国专利法律修订以提升专利权保护规则社会适应性的创新实践、德国现行法对专利权主客体规则的规定与具体法律适用的内容。

关注到德国立法的最新实践，《二次简化与现代化法》对现行法的修改是德国在新的科技和经济形势下持续有效地保护工业产权，均衡各方主体利益的应有之义。2009年颁布《专利法的简化与现代化法》后，德国的社会物质基础和国家战略导向都发生了改变。在国家外部，全球制造业竞争加剧、欧洲陷入主权债务危机，德国传统制造业向外转移，产业空心化加剧。在国家内部，劳动力成本上升，化工、电子、机械等产品出口下滑，创新活力和科技竞争力下降。面对内忧外患的重重挑战，德国提出了"再工业化"的设想，期待鼓励制造业回归、促进产业结构升级，以此重振国家实体经济。[①] 同时立足于智能时代的产业背景，"工业4.0"（Industry 4.0）的方案也应运而生。在2013年的汉诺威工业博览会（Hannover Messe）上，德国率先提出了"工业4.0"的概念，即人类正在经历利用信息化技术促进产业变革的智能化时代。[②] 具体而言，互联网信息与通信技术改变了产品与机器、人与机器之间的联结方式，可以实现高效的数据处理和物流管理，"互联网+制造业"的智能生产成为可能，大

[①] 丁纯、李君扬：《德国"工业4.0"：内容、动因与前景及其启示》，《德国研究》2014年第4期。

[②] 乔继红：《财经观察：强强联合——当"中国制造2025"携手德国"工业4.0"》，https://www.gov.cn/xinwen/2017-05/29/content_5198045.htm，最后访问日期：2022年3月3日。

量的新型商业模式也将随之产生。在德国联邦教研部和经济技术部的建议下，在德国弗劳恩霍夫协会、西门子公司等机构的推动下，"工业4.0"逐渐上升为国家战略。德国联邦政府在十年间先后发布《德国2020高技术战略》《数字化行动议程（2014—2017）》《高科技战略2025》，为制定法律标准以实现智能制造作出一系列政治承诺。

此时，2021年出台的德国《二次简化与现代化法》便回应了新产业形态下法律修缮的需要，成为"数字时代的工业产权法"。[①] 该法对德国数十部工业产权规范作出了大大小小上百处修订，其中最瞩目的三处包括对侵权诉讼和无效诉讼的管辖、审理的协调规定，引入比例原则对停止侵权请求权进行必要限制的规定，在专利、实用新型相关专利纠纷中适用《德国商业秘密法》的规定。具体而言，德国实行的是专利侵权纠纷由普通法院民事审判庭管辖，而专利无效纠纷由联邦专利法院管辖的二元结构，这样的制度设计可以节约司法资源、提升侵权认定的效率。但是一般情况下专利无效诉讼耗时更长，常常难以在侵权诉讼前审结，而专利权效力的判决结果又对侵权纠纷的审理有决定性的影响。所以专利无效诉讼请求常作为被告在侵权纠纷审结后的救济手段来行使，实际上延长了纠纷解决的时间，无法实现制度最初的价值。因此，《二次简化与现代化法》对德国《专利法》第82条、第83条进行了补充修改，[②] 规定了无效诉讼中法院送达材料的期限和相应的示明义务，明确了被告方提出异议，双方当事人出具书面意见的程序性事项，无正当理由超期提出书面意见并且影响到平行的侵权纠纷的审理的，由该方当事人承担相应的不利后果。[③] 这一修改优化了法院之间的司法审查，实现普通法院侵权认定与专利法院无效审查在制度上的同步、互通。与此同时，德国立法者根据当前的司法实践对德国《专利法》第139条、《实用新型法》第24条关于权利人行使停止侵害请求权的规定作出了修改和限制。即在个案中强调当事人遵循的诚实信用原则和裁判者遵循的比例原则，当停止侵害会对侵权人或第三人造成明显超出必要范围的损害时，要限制此种请求权。此时并不影响当事人

[①] 单晓光、李文红：《数字时代德国专利法的修订新动态述评》，《知识产权》2021年第6期。

[②] BGBl. I 2009 S. 2521.

[③] BGBl. I 2021 S. 3490.

损害赔偿请求权的行使与金钱赔偿救济的获得。而停止侵害措施的不正当或不合比例构成被告即侵权者的抗辩理由和举证责任之所在。这一规定重申了"目的—手段"正当的现代法律精神，符合知识产权制度中利益平衡的价值追求。另外，修改后的《二次简化与现代化法》新增设了《专利法》第145a条，支持在涉及专利、实用新型和半导体诉讼中适用德国《商业秘密保护法》的规定，法院依照当事人的申请和主张对引入诉讼的有关信息采取必要的保密措施和非公开处理，深化了对诉讼当事人私权的保护。

在最新的专利立法动态之外，德国传统的专利权保护规则也与"互联网+"产业形态密切相关，这些规则大多与《欧洲专利公约》及共同体专利规则一脉相承，在其下对欧盟法律实践的归纳分析中也多有涉及。

对于专利权主体规则，德国《专利法》第6条规定："专利权应归属于发明人或其合法继承人。如果两人或更多人共同作出发明，专利权为他们共同所有。如果若干人各自独立作出发明，专利权应属于首先为发明向专利局提出申请的人。"立法赋予了发明人一项基于其创造该发明的事实而无须形式要件即告成立的权利。这种权利依照习惯被称为"发明者权"（Erfinderrecht）。事实上，德国及欧洲专利法便是以发明者权为核心构建的。[①] 发明人除了享有一系列财产性的权利，还享有署名等人身性的权利。由此可见立法虽然没有特别说明，但规范中专利权归属的"人"理应被限缩在"自然人"的范畴。司法实践也进一步通过判决将计算机排除在"发明者"的界限之外，具体之后详述。而对于欧盟层面热议的人工智能领域的调整和治理，如若在未来欧盟《人工智能法》正式出台，德国作为成员国确实应当原则上遵守，并转化为国内法的具体规则实际适用。当可以预见到的欧盟与人工智能相关的知识产权的规定出台时，德国也有必要在专利法规范领域作出回应，这也为未来德国专利法律制度研究留下了空间。

对于专利权客体规则，德国《专利法》第1条关于"发明授予条件"的规定便体现了立法者对专利权客体的正面界定和反面限制。其中，德国专利授予的对象是"任何技术领域内新的、带有发明步骤并可以工业应用

[①] ［德］鲁道夫·克拉瑟：《专利法——德国专利和实用新型法、欧洲和国际专利法》（第6版），单晓光、张韬略、于馨淼等译，知识产权出版社2016年版，第413—414页。

的发明"。而专利排除领域包括规定在第1条第（3）款的"发现、科学理论和数学方法""美感创作""进行智力活动、玩游戏或商业活动的方案、规则和方法，以及计算机程序"和"信息的呈现"中。同时值得注意的是第1条第（4）款的限制，"只有为上述客体'本身'寻求保护，第（3）款的规定才构成可专利性的障碍"。即法律不保护抽象思想，但思想本身以外的，如"对抽象思想的实际应用"则可以成为专利法保护的对象。除了满足实际应用的需要，立法还强调发明的技术特征，司法实践亦是如此，对于一些与计算机相关的智力成果方案，不能简单地将其视作"计算机程序"而排除在专利客体保护范围之外，而是要将该方案视作为一个整体进行"技术性"的判断。即分析这一方案是否采用技术手段来解决技术问题，以实现符合自然规律的技术效果。[①] 立法保持了特有的抽象和开放的特征，涉及事实和规范的差异和界定更多是留至司法实践判断。

三 专利权保护的司法实践

德国的司法实践包括具有德国特色的司法纠纷解决优势，以及普通法院、联邦专利法院、专利商标局在专利主体确认、客体审查方面的法律适用实践。

在《欧洲专利公约》的背景下，当针对欧洲专利产生纠纷时，专利权人及利益相关者可以在任意公约成员国中提起诉讼。因而德国在工业产权保护领域，以司法效率高著称于欧洲，其中一半以上的欧洲专利纠纷案件在德国法院展开诉讼，尤其集中在慕尼黑、杜塞尔多夫、法兰克福等地的州法院（Landgericht，相当于中国的中级人民法院）。[②] 这完全有赖于德国专利诉讼程序中确权与侵权分离审查的"二元结构"。如立法动态所述，在德国，专利侵权诉讼由普通法院民事审判庭管辖，而宣告专利无效的诉讼由联邦专利法院受理审查。在侵权纠纷案件诉讼程序中，审判人员会推定获授权的专利具有有效性，进而只审理侵权纠纷的权利主张与免责

[①] 刘珊、余翔：《德国对计算机执行的发明的专利保护——从立法、判例与实践的角度解析》，《电子知识产权》2009年第8期。

[②] 中华人民共和国商务部：《欧洲展会知识产权保护专题》，http://ipr.mofcom.gov.cn/zhuanti/expo/tf_Ger_01.html，最后访问日期：2022年3月5日。

事由。只有当被告能充分举证证明原告专利权无效的情况下，才会中止侵权审判，直至联邦专利法院作出确权的审判结果。根据德国《专利法》第 65 条第（2）款的规定，联邦专利法院的审判人员由具备德国《法官法》为司法职务规定的法官资格的"法律成员"及在某项技术领域具备专业知识的"技术成员"共同组成。因此"二元结构"繁简分流的制度设计能够发挥不同法庭的优势，有效集中司法资源快速化解一般民事纠纷和专业的行政纠纷。同时，为尽快定纷止争，维护当事人的合法利益，德国通过调解、仲裁等非诉讼方式解决工业产权纠纷的比例高达 80%，[1] 避免了当事人不必要的损耗，节省了大量的司法和行政资源。也基于此，德国能够采取多元的纠纷解决方式，为专利权人提供高效而可选择的维权渠道，充分发挥司法审判在专利保护和个案处理工作中的能动作用。

在专利主体确认方面，德国司法排除了计算机或人工智能作为发明人享有发明者权的可能。首先，德国法将创造发明的行为认定为事实行为，强调不以人的行为能力为前提，且因不是法律行为而不适用代理的规则。并且法律规定了发明人在获得发明权之后因死亡或所有人的合法处分、转让的继受取得的条件。以上制度设计的底层逻辑便是将发明人的范围限定在自然人上。其次，司法判决明确指出当人在借助计算机的力量形成新的技术方案时，当人类在其中贡献的是显著的智慧成果，且此方案被认定为具有新颖性、创造性、工业应用性的发明专利时，计算机自始至终只是一个辅助性工具，其本身并不是一个"发明者"。[2] 在 2021 年 11 月，针对美国计算机科学家泰勒团队为其研发的人工智能进一步生成的技术方案在全球范围内提出的多份专利申请，德国联邦专利法院对在德国提出的DE102019128120A1 号申请作出裁决，[3] 即按照德国专利法的有关规定，人工智能不能作为发明人，只有"自然人"才能被列为德国专利申请的发明人。但是在人工智能生成内容的专利保护方面，德国法院做出了相对积极的回应。从 2013 年塞班与安卓人工智能系统的专利争议中，联邦专

---

[1] 中国知识产权维权援助网：《"他山之石！一文了解德国知识产权保护制度"》，http://www.ipwq.cn/ipwqnew/show-168.html，最后访问日期：2022 年 3 月 5 日。

[2] ［德］鲁道夫·克拉瑟：《专利法——德国专利和实用新型法、欧洲和国际专利法》（第 6 版），单晓光、张韬略、于馨淼等译，知识产权出版社 2016 年版，第 415 页。

[3] Deutsches Patent - und Markenamt, https://www.dpma.de/patente/index.html, 最后访问日期：2022 年 3 月 6 日。

利法院根据双方的事实陈述与证明材料否定了诉争人工智能系统的专利适格性；① 到 2015 年，联邦法院认定案涉的人工智能语言与信息处理系统没有为技术性问题提供明确的解决方式，而只是划定了技术性问题的边界，同样没有授予该系统以专利权。② 最新的裁判一以贯之地明确技术特征是判定人工智能技术及其生成方案是否为专利保护客体的裁判依据和重要前提。③ 这也从侧面肯定了未来存在含有显著技术特征的人工智能本身及其生成方案获得德国专利权保护的可能性。④ 在发挥司法裁判解决个案纠纷、进行具体专利适格性认定的能动作用的同时，德国在专利客体限制性扩张和人工智能技术及其生成内容专利法保护等内容上，还有相当的理论研究与实践检验的空间。

在专利客体审查方面，即使面对新产业形态下发明概念有可能的扩张，德国联邦最高法院仍然坚持专利技术特征（Technizität）的要求。相比起机械地适用法律，更重要的是审查案涉的智力成果是否通过技术手段解决技术问题，或者提供对现有技术水平的技术贡献。德国《专利法》在第 1 条中便将"商业活动的方案、规则和方法，以及计算机程序"排除在专利客体领域之外，但同时司法实践中强调，这些方案"本身"不能被授予专利或不能被视为发明还是因为它们缺失了对抽象概念的实际应用，仅仅是一种"精神的指引"。⑤ 但随着发明创造活动与时俱进，一些结合了多种元素的复杂专利申请使得法律的适用脱离绝对。例如，联邦最高法院在对电子数据处理装置专利申请的判例中便认识到专利保护的适用范围因发明和技术概念的抽象性被限定的情况，此时要作专利适格性审查，要对申请事项进行整体的技术性考量，专利保护不能因涉及排除法律领域的抽象概念就当然被排除。⑥ 具体而言，德国判例中不被视为发明的对象包括：在书籍正文部分添加广告而不被发觉的商业建议；⑦ 进行植物

---

① BPatG, Beschl. v. 18. 6. 2013-17 W (pat) 101/07.

② BPatG, Beschl. v. 9. 6. 2015-17 W (pat) 37/12.

③ BGH 2016, 475 Rezeptortyrosinkinase；GRUR 2017, 261.

④ 吴桂德：《德国人工智能创造物的知识产权法保护及其启示》，《电子知识产权》2021 年第 1 期。

⑤ BpatG 2. 7. 1988 Pflanzenanordnung GRUG 1999, 414, 416 1.

⑥ 13. 12. 1999 Logikverifikation BGHZ 143, 255, 262 f.

⑦ DPA 2. 3. 1954 GRUR 1955, 35.

色调和种类排列的园艺装置等。与之相反，被认定为具有技术特征可获得专利保护的对象包括：为了数学的目的，以特定具体方式设计原子或分子结构的图解模型；[1] 在个别测量值的评估程序使用中通过附加数据和条件推导出测量值共同特征的方案等。[2] 从德国客体审查的司法实践中可知，因为立法保持了一定的开放性，有时并不能简单地在法律列举的有限事实中归类。当所申请的对象不是纯粹的抽象概念或纯粹的商业活动时，技术特征的缺失才常常是特定物质和活动不能获得专利保护的原因。

第四节 欧盟提高"互联网+"产业形态下专利权保护规则适应性的实践

一 专利权保护的法制背景

欧盟从建立经济共同体和单一共同市场的宗旨出发，建成了兼具国际化、区域化特色的欧共体知识产权法律体系。其中欧盟的专利制度主要由四个部分的内容构成。

第一个构成部分是相关的国际公约与协定。一众欧洲国家作为《巴黎公约》、世界贸易组织等的成员国，受相关国际法的约束。欧盟专利制度便是在《巴黎公约》《与贸易有关的知识产权协定》《专利合作条约》等国际公约的基础上制定并发展的。

第二构成部分是地区性国家间的《欧洲专利公约》(*European Patent Convention*，EPC)。包括27个欧盟成员国在内的38个成员国需要遵守公约项下欧洲专利申请、授权和异议的统一程序。[3] 欧洲专利实际上是在各指定成员国具有独立法律效力的一组专利，它们有别于国家专利，依照公约的授权行使获得保护。具体而言，欧洲专利要遵循早期公开、延迟审查和授权后的异议程序。申请人为了在某一个或几个公约成员国获得专利

---

[1] BpatG 12.11.1998 Kernmechannisches Modell E 40, 254.

[2] BpatG 11.7.2006 GRUR 2007, 133, 135.

[3] 国家知识产权局：《2019年世界五大知识产权局统计报告》（中文版），网址：https://www.cnipa.gov.cn/module/download/down.jsp?i_ID=172311&colID=90，最后访问日期：2022年3月7日。

权,可以选择向欧洲专利局提出申请或直接向该国提出欧洲专利的专利申请。一旦欧洲专利被授予专利权,即可在所有指定的成员国生效。进而,权利人对后续阶段欧洲专利权的行使与救济,以及法院对诉请宣告无效或撤销的判决的回应,均由被指定的成员国按照该国法律进行。另外,在专利被授权后的一段时期内,任何第三方可以向欧洲专利局提出申请,启动统一的异议审查程序。欧洲专利局若在该程序中认定欧洲专利授予错误,将撤销该项专利,效力及于所有公约成员国。[①]

第三个构成部分是包括《共同体专利公约》(Community Patent Convention, CPC)在内的欧共体的相关法律文件。虽然在《欧洲专利公约》面前,所谓的统一欧共体成员国家专利制度的努力收效甚微,但其旨在构建的与《欧洲专利公约》相协调、与各共同体国家国内专利制度并行的跨国专利制度也为欧洲专利申请人提供了实现权利保护和救济的可供选择的新的途径。另外,《欧共体生物技术专利指令》《关于向面临公共健康问题的国家出口药品有关的专利实施强制许可的条例》等欧共体关于专利更具体的指令或立法建议已经起到了引导欧盟国家立法、协调各成员国相关法律的客观作用。[②]

第四个构成部分是欧盟各成员国的专利制度。在欧共体推动专利制度统一的背景下,各成员国的专利制度已然实现高度的协调、融合。但是对于欧盟的立法,在各成员国需要经历一个法律转化的过程,当指令给予各成员国一定的自由度时,各成员国便可以制定更加严格的措施以达到它们期望的目的。而且根据《欧洲专利公约》的规定,各成员国的法院在审理欧洲专利相关纠纷时,要依照国内法确定专利的保护方式和保护范围。因此,转化后的国内法,尤其存有差异的程序性事项、实体性规定也构成了欧盟专利制度的重要组成部分。而掌握欧盟专利制度的构成又能帮助我们进一步了解其中极富区域化特色的专利法律实践。

二 专利权保护的立法动态

欧盟的立法动态包括欧盟近年来探索制定人工智能民事法律规范的创

[①] [英]理查德·哈康、[德]约亨·帕根贝格编:《简明欧洲专利法》,何怀文、刘国伟译,商务印书馆2015年版,第8页。

[②] 李明德、闫文军、黄晖等:《欧盟知识产权法》,法律出版社2010年版,第375—394页。

新实践以及《欧洲专利公约》和相应的实施细则对专利权主客体规则的规定与具体法律适用的内容。

欧盟近年来在人工智能伦理规范与社会治理领域的创新举措以及欧盟委员会在 2021 年发布的《人工智能法》系列提案在第四次工业革命的时代背景下备受世界关注。2015 年 1 月，欧盟议会法律事务委员会（JURI）便着手建立一个项目，致力于研究与机器人和人工智能发展相关的法律问题。2016 年 5 月，法律事务委员会发布《就机器人民事法律规则向欧盟委员会提出立法建议的报告草案》（Draft Report with Recommendations to the Commission on Civil Law Rules on Robotics），呼吁欧盟委员会在立法层面关注人工智能应用现状并评估人工智能的潜在风险。之后的三年间，联合国教科文组织、欧洲经社委员会等组织不断提出相关动议和政策主张，欧盟也确定了从事人工智能伦理规范研究，为机器人生产、应用和发展提供明确、严格和有效的法律框架的战略方向。[①] 2019 年 4 月，欧盟先后发布两份重要文件，即《可信赖人工智能伦理指南》（Ethics Guidelines for Trustworthy AI）和《算法责任与透明治理框架》（A governance framework for algorithmic accountability and transparency）。前者由欧盟委员会任命的人工智能高级专家组编制，指南提出可信赖的人工智能应当具备合法性、合伦理性和稳定性特征，同时需要依赖可靠技术使人工智能系统的应用遵守人类社会的伦理要求。[②] 后者由欧洲议会未来科学与技术小组写就，提出建立算法问责机制、确定各方法律责任、提升公众算法素养的主张。[③] 这两份文件虽不具有强制约束力，但是作为欧盟人工智能战略的具体落实，可以为后续适用性规范的制定提供参考，推动拟定标准成为国际共识。2021 年 4 月，欧盟委员会发布了一份名为《欧洲议会及理事会关于制定人工智能统一规则（人工智能法）及修订某些欧盟法律的条例》

---

① 李芳、刘鑫怡：《欧盟人工智能立法最新动向》，《科技中国》2021 年第 6 期。

② High-Level Expert Group on Artificial Intelligence set up by the European Commission: The Ethics Guidelines for Trustworthy Artificial Intelligence, https://ec.europa.eu/futurium/en/ai-alliance-consultation, 最后访问日期：2022 年 3 月 8 日。

③ European Parliament: A governance framework for algorithmic accountability and transparency, https://www.europarl.europa.eu/stoa/en/document/EPRS_STU（2019）624262, 最后访问日期：2022 年 3 月 8 日。

的立法草案（以下简称《人工智能法》草案），① 全面整合了欧盟现有的人工智能相关准则，从防范和化解风险的角度出发确定了对不同人工智能系统的不同规制方向。具体而言，该草案将现有人工智能系统划分为不可接受风险、高风险、有限风险、极小风险四个等级，不可接受风险指向对公民基本权利和生存发展安全构成明显威胁的人工智能，如鼓励未成年人从事危险行为的智能系统，法案对此予以明令禁止，明确限定该类人工智能的活动范围。高风险指向涉及基础设施建设（如道路交通设施与水电气供应等）、产品安全组件、司法民主程序等八大领域的人工智能应用。针对高风险的人工智能系统，法案规定了严格的市场准入制度和生产者责任，相应的系统在投入市场前要由生产者提供充分的数据信息，经过透明度检查、安全性等审查和风险管理的程序，在投入市场后也需要持续的人为监督。② 有限风险指向聊天机器人等人们可以清楚意识到机器的存在以及人机之间交互的人工智能系统。为保证技术的公开透明，法案对相关主体规定了一般的信息披露义务。极小的风险指向电子游戏、垃圾信息过滤软件等低风险的互联网应用，涵盖了人们日常生活中大量常见的人工智能系统。草案认为该类人工智能系统能够很便捷地为人类支配、利用，安全风险较低，对此不作特别干预。欧盟《人工智能法》草案已提交欧洲议会和理事会进一步审议，若能通过欧盟的普通立法程序，便能正式生效便适用于27个成员国，也将对全球人工智能立法产生广泛影响。

  由此也可以预见，欧盟进一步制定人工智能相关的知识产权法律规则已成为必然的趋势，尤其是在与创新科技更紧密关系的专利法领域。其中，与人工智能相关的专利主体问题就一直是学界争鸣之所在，最终也需要法律以统一的标准回应。欧盟曾经有在立法层面扩张民事主体的提议出现，结果因缺乏现实基础和法理支撑无疾而终。具体在2016年，欧盟法律事务委员会向欧盟委员会提交过一项动议，主张以"电子人"（Electronic Persons）的身份定义最先进的自动化机器人，参照自然人的标

---

① European Union, *Proposal for a regulation of the European Parliament and of the Council——Laying down harmonised rules on artificial intelligence (artificial intelligence act) and amending certain union legislative acts*, https：//eur-lex. europa. eu/legal-content/EN/TXT/? qid =1623335154975&uri =CELEX%3A52021PC0206，最后访问日期：2022年3月8日。

② 王婧：《从欧盟〈人工智能法〉提案看我国如何应对人工智能带来的社会风险和法律挑战》，《网络安全和信息化》2021年第8期。

准限制性地赋予其特定的权利和义务，这样冒进而富有冲击力的提案在全球范围内引发舆论，但也如昙花一现很快就被欧盟委员会否决。① 就现有规范来看，"人类发明中心主义"并未真正动摇。《欧洲专利公约》第58条明确了提出欧洲专利申请的资格，"任何自然人或法人，以及相关法律规定相当于法人的组织，可以自己的名义提出欧洲专利申请"。即申请专利的权利主体应当根据 EPC 成员国法律具备法律行为能力，依法享有权利、承担义务。公约第 60 条确定了欧洲专利的专利权人，在非职务发明的一般情况下，"欧洲专利应当属于发明人或其权利继受人""在专利局的各种程序中，专利申请人应当被视为有权行使对欧洲专利的权利"。公约第 62 条进一步规定"发明人享有通过专利申请人或欧洲专利的所有人在欧洲专利局程序之中表明其为发明人的权利"。公约第 81 条也明确了关于指定发明人的内容"欧洲专利申请应当指定发明人。如果申请人不是发明人或者不是唯一的发明人，则应当在指定发明人的同时，说明原始权利来源"。即发明人享有类似于署名权的表明身份的精神权利。除非发明人主动放弃这一权利，公布的欧洲专利申请和欧洲专利的首页，都应当表明发明人。这也再次将欧洲专利权主体限定在自然人、法人即现行法确定的民事主体范围之内。另外，在 2017 年 2 月通过的《机器人民事法律规则》的决议中，欧洲议会也确定了人类的最终责任承担义务——"无论人工智能技术处在何种发展阶段，人工智能不应对造成第三方损害的结果承担民事责任，包括专利侵权责任。如果人工智能实施的损害行为可以预见或可以避免，则行为导致的结果必须追溯到人类行为者，如其制造商、运营商、所有者或使用者。民事法律责任的最终承担者依然是人类，而非机器或设备装置"②。欧盟坚持把人工智能置于客体地位的立法态度显而易见，此时专利主体扩张的主张尚缺乏理论根基和现实土壤，人类的发明主体地位并未改变也无须改变。

言及欧盟专利权的客体规则，最重要的"可专利性排除领域"规定其实可以从德国专利法律中窥见一斑。在法律适用上，欧洲对具体发明

---

① United Nations Educational, *Scientific and Cultural Organization. UNESCO science experts explore robots' rights*, http：//www.unesco.org/new/en/media-services/single-view/news/unesco_science_experts_explore_robots_rights/，最后访问日期：2022 年 3 月 9 日。

② 《欧盟人工智能相关法律规则之——欧盟机器人民事法律规则（中文译文）》，https：//zhuanlan.zhihu.com/p/31457515，最后访问日期：2022 年 3 月 9 日。

"整体性"和"技术特征"的强调较之德国法律实践是更上层楼、有增无减。《欧洲专利公约》在第 52 条以正面列举和反面排除的方式明确了"可授予专利的发明"的范围。第 1 款规定"所有技术领域的发明都可以被授予欧洲专利，只要其具有新颖性、创造性，并适合产业应用（industrial application）。"第 2 款列举了不属于第 1 款所称"发明"的内容："发现、科学理论和数学方法""审美创造""智力活动、游戏或者商业活动的规则和方法，以及计算机程序""信息表述方法"。第 3 款对于第 2 款的适用作出限制："当且仅当欧洲专利申请或者欧洲专利只涉及第 2 款规定的对象或者活动'本身'时，才应当根据第 2 款规定排除于专利授权之外。"根据《欧洲专利公约实施细则》的立法解释和前欧洲专利局上诉委员会主席保尔·范登堡（Parl van den Berg）等专家的学理解释，公约没有明确"发明"的内涵，但确定了发明应当包含"技术特征"。《欧洲专利公约实施细则》在第 42 条第 1 款进一步明确，专利说明书应当载明具体发明的技术领域、针对的技术问题，以及解决技术问题所使用的技术方案。而公约在第 52 条第 2 款予以排除的对象本质上都是抽象的概念、思想，不具有技术特征。但基于第 3 款的进一步规定，也要对"排除"作限制性解释，在判断申请保护的对象是否应当予以排除时，要将权利要求中的内容作为一个整体来考虑，判断这一具体对象是否彰显技术性，是否属于"技术领域的发明"。以商业方法和计算机程序为例，判断申请的内容是否构成第 52 条第 2 款规定的排除对象需要考察相关权利要求是否包含"技术特征"，是否采用了技术手段，是否针对技术问题的具体解决方案。根据判例 T 208/84 Vicom 案和 T 641/00 Comvik 案，[①] 一项权利要求如果既包含技术手段，又包含非技术手段，仍然可以满足公约第 52 条第 1 款的规定，可以被授予专利。为此可知，权利要求应当作为一个整体考虑，相比起表现形式，权利要求的内容才具有实在的法律意义。

三 专利权保护的审查实践

欧盟的专利审查实践包括 2022 年最新版《欧洲专利局审查指南》的实践指导规则以及欧洲专利局及其上诉委员会、扩大的上诉委员会在专利

---

① ［英］理查德·哈康、［德］约亨·帕根贝格编：《简明欧洲专利法》，何怀文、刘国伟译，商务印书馆 2015 年版，第 41—45 页。

主体确认、客体审查方面的具体法律适用实践。

欧洲专利局（EPO）发布了最新版的《欧洲专利局审查指南》，该指南已于2022年3月1日正式生效。新版指南延续了《欧洲专利公约》对专利申请主体范围的限定。指南Part A Chapter Ⅱ"专利申请的提出和备案审查"部分的第2项重申了提出专利申请的权利主体，包括任何自然人或法人，以及依据法律规定等同于法人的组织（anybody equivalent to a legal person by virtue of the law governing it）。符合条件的申请人要求是欧洲专利授权的形式要件。在欧洲专利局的一系列程序中，申请人应当被视为有权行使欧洲专利权。① 尽管欧盟致力于人工智能基本伦理规则和治理框架的研究，但其出发点是使人类更安全地应用人工智能产品，实现科技改变生活、延续文明的目的。人工智能作为机器仍然被放置于客体的位置，作为工具辅助人们更高效地获取信息和资源。审查指南第A-Ⅱ-2项以"'Persons' entitled to file an application"为基本表述，没有为"Machine""Robot"或"Artificial Intelligence"留有余地，再一次展示了对"人类发明中心主义"的坚持。欧洲专利局的审查实践亦然，针对美国计算机科学家泰勒的团队提出的为其创造的人工智能系统DABUS生成的技术内容申请欧洲专利，并确认该人工智能系统是"发明人"的主张，欧洲专利局予以否定和驳回。2020年1月，欧洲专利局在必要的听证程序后，作出了拒绝批准EP18275163号（可变形的食品容器）与EP18275174号（提高注意力的闪光装置）专利申请的裁决，② 理由是该申请不符合《欧洲专利公约》的规定，在申请程序中指定的发明人必须是自然人，而不能是人工智能。从最新的立法提案也可以看出，欧盟有信心在当前欧洲法律框架下解决涉及人工智能的问题，也即无论机器有多么智能，在当下都作为承载着人类智慧的"工具"，而否定将其视为发明专利主体的可能。

在专利客体排除领域，新版审查指南进一步明确了针对不同申请对象的审查细则，列举了"技术特征"的具体应用实践。指南在第G-Ⅱ-

---

① Guidelines for Examination in the EPO, March 2022 edition, Part A Chapter Ⅱ-2 Persons entitled to file an application, https://www.epo.org/law-practice/legal-texts/html/guidelines/e/a_ii_2.htm，最后访问日期：2022年3月9日。

② European Patent Office, https://worldwide.espacenet.com/patent/search/family/064500314/publication/EP3563896A1?q=EP18275174&queryLang=en%3Ade%3Afr，最后访问日期：2022年3月10日。

3.3.1 条将人工智能和机器学习运用的计算模型、算法作为"数学方法"的特殊表现形式考察。指南指出数学方法本身性质抽象，不具有技术特征，所以被列为专利客体的排除领域。例如包括神经网络、遗传算法、凯末尔回归、支持向量机、K 均值和判别分析在内的人工智能和机器学习中用于分类、聚类、回归和降维的计算模型和算法，就具有抽象的数学性质，无论它们是否可以通过数据学习进一步训练，都不能获得专利。但是，数学方法常常是发明创造的基础，[①] 对数学方法的具体应用体现了技术特征，具有可专利性。即人工智能和机器学习中的计算模型与算法在各个领域的实际应用是可专利的。指南确定了用于考察具体权利要求的"技术属性测试法"，在技术应用层面要评估该数学方法是否被用于特定的技术目的，而不能是一般意义上的对技术系统的记录或者控制。同时注重审查的整体性，如果权利要求除了数学方法本身还涉及技术手段的运用，则该客体在整体上符合技术特征的要求，可以进一步接受实质性审查。[②] 对于商业方法，指南在第 G-Ⅱ-3.5.3 条作出了详细规定。先是通过列举对商业方法的范围作出界定，即"涉及财务、商业、管理或者组织性质的主题或者活动属于商业计划、规则和方法的范围"。纯粹的商业方法具有不可专利性，如经欧洲专利局上诉委员会审查的一个为无人自动售货机提高使用可读卡片效率的建议，当使用者的一张卡片在自动售货机上被识别有效后，便可以在其他不同自动售货机上进行操作。上诉委员会经过审查认定，这个方案更接近商业方法本身，因而不可专利。[③] 指南也明确对商业方法的专利申请仍然要遵循技术性的判断路径，如果权利要求规定了用于执行商业方法的必要技术手段，如计算机、计算机网络或其他可编程设备，则不应被贸然认定为抽象的商业方法"本身"，也不能根据公约第 52 条第 2 款被排除在可专利的范围外。依照专利审查次序，可以继续对作为一个整体的该客体进行新颖性、创造性的步骤审查。

---

① 根据《欧洲专利局审查指南》的补充，人工智能和机器学习中的算法、计算模型在各个技术领域都有应用。例如，在心脏监护仪中使用神经网络来识别不规则的心跳构成技术贡献。对仅具有基础特征的数字图像、视频、音频或语音信号进行识别和分类是算法的典型技术应用。

② Guidelines for Examination in the EPO, March 2022 edition, Part G Chapter Ⅱ-3.3.1 Artificial intelligence and machine learning, https://www.epo.org/law-practice/legal-texts/html/guidelines/e/g_ii_3_3_1.htm, 最后访问日期：2022 年 10 月 10 日。

③ EPA T 854/90（FN 16）；krit. Benkard/Bacher/Melullis, § 1 PatG Rdnr. 103 b.

实践证明，很多商业方法相关的发明可能不会违反《欧洲专利公约》第 52 条第 2 款专利客体排除规则，却不能满足公约第 56 条规定的创造性的要求。一方面，那些设法回避技术问题而不是以技术手段解决该问题的对基本商业方法的修改不被认为是对现有技术的显著贡献或重大进步，如指南举示的避免重复记账的自动化会计方法，它所体现的作用是商业方法本身固有的，不符合技术效果的要求。[①] 另一方面，那些运用了技术手段却没有解决技术领域的问题的方案，也不能为该领域普通技术人员视为"非显而易见"。例如在 T 258/03 Hitachi 案中，权利要求 1 列明使用"服务器"作为必要的技术手段，欧洲专利局上诉委员会也认可该方案整体满足公约第 52 条的规定。但是因为案涉权利要求要解决的客观问题具有技术特征，其解决方案却属于商业方法领域，最终不被认定具有创造性。[②] 欧洲专利法虽然为算法和商业方法专利适格性提供了开放的空间，但由审查和裁判实践可见，算法和商业方法专利的取得较之一般发明创造要经过更严格的技术性考验，这也为欧盟有志于此的研究者们提出了更高的创新要求，为欧洲专利局的司法行政人员带来了更大的工作挑战。

第五节 日本提高"互联网+"产业形态下专利权保护规则适应性的实践

一 专利权保护的法制沿革

日本是高度重视创新治理和技术成果保护的亚洲国家的代表，其在不断完善专利权保护的法律制度、专利行政管理和审查实践的过程中积累了丰富的经验，同样值得我国进行比较研究学习和批判性借鉴。日本专利权保护的进程可以被概括为近代保护制度初步形成、现代保护制度走向成熟、21 世纪立法的修改完善三个阶段。

---

① Guidelines for Examination in the EPO, March 2022 edition, Part G Chapter Ⅱ - 3.5.3 Schemes, rules and methods for doing business, https://www.epo.org/law-practice/legal-texts/html/guidelines/e/g_ii_3_5_3.htm, 最后访问日期：2022 年 3 月 11 日。

② [英] 理查德·哈康、[德] 约亨·帕根贝格编：《简明欧洲专利法》，何怀文、刘国伟译，商务印书馆 2015 年版，第 43 页。

第一阶段,日本自19世纪60年代开始施行"明治维新"改革运动,在向资本主义道路迈进的过程中大量吸收了西方发展科技与产业的思想,改变了幕府时期技术封锁的局面,为专利制度的引入奠定了社会基础。在福泽谕吉、神田孝平等专家学者的呼吁倡导下,利用专利制度鼓励发明创造逐渐成为先进的社会思想。1871年颁布的《专卖简则》成为日本第一部规制专利的法律。19条的法律文本包括先申请原则、专利授权条件、专利有效期等内容,虽然在该法实行的第二年,就因为法律审查授权高标准和现实落后技术生产力的差距被迫停止实施。但已然突破了日本传统文化的禁锢,是日本专利保护意识兴起的象征,被视为一大历史性进步。[①]为回应资本主义社会向西方学习后发展近代工业的需要,自1879年始,日本政府为重建专利制度作出尝试。努力的结果是1885年《专卖专利条例》的颁布和1888年对《专利条例》的颠覆性修改。该条例吸收了欧美专利法规定的所长,包含专利权保护客体、排除对象,权利行使的内容与限制、专利实施的特别许可等专利制度的基础性内容,在社会层面取得了良好的实施效果。1899年,日本加入了《巴黎公约》,根据国际标准对《专利条例》进行了修改,颁布了《专利法》。而后为回应公私权益平衡和反不正当竞争的需求,提升在世界大战前后专利法律的社会适应性,日本在1909年、1921年到1952年对专利法作出多次修正,日本近代专利保护制度也在这一进程中初步形成。

第二阶段的开始是1959年,日本进一步吸收借鉴国外立法的先进经验,全面修改了《专利法》,使国内法与国际接轨的趋势增加。并且该法也是日本现行专利法的母本,此后的修改完善都只涉及部分具体内容,没有改变整体的框架和结构。[②]1959年的日本《专利法》在保护对象、专利授权条件、专利权人的救济措施等方面作出调整,更顺应时代发展、产业迭代的要求。此后从1970—1995年专利制度的多次变革与日本经济现代化基本呈现出同步的发展趋势,见证了日本从模仿学习欧美经验到成为世界范围内独到而领先的经济体。其间修改的内容如程序上的可以通过互联网渠道提出专利文件的电子申请,实质上将现有技术的范围扩张到以网络

[①] [日]吉藤幸朔:《专利法概论》,宋永林、魏启学译,专利文献出版社1990年版,第34页。

[②] 张玲:《日本专利法的历史考察及制度分析》,人民出版社2010年版,第42—43页。

方式公开的内容也体现了"互联网+"产业形态对专利制度的影响。这一过程中，日本专利权保护的水平不断提高，制度呈现出系统化、现代化的特征，并且从发展不断走向成熟。

第三阶段开始于 2002 年日本在国际政治经济新格局下为提高自身的核心科技竞争力确定了"知识产权立国"的国家战略。在这一政策背景下强调对作为知识产权重要组成部分的专利的保护。并对专利法的规则内容做出了进一步的修改和完善。具体而言，修改的内容包括 2002 年《专利法》将商业方法软件等信息类产品纳入专利权的保护范围，完善了对专利间接侵权行为的规定等。2003 年《专利法》在程序上统一了对专利有效性审查判断的标准，为国际专利申请简化了流程，提供了便利。此后经历了 2004 年、2008 年、2014 年到最新 2021 年的多次修改完善，日本专利权保护水平不断提高，专利法成为保障日本实行产业革命、实现自主创新、知识经济高速发展的重要制度工具。可以看出日本专利法的发展进程是在适应社会现实和保障稳定架构的统一中动态推进的，与各国的立法规律保持了一致，也为我国立法完善凝聚了共识。

二 专利权保护的立法动态

首先可以关注到的是日本人工智能领域的立法和政策监管持续跟进、推陈出新，可见其国家层面对"互联网+"产业形态的关注。2018 年，由日本内阁部出台的《以人类为中心的人工智能社会原则》指导层级高，宏观而抽象地亮明了日本政府的态度。该原则强调人工智能技术双刃剑的作用，要求在人工智能技术研发的过程中处理好新兴技术与人类社会的关系，利用法律、行业标准等社会多元治理手段促进人工智能得到安全、高效的应用。在其中需要贯彻落实的是"以人为本"的理念，即将人工智能技术作为延伸人类可能性、创造性的工具，由利益相关者作为义务主体承担操纵或不当使用人工智能技术带来的风险和责任。[1] 综合日本现在加入的《安全的人工智能系统开发指南》《广岛人工智能进程综合政策框架》等政策性文件，可以发现日本监管多元化突出、约束原则性强的

---

[1] 光明网：《解读日本〈以人类为中心的人工智能社会原则〉，人工智能社会需要怎样的"紧箍咒"》，https://m.gmw.cn/baijia/2019-01/17/32364568.html，最后访问日期：2024 年 5 月 7 日。

"敏捷治理"方略在应对技术变革和新产业形态时发挥着重要作用。

具体到专利法领域,可以主要从日本专利法的客体及其扩张上窥见"互联网+"产业形态为专利权保护规则更新带来的影响。与我国专利法不同,日本承袭德国立法,针对不同的发明创造以《专利法》《实用新型法》和《外观设计法》三部单独立法分别进行调整,其中,《专利法》以发明为保护对象,并对三种发明创造涉及的共性问题作出统一规定。本书也主要以日本专利制度中居于核心地位的《专利法》作为学习的重点展开研究。在客体规则上,日本现行立法沿用了1959年《专利法》对"发明"的定义,突出了发明区别于发现、技巧、实用新型的技术性、创造性特征。受电子商务经济和新型互联网产业的影响,日本法的保护客体也经历了从一般的机器设备制造向计算机软件、商业方法扩展的进程。对于计算机软件而言,当各国开始以版权的视角将其纳入知识产权保护范畴时,专利法还将其视为数学方法,作为抽象的思想或自然法则排除在可专利对象外。直到美国在1981年"Diamond v. Diehr"案的司法判决中利用两步测试法对权利要求整体进行判断,扭转了联邦法的认识,将软件纳入专利法的保护范畴内。[①] 进一步,美国在1998年"State Street Bank & Trust Co. V. Signature Financial Group, Inc."案中基于具体专利申请的实用性肯认了商业方法专利的适格性。受到美国的影响,日本也逐渐放开了对计算机软件和商业方法进行专利保护的态度,日本专利局于1976年出台《计算机程序相关发明审查指南》(以下简称《审查指南》),并多次对指南内容进行调整删改,不断放宽审查判断的标准。对于商业方法发明专利,日本专利法呈现的趋势是与美国法保持动态的一致,而且从电子商务公司到政府官方都相当重视对商业方法专利的申请和保护。[②] 日本在对美欧法制实践进行比较研究的基础上在2000年的《审查指南》中进一步区分单纯的商业方法和富有技术构思与实用性的商业方法,后者可以成为专利保护的对象。《审查指南》也进一步明确相关发明创造性的判断标准和实施细则。另外,在主体规则上,能够依据日本法获得专利的人主要包括发明人和继受人、职务发明制度中的利益相关人。其中"发明人"根据法律条文的应有之义和学理的解释,应当理解为完成了发明过程中技术思

[①] 张乃根编著:《美国专利法判例选析》,中国政法大学出版社1995年版,第58—65页。
[②] 张玲:《日本专利法的历史考察及制度分析》,人民出版社2010年版,第223—224页。

想的创造行为，[①] 作出智力成果的贡献的自然人。发明人因完成发明创造既能获得对专有权利的请求权，又能获得和署名及身份认证相关的人格权。可见日本也没有因人工智能生成内容现象的出现突破知识财产法工具论的本质和发明人的人类主体身份。

三 专利权保护的审查实践

日本专利权保护审查实践的数据主要来源于日本专利局在政府信息平台发布的专利信息和政策动态。日本专利局（Japanese Patent Office，JPO），根据日语表达习惯也被称为日本特许厅，是隶属于日本经济产业省，以发明专利、实用新型、外观设计的申请、审查与注册为行政职能，并采取各种有益措施保障日本工业产权发展的政府机构。在"互联网+"产业形态下，日本专利权审查的最新实践可以在商业方法发明的申请趋势和人工智能相关发明的审查标准中窥见。

一方面，对于商业方法相关的发明专利，日本国内在 2000—2001 年迎来申请热潮，而后又逐渐降低，直到 2012 年起随着智慧通信技术及互联网金融等新的服务领域兴起，相关发明申请又迎来新的增长。2021 年申请量达到 13032 件，其中 9939 件主要特征属于商业相关领域，且 70% 左右的专利申请可以得到 JPO 的官方授权。在行业分布上，2021 年的商业方法发明申请主要分布在一般服务业、管理与经营产业和电子商务营销行业、金融业等领域，相关发明被实际应用的范围和市场占有率日益广泛。日本专利局也统计了其他国家和地区商业方法发明申请的数据。其中，中国的申请数量自 2016 年起攀升明显，2020 年的申请数量超过了 6 万件。美国的申请数量起伏不大，维持在 2 万件上下。被认为是因为 2019 年美国《专利审查指南》作出修订，商业方法发明授权的指导更为具体，行为的可预测性提高导致。而欧洲的商业方法专利申请数量最少，日方认为这是受到了欧洲专利局对商业方法发明严格的创造性判定要求的影响。[②]

---

① ［日］青山纮一：《日本专利法概论》，聂宁乐译，知识产权出版社 2014 年版，第 115 页。

② JPO：*Recent Trends in Business-related Inventions*，https://www.jpo.go.jp/e/system/patent/gaiyo/recent_trends_biz_inv.html，最后访问日期：2024 年 5 月 9 日。

另一方面，对于人工智能相关的发明专利，我国国家知识产权局与日本专利局联合展开了专利审查的对比研究，于2023年11月发布了《中日人工智能专利审查案例对比研究报告》（以下简称《对比研究报告》），为专利申请人和学习研究者能够清晰准确、公开透明地了解两国人工智能发明审查的规范内容和实践要求提供了充分的可能。[①] 根据《对比研究报告》，人工智能相关发明要在两国获得专利授权存在共性的实质性要求。首先，相关发明应当符合"发明"的基本内涵，属于法定的可专利保护的内容。其次，要求保护的主题应当符合两国专利共同的授权要件，具备新颖性和创造性。最后，权利要求应当有说明书的支持，满足充分公开和可实施的要求。存在以上共性的同时，两国行政主管部门在审查细则的制定和把握上也存在标准上的差异，会导致审查结果的不同。具体而言，在专利适格性上，中国人工智能相关发明的判断围绕我国《专利法》对"发明"的定义展开，主要判断要求保护的主题是否构成技术方案。判断也可以分为以下两个步骤进行：第一步，判断权利要求作为一个整体，除了可以解释为智力活动的规则和方法的算法特征外，是否含有技术特征？对于含有技术特征的整体内容，在第二步判断权利要求是否采用了利用自然规律的技术手段解决技术问题，并获得技术效果。同时以"是"的答案满足两步骤的要求的，才能够成为中国专利保护的对象。对于日本专利法而言，相关发明也应当符合其"发明"的定义，属于"利用自然规律作出的具有高水平技术思想的创作"。判断的步骤是：第一步，作为整体视之的权利要求是否利用了自然规律，或者符合日本专利法的特定要求，如一项发明基于另一设备的控制或对象的技术特性进行信息处理，被拟定为是利用自然规律的技术思想的创造。能够充分满足第一步要求的，当然满足日本发明专利的适格性。但是不能确定的，可以继续进行第二步的判断，只要请求保护的主题其特定信息的计算或处理采用软件和硬件资源协作的过程来实施，能够清楚地确定由何种硬件资源专门实现权利要求中提到的信息处理的功能。这样的内容也被认为符合日本专利法保护客体的范畴。可以看出日本的专利适格性判断标准更为复杂，背后有日本对软件发

[①] 国家知识产权局：《国家知识产权局与日本特许厅联合完成〈中日人工智能专利审查案例对比研究报告〉》，https://www.cnipa.gov.cn/art/2023/11/30/art_53_188830.html，最后访问日期：2024年5月10日。

明专利的特殊政策导向的作用,需要学习研究者予以系统性、整体的认识和把握。

第六节 域外实践的评析及其启示

一 评析

(一) 技术背景下提升法律适应性的共识

法律旨在调整当下的社会关系,解决现存的实际问题。也基于此,法律必须不断适应当前社会发展的客观要求。世界上不存在任何地方、任何时候都能适用的固定不变的标准。综观域内外法制实践,不管是采用司法主导模式的国家或是采用立法主导模式的地区,都在有意识地跟随新一轮科技革命的发展进行专利法的适应性改造。在立法上,专利保护的适用范围不断地与技术发展相适应。在司法实践中,对发明专利"技术特征"的判断标准也必须符合实际形势。对于一些非传统的权利要求,要从专利保护的原因、目的等视角出发来审查其正当性。

具体而言,在专利制度缘起的早期,英国《垄断法案》明确将专利保护的对象限制在"制造物"(manufacture)上。而后随着研究认识的加深和法律移植的演变,美国《专利法》将"实用技艺"(useful art)列入可专利主题的范畴。而后欧美专利法保护的对象又经历了从有形的制造装置、产品向无形的"方法(process)发明"扩张的过程。基于方法本身无形性、抽象性的特征,各国又在司法实践中确立了一系列用以检验方法等非传统客体是否具备专利适格性的测试方法,为涉及商业方法、计算机软件和基因技术的发明获得专利保护创造了机遇。此外,发明专利保护期限也从过去各国立法中10—15年不等延长到今天普遍规定的20年。而专利权效力的延展也体现了世界各个国家和地区对技术进步的激励、对社会创新的渴望。在技术创新的驱动下,专利法规则在与时俱进中促使智力成果的利用方式发生改变,也不断增加全世界知识财产的总量。在"互联网+"产业形态下,电子信息及计算机科技正以相当高的频率向其他产业渗透,整体的科技呈现出指数型发展的趋势。这也无形中加大了固定的法律规范与前进的社会生活之间的差距,法律相对滞后性和不周延性的特点显现。人与物之间，民事主体基于创造性劳动、有偿使用等行为对智力成果享有更复杂的权属关系或支配关系，追求明确的规则和覆盖范围更广的保护。人与人之间，在创新和竞争之间也出现了新的紧张关系，在运用新的知识财产时不可避免产生侵权纠纷，需要清晰的权责确认依据和裁判标准参照。也即是为了促进新产业形态的正向发展，有必要为当下工业产权的有效保护注入新的内涵，在新的技术环境下实现各方的利益平衡。基于此，提高各国家地区专利法规制理念、具体规范和裁判标准的社会适应性成为国际共识。

（二）人工智能技术问题：主客体二分与对人类中心主义的坚持

2017年，沙特政府授予中国香港汉森机器人公司生产的机器人"索菲亚"以公民身份。作为世界上首位拥有公民身份的机器人，"索菲亚"与其他沙特公民一样，享有法律层面的各项民事权利。2021年，针对科学家泰勒与团队在世界范围内为人工智能系统DABUS争取发明人资格所提交的专利申请，南非颠覆性地作出了授权的决定，成为世界首个支持人工智能作为专利"发明人"的国家。同样的决定也得到了澳大利亚的支持，在"Thaler v. Commissioner of patents"一案的判决中，澳大利亚联邦法院推翻了副专利审查员作出的"发明人只能是自然人"的决定。在法院看来，不同于《版权法》对人类作者的限定，澳大利亚《专利法》中并没有对"发明人"一词的直接使用，因此也并不明确反对人工智能成为发明人。所以，作为人类的创造物，人工智慧系统或装置也能作为"发明人"继续创造，这并不违背专利法的规定，相反还契合了推动创新的立法精神。[1] 目前，针对联邦法院授权的判决，澳大利亚专利局提交了上诉[2]，终审结果还需拭目以待。相比起绝大多数国家的立场，这只是极个别的法律现象，却激荡起相当大的回响，在理论界和实务界都引发广泛争论。这些开放性的授权决定之所以引起震撼，也源于大众内心深处的不支持、不认同，"赋予人工智能法律主体地位"的结论与当下世界的法律发展的总体趋势相背离。

---

[1] Thaler v. Commissioner of Patents，[2021] FCA 879.

[2] IP Law Watch.，*AI Can Invent-Australia Is First to Recognise Non-Human Inventor-Ship*，https://www.iplawwatch.com/2021/08/ai-can-invent-australia-is-first-to-recognise-non-human-inventorship/，最后访问日期：2021年3月13日。

事实上，大多数国家和地区都坚持的是人与机器人"主体—客体"二元划分的立场，有信心在现有法律框架内解决人工智能带来的问题，在涉及人工智能的社会关系和具体纠纷出现时，最终的权利和责任都会落在人类头上。美国和欧盟都在尽力把握制定人工智能治理标准的先机，但无论从美国专利商标局 2020 年发布的《关于人工智能与知识产权政策的公众意见》的报告，还是从欧盟委员会 2021 年发布的《人工智能法》系列提案来看，面对"人工智能法律主体资格"的疑问，这些权力机关都从产业技术现状出发保持着一种谨慎的态度——"发明构思"和"创造性"来源于人的智力劳动，知识产权申请、审查、获得授权的主体都应当为自然人（或自然人的集合）。[①] 这些研究成果、法律议案不约而同地选择了人类中心的视角，对人工智能的研究开发、市场准入提出了具体的伦理约束和审查要求，以保证人工智能技术应用的安全合规，规避潜在的社会风险。对于人工智能生成技术方案的实践，美国、德国和欧盟采取的是扩大解释现有立法和现行判例的方式，为新的技术成果提供专利法的庇护，而并未突破当下的法律秩序去修改持续了至少半个世纪的法律。对于泰勒博士及团队在世界范围内主张人工智能系统发明人权利的要求，南非和澳大利亚的做法也是绝对的少数。事实上，不止上文列举的美国专利商标局、德国专利商标局、欧洲专利局表达了否定的态度。中国国家知识产权局（CNIPA）和英国知识产权局（UKIPO）也表明了鲜明的立场。在中国，将 DABUS 人工智能系统作为发明人不符合《专利法实施细则》第 13 条以及《审查指南》第一部分第一章第 4.1.2 节的规定。目前，更符合国际趋势和历史潮流的观点是，人工智能引发的技术问题可以由法律经过修改、解释后适用来解决，"人类发明者中心"的格局没有必要颠覆。如果我们有一天要迈入掌握了综合认知能力和计算分析能力的人工智能时代，立法者将不得不重新考虑人类与智能技术的关系，但那样的时代还远远没有到来。

（三）方法发明可专利性问题："技术性特征"的个案审查

专利适格性审查是权利要求经历实质性审查以正式获取专利授权的前

[①] 初萌：《美国人工智能知识产权政策之评析——基于美国专利商标局对公众意见报告的分析》，《私法》（第 18 辑·第 1 卷）（总第 35 期）。

提，专利适格性标准在整个专利审查体系中起着"守门员"的作用。[①] 各国家、地区都有志于在专利法中设置合理的准入门槛，与后续"新颖性、创造性、实用性"的实质性审查标准相区分。一方面要保持法律语言表达的概括性、开放性，不遗漏某些技术领域或产业应用。另一方面，基于专利制度激励创新、促进科学进步和社会经济发展的目标，面对智能时代下技术应用和创新成果的多样化，也要为未来具有突出贡献的创造性方案留下可解释的空间。以发明专利的"可专利主题"为例，美国35 U.S.C将其概括规定的"发明"或"发现"，并具象为"方法、机器、产品或物质的组合"四种类型；德国《专利法》规定的是"任何技术领域内新的、带有发明步骤并可以工业应用的发明"，在《欧洲专利公约》中表达为"所有技术领域的发明"，我国《专利法》的表述则是"对产品、方法或者其改进所提出的新的技术方案"。可见域内外立法关于"可专利性主题"的规定都保持了开放的理念。这也不可避免地使得"可专利性主题"与"专利排除领域"之间的界限变得模糊，尤其考虑到专利适格标的在判断标准和具体范围上会随着时代背景不断变化、有所扩张，在抽象规范与具体事实之间需要有行政审查和司法解释作桥梁。也正因此，宽松的制定法规则和适格性标准的局限性使得司法行政机关必须肩负起实质性审查和法律解释适用的责任。

从求同存异的角度出发，各国家、地区都在司法层面明确了"抽象概念—实际应用"的二分法，主张对案涉客体进行技术性的整体审查，具体审查的方式、程度可能有所差异。美国从判例中发展出来了"两步测试法"，将权利要求分为"两个部分"，抽象概念之外的剩余部分必须构成实际应用，而且权利要求中的技术特征的组合要足够确保专利申请在整体上远远超出抽象概念本身，构成专利法保护的"发明构思"。德国和欧盟在《欧洲专利公约》的指导下采用的是"技术属性测试法"，要具体评估案涉标的是否被用于特定的技术目的，在抽象概念之外是否涉及技术手段的运用，在整体上是否符合技术特征的要求。中国在最新版《专利审查指南》关于涉及计算机程序的发明专利申请审查的若干规定部分也为行政审查和司法实践作出指示，涉及非传统的专利申请，应当将权利要求中记载的所有内容作为一个整体，对其中采用的技术手段、要解决的技术问题和

[①] 王太平：《知识经济时代专利适格标的研究》，知识产权出版社2015年版，第276页。

获得的技术效果进行综合分析。也只有司法行政机关把握对具体申请或诉请的法律适用、判断分析才能做到与时俱进、因势而变，在实践中完善专利适格性的审查标准和裁判要求；同时回应国家政策和公共利益的考虑，避免专利保护客体无限制扩张，防止自然规律、抽象概念假借"方法专利"的名义被发明人所垄断。要在事实与规范的落差中实现个案正义，立法无能为力，而只能依赖司法的路径，似乎没有更好的选择。

二 启示

(一) 兼顾立法谦抑与法律创新

法律在稳定性与适应性的平衡中不断演进。要突破法律的稳定性，必须要有当下物质生活条件变化和社会长远发展的考虑。从知识财产工具论的角度出发，本书所秉持的观点是：知识产权只是一个达到目的的方法，而不能视为目的本身。专利法的规则和相应的制度、技术都必须服务于人的需要。[①] 一方面，应将权利有可能的扩张限制在专利权被赋予的目的——鼓励发明创造并推动其应用、促进科学技术发展和经济社会进步相一致的范围内。另一方面，专利法治需要同时兼顾专利权人、专利技术使用者和社会公众的利益，在利益平衡中实现最佳的社会效益。基于这样的立场，对人工智能技术引发的法律问题可以得出如下结论，即不排斥未来发生制度变革的可能，但在当前的技术背景下，还是应该保持审慎的态度，寻找人工智能取得重要突破的科学依据。提高治理能力和现行法的适应性，通过调整具体规范解决现实问题，适应产业良性发展的需要。

从专利权主体与客体两个方面切入。首先，在专利权主体确认问题上，我国不存在可以将人工智能拟制为人并赋予其法律主体地位的法理基础。基于权责一致性的考虑，人工智能侵权类似于现行法中的产品侵权，必须由人类主体承担最终的民事法律责任。无论是从目前的技术发展水平还是从国家公共政策、伦理道德等方面出发，拟制人工智能为人的主张都缺乏有说服力的理据支撑，与主流价值观背道而驰。出于与沙特、南非等国家不同的国情，我国暂没有必要突破专利法中对发明人、

---

① Peter Drahos: *A Philosophy of Intellectual Property* (Illustrated, Reprint), Brookfield: Dartmouth pubishing House, Ashgate Publishing, 1996, pp. 302-307.

申请人等主体资格的限定，在这一问题上应当保持立法的谦抑。其次，在专利权客体审查路径中，对于人工智能技术及其生成创造物专利适格性的审查需要依据最新《专利审查指南》的规定来进行。对与其他领域发明专利申请相同的基本事项，按照一般的审查标准来处理。对包含算法或商业方法等智力成果的方法特征的特殊要求，仍是以"技术性"要素为重心，在具体审查实践中要将权利要求记载的所有内容作为一个整体，对应用的技术领域、采用的技术手段和产生的技术效果进行判断，即人工智能技术、技术生成内容的审查判断没有突破现行专利法律适用的范围。但是具体案涉权利要求具有个属性，还是应当对相关客体进行综合审查、具体分析。另外，我国真正缺乏的是针对人工智能技术风险预防、合理利用和可持续发展的基本规范、监管措施。作为全球人工智能投资融资规模最大的国家，我国参与制定人工智能国际标准的积极性不足，国内标准制定和实施也趋于保守、相对滞后。事实上，在2017年发布的《新一代人工智能发展规划》中，国务院就提出了制定人工智能治理规范的战略目标。计划在2020年年初步建立部分领域的人工智能伦理规范和政策法规，到2025年要初步建立人工智能法律法规、伦理规范和政策体系，国家要具备人工智能安全评估和管控能力。但现实与目标存在明显的差距，人工智能的伦理规范和风险管控策略更多地出现在学界的呼吁中，尚未形成具有普适性和强制力的法律。国家应当主动制定人工智能基本伦理标准和监管评估规范，就技术研发和应用提供官方层面的支持；同时对于新的机遇和挑战提供及时可靠的答复，完善现有法律，促进法律解释创新。结合现有研究成果和实践经验，立法者在这方面也要有面向未来的勇气和担当。

（二）完善对专利权的司法保护

由上述域外法制实践评析可见，涉及"互联网+"、人工智能技术的发明专利申请，对于包含算法或商业规则和方法等抽象概念的特征，立法采取了不周延的开放理念，特殊的"技术性特征"的个案审查不可避免。事实上，法律规定的理想状态，即可以在通常意义的核心地带直接适用具体规定解决纠纷不可能在每一个案件中实现。更多时候需要司法审判活动适用法律解释的方法填补规范与现实之间的差距，在很大程度上需要仰赖法官的实践经验和裁判智慧。况且，争论和探讨的空间在法律实务中也极为重要，我们不可能要求一套能够完美适用于所有疑难案件、多元化现实的法律解释方法。尤其是在面对非传统的技术方案与伦理道德的冲突时，"不确定性"带来的价值选择不可避免。面对事实与规范的差距，需要由法官根据个案进行技术性的判断和规范性解释，在说理部分清晰论证解释结果的合理性。这也为审查人员的专业本领、技术性认识和裁判经验总结提出了更高的要求，确保专利保护的适用范围与技术发展水平相适应，确保对技术性特征的要求符合专利保护目的以及产业实际形势。只有充分发挥法官裁判的主观能动性，为每个个案留有适用不同解释方法的余地，才能真正让人民群众感受到司法审判理性公正的魅力。

在更宏观的层面，也要完善专利纠纷解决机制，更好地保护专利权人、利益相关方的合法权益。与德国司法实践相似，我国专利诉讼程序也采用"二元结构"。但不同于德国普通法院与联邦专利法院的区分，在中国，由各级知识产权法院审理专利侵权纠纷，由国务院专利行政部门作专利效力判断和无效宣告。因此在实践中，会出现两种提出专利权无效请求的情形，一种是在不存在专利侵权纠纷的情况下，由认为专利授予不符合法律规定的单位或个人向专利行政部门提出请求；另一种是被指控侵犯专利权一方在专利侵权纠纷诉讼程序中向专利行政部门提起。在后种情形中，当国家知识产权局专利局复审和无效审理部受理无效宣告请求后，受理专利侵权纠纷的司法机关通常会中止程序，等待复审部门维持专利权或宣告专利权无效的决定。

根据我国《专利法》的规定，被宣告无效的专利权视为自始不存在，届时原本进行的侵权纠纷审判程序也将失去意义。但当事人如果对专利行政部门的审理决定表示不服，可以向人民法院起诉。这也将侵权诉讼程序与无效宣告程序之间的衔接失调、循环诉讼等问题暴露出来。对于"问题专利"，无效宣告请求提交后复审部门作出决定大约需要6—8个月的时间，对该决定不服的起诉期为3个月。接着按照普通程序计算，一审一般需要6个月，若当事人上诉，二审需要3个月。这些漫长的程序不利于权利的落实、行为合法性的确定，纠纷也不能得到快速解决。正当的专利权在受保护的法定期限内无法获得应然的市场回报，这也与专利制度激励创新的基本目标背道而驰。从德国《二次简化与现代化法》中吸取经验，我国也有必要加强专利侵权程序与确权（无效宣告）程序的制度衔接，加快无效宣告程序审查决定的速度，坚持涉及专利争议的案件的专业化审理，要求行政部门、司法机关的负责人员掌握当下的技术知识并实时跟进科技发展。考虑到诉讼的时间成本投入以及司法裁判的终局性，可以鼓励相关当事人采取诸如调解、仲裁等多元化的纠纷解决方案，为专利权人提供更高效、便捷的保障。

（三）实现视野全球化与法律本土化的统一

视野全球化指向的是"互联网+"产业形态下技术风险引发的法律问题具有全球化特征，需要以更宽阔的国际视野看待。虽然不同国家和地区所处的产业发展阶段不同，知识产权领域的法治运行也有差异，但是域外专利制度发展过程中出现的问题不仅指示着他国的主要矛盾和利益交锋，也体现了专利制度本身固有的属性。此时各个国家、地区当下面对的"专利危机"也有相当程度的普遍性。因此，对一些国家专利政策、法律实践的跟进、认识、研究十分必要。而且，由于我国专利制度成型较晚，作为"后起之秀"，其现代化进程中出现的一些问题也晚于美国、德国等发达国家。分析这些国家和地区面对类似问题的治理举措和社会效果，有助于我们加深对专利制度运行规律的认识。帮助我们结合国内外形势和国内法治现状制定科学、民主、有效的完善措施，不断缩短制度现代化的差距，接近我们知识产权强国的建设目标。更为重要的是，知识财产因其无形性常伴随着跨境流通的需求，需要国际层面达成基本共识，形成共商共治共享的合作模式。例如深化各国对人工智能领域伦理标准和安全监管的共性问题研究，增加知识产权保护、算法治理等方面的国际对话，以"人类命运共同体"的姿态应对全球性的技术挑战。

而法律本土化代表着一种在全球化趋势下强调本民族特色的思潮。在保持制度自信的基础上，可以适当吸收外国法的内容。而后经过本土化移植和改造，使外国法的内涵能够自然地融入本国的法律体系或法律文化当中，为民众所接受和认同。在当下，我们主动学习和认识域外专利法律的应用实践、发展规律，总结其中可借鉴的经验。但更强调从中国实际出发，看到知识产权制度鲜明指向的国家的发展政策。如著名学者吴汉东教授所述："赋予哪些知识知识产权，如何保护知识产权，是一个国家根据现实状况和未来发展需要所作出的制度选择和安排。"[①] 也基于此，国家要解决专利权保护规则适应性的问题需要兼顾法律的稳定性与灵活性，厘清立法问题与司法解释的问题，在安全和发展中找到平衡。既不能罔顾国

---

① 吴汉东：《政府公共政策和知识产权制度》，《中国版权》2008 年第 1 期。

情，超越阶段，也不能因循守旧、墨守成规。[①] 不仅要有世界眼光，更要具备家国情怀。创新完善后的专利法律也需要突出中国的实践特色和时代特色，成为历史法治经验和现实社会条件的结晶。

本章小结

在全球化法律问题面前，当下的中国应当秉持兼收并蓄的开放态度，学习研究国外法治实践的经验，合理借鉴其有益因素，立足中国国情与发展需要，提高专利法的适应性和现代化水平。举例而言，在政策层面，可以推进"中国制造 2025"和德国"工业 4.0"战略对接，把握"互联网+"产业形态为中国经济尤其是中国制造业带来的机遇，共同推动一次新的工业革命。在立法层面，可以学习欧盟制定人工智能伦理规范和治理体系的创新举措，促进国际交流和合作，确立中国在人工智能应用、评估、监管方面的法律标准，加强对技术安全风险的把控。在司法实践中，可以总结美国在商业方法等非传统客体专利适格性判断中的司法裁判经验，完善具有中国特色的专利授权、审查标准，增强专利保护的能力，促进科学技术创新。除了博采众长，中国也应积极参与知识产权全球治理，力争成为国际标准的制定者、推广者。发扬当代中国的社会主义特色，努力为世界知识产权制度发展作出贡献。建设具有中国特色、世界水平的知识产权强国，让世界看到中国的担当，倾听中国的声音。

[①] 中共中央文献研究室编：《十八大以来重要文献选编》（中），中央文献出版社 2016 年版，第 186 页。

第五章

中国"互联网+"产业形态下专利权保护规则适应性的检视

通过比较研究总结域外的实践经验，其落脚点和根本目的仍是对中国专利法立法规范与司法实践现状的审视与关注。新产业形态下技术的变革势必会引发法律制度的革新，但是立法不是社会治理的唯一路径，需要保持必要的审慎和谦抑。需要厘清哪些问题可以在现行法律框架下通过法律适用和司法解释予以解决，而哪些问题已经触碰到了法律解释与法律续造的界限，且不能为其他社会治理方式所包容，需要新的立法予以明确，为行为和管理提供权利（力）行使的边界与法律依据。对上述问题的分类涉及对个案事实的描述，属于小前提的范畴。而与之对应的大前提是对法律命题的证成，关乎对法律渊源的追溯和法律的解释和适用。本章的叙述重心便是对"互联网+"产业形态下法律适用过程中大前提的确认，一方面要通过规范分析搭建现行的专利权保护规则的体系和框架，阐释立法的根本逻辑和相关规则运行的基本原理，为法律适应性的检验提供文本素材和现行法的分析依据。另一方面关注司法审判对"互联网+"产业形态下几个重要法律适用问题的解释和指引，为总结新型专利侵权纠纷总结裁判规律和实践经验，以追寻法律的稳定性与专利权保护规则适应性的平衡之道。本章在关注法律规范与司法实践的同时也对新形态下我国专利权保护规则在立法和司法方面适应性实践的不足进行了总结与思考，为提高法律适应性确定了具体的问题，指明思考的路径和完善的方向。

第一节 中国专利权保护的主要立法规定

一 专利权主体保护规则

专利权的主体为"专利权人",依照专利权原始取得和继受取得的权利取得方式的不同,既可以是发明人、设计人本人,又可以是依照法律规定或者合同约定取得专利申请权、专利权的其他人。要确定专利权保护的主体规则,便需要进一步厘清我国现行专利法中"发明人""设计人"和"专利权人"的关系和专利申请权、专利权的归属等问题。

首先,聚焦三个主体术语的概念和关系问题。根据专利理论基础,专利法是对发明创造进行保护的专门法律。而发明创造作为广义的概念,只涵盖了有限的法定客体类型,即作为技术方案的发明、实用新型和适用于工业的外观设计。[①] 对于发明创造的主体,《专利法》直接对法定客体作出了区分,以"发明人"指代完成发明和实用新型的人,以"设计人"指代完成外观设计的人。虽然法律没有明文规定,但是学理普遍将发明人和设计人限制在"自然人"的范畴内。[②] 依照《专利法实施细则》的立法解释,该自然人须得是对发明创造的实质性特点付出了智力劳动,作出了创造性贡献的人。那些只是为发明创造提供物质技术条件或提供其他便利性条件,承担组织或辅助工作的人,如科技公司、数据记录员等,不能被称为发明人或设计人。"专利权人"与专利的申请、授权有更进一步的关系,用以指代依法取得专利申请权被授予专利权或基于合同关系和登记公告程序受让专利权的自然人或组织。如职务发明创造中单位(专利权人)和完成发明创造的员工(发明人、设计人)之间的关系。该发明人、设计人虽然不享有专利权人的地位,但也依法享有针对职务发明创造获取奖励、合理报酬、署名的一系列权利。

其次,需要确定的是不同的发明创造类型和与之相对的专利申请权、专利权的归属问题。随着科学的发展和进步,技术方案和产品设计的创新

[①] 崔国斌:《专利法:原理与案例》(第二版),北京大学出版社2016年版,第1页。
[②] 王迁:《知识产权法学核心知识点精解》,中国人民大学出版社2022年版,第303页。

难度增加，比起个人百分之百投入的"自由发明"[①]，发明创造行为更多地依赖单位的物质技术投入和与他人之间的合作研发。也形成了《专利法》以职务发明创造为主导，以非职务发明创造、合作完成和接受委托完成的发明创造协同并行规定的立法脉络。本书也将遵循立法的四种分类，对专利申请权、专利权的归属作出阐释。第一，对于职务发明创造，相较于某些国家的"发明人优先"原则，我国采用的是"雇主优先"原则，尊重单位对创造生产力的投入，重视保护单位的投资行为。因此，在立法的两种情况，即执行本单位的任务或主要利用本单位的物质技术条件完成的发明创造都被界定为"职务发明创造"，一般由单位处分该发明创造的专利申请权和专利权。其中，《专利法实施细则》对"执行本单位的任务所完成的发明创造"中"本单位的任务"和发明人、设计人主体身份的延续做出了扩大解释，尽力避免专利申请过程中不正当竞争行为的影响。立法也允许单位与发明人、设计人约定利用本单位物质技术条件完成的发明创造的权利归属。第二类的非职务发明创造在我国专利法中指向职务发明创造以外的情形，申请专利的权利和申请批准后的专利权都归属于发明人、设计人本人。由于个人创新的难度较大，是国家专利授权中数量和质量占据次要地位的一类。但作为科技进步的重要动力，专利法也给予了充分的肯定，禁止任何单位和个人对非职务发明创造申请专利的权利进行压制。对于第三和第四类的合作完成的发明创造和接受委托完成的发明创造，在《专利法》之外，《民法典》在合同编的"技术合同"一章作出了更详细的规定。在确定权利归属时，法律更倾向于对完成发明创造，作出实质研发行为的主体进行保护。对于合作完成的发明创造，除当事人另有约定的，专利申请权由合作开发的当事人共有，一方转让共有权利时，他方享有同等条件下的优先受让权。对于受委托完成的发明创造，一般情况下专利申请权和专利权由研究开发人享有，委托人可以依法实施该专利，但存在法律规定和当事人另有约定的例外情况。同理，当研究开发人转让专利申请权时，委托人也享有同等条件下的优先受让权。

[①] 理论界的一种分类标准是，根据完成发明创造的社会条件的差异，将发明行为分为自由发明、委托发明、任务发明、自主发明四种类型。其中"自由发明"即"在这种组织条件下，包括物质条件和智力基础在内的发明的一切投入都由发明人（或设计人）完成的"。参见吴广海《专利法：原理、法规与案例》，知识产权出版社2014年版，第33—34页。

最后，还应明确外国人在我国申请专利权的情形。作为工业产权之一，专利权也有着明显的地域性特征，存在专利保护的空间（国别）限制。一个国家或地区所授予的专利权在其他国家不发生法律效力。如果发明创造主体希望在其他国家（地区）获得专利权的保护，就必须按照该国的相关法律专门提出专利申请，成为该国的专利权人，以受到该国《专利法》保护。中国作为《巴黎公约》的成员国，还应遵守公约中"国民待遇"相关的原则和规定。即一方面，成员国国民在保护工业产权方面享受与本国国民同样的待遇；另一方面，如果非成员国国民在任一个成员国领土内有住所或真实有效的经营场所，也享受与成员国国民同样的待遇。即外国主体在我国申请专利权的情形包括《巴黎公约》成员国国民和在《巴黎公约》成员国有住所或营业所的非成员国国民两种。

二 专利权客体保护规则

我国《专利法》对于专利权保护客体规则采取的是正面保护和反面排除的方式。通过正面列举确定发明、实用新型、外观设计三种有限的受法律保护的客体；通过反面概括了三类不授予专利权的对象，列举了包括科学发现、智力活动的规则和方法在内的六项不授予专利权的内容，共同作为专利保护的排除对象加以特别规定。

对于正面保护的客体，我国专利法以《巴黎公约》的规定[①]为原则，将作为技术方案的发明、实用新型和具有美感并适于工业运用的外观设计一同纳入专利保护的范围，并用"发明创造"对其加以概括。其中，第一类客体发明有专利法意义上的含义，结合《专利法》和《发展中国家专利发明示范法》[②]的定义，发明是为了解决技术领域特定问题，对产品、方法或者其改进所提出的新的技术方案。在三种法定的发明种类中，产品发明的表现形式是有形物，包括制造品如电灯、机器设备如蒸汽机、化合物如药品等。新冠疫情期间，陈薇院士等人发明的"一种以人复制缺

---

① 《巴黎公约》在第1条规定了工业产权的范围，将发明、实用新型和外观设计纳入工业产权的保护对象范围，同时允许缔约国在一定范围内对"专利"进行自行解释和定义。

② 1965年由世界知识产权组织的前身保护知识产权联合国际局（BIRPI）主持起草并公布，其中对发明下的定义是"发明人在实践中用以解决技术领域中某一特定问题的一种构想"。

陷腺病毒为载体的重组新型冠状病毒疫苗"[1] 就是产品发明的一种。方法发明的表现形式是能够实现某种技术效果的手段或步骤，如制造方法、机械方法、生物方法等。袁隆平农业高科技股份有限公司享有权利的"一种杂交水稻的全机械化制种方法"便是方法发明的实例。另外还有一种改进发明，与原始的产品或方法发明相对应，在对后者改进的基础上实现了实质性创新。专利法同样肯定改进发明人的创新性贡献。发明作为一种技术方案，是发明人正确利用自然规律的结果，并且能较为稳定地被重复实施和运用[2]，是创造性和科技含量最高的一种发明创造，在各个国家都成为专利法最基本的保护对象。第二类客体实用新型是为了解决技术领域一般问题，对产品的形状、构造或其结合所提出的适于实用的新的技术方案。产品是实用新型的唯一表现形式，而且实用新型这种对产品的外部形状、内部结构及二者的结合提出的新的技术方案应当具有实用性和一定的创新性，能够解决技术问题并且在工业生产中被制造和使用。实用新型的创造性和技术要求低于发明，在实践中也会被称为"小发明"。第三类客体的外观设计是对产品的整体或局部的形状、图案或其结合以及色彩与形状、图案的结合所作出的富有美感并适用于工业应用的新设计。与发明和实用新型不同的是，外观设计并不需要解决任何技术问题，且与产品的功能因素无关，主要依靠对工业产品外观的装饰作用对消费者产生吸引力。产品的外观是消费者选购工业制品时与产品的质量、功能同样重要的考虑因素，我国专利法也认可外观设计人的智力劳动成果，没有将外观设计单独立法，而是作为发明创造之一加以保护。

  对于反面排除的内容，我国专利法进行了特别规定，包括不符合专利法上发明创造定义的不能授予专利权的主题和虽然符合发明创造定义但基于公共利益保护需要等原因被排除在专利保护对象之外的客体。它们一部分被规定在《专利法》第25条，主要包括以下六种专利法意义之外的智力活动成果。第一，不是技术方案也不能用以解决技术领域的特定问题的"科学发现"。第二，作为人的思维活动成果而不具备技术特征的"智力活动的规则和方法"。第三，涉及人类和动物的生命安全、身体健康，不

---

[1] 国家知识产权局:《中国专利公布公告》，http://epub.cnipa.gov.cn/patent/CN111218459A，最后访问日期：2023年6月17日。

[2] 王迁:《知识产权法教程》（第六版），中国人民大学出版社2019年版，第266—270页。

能为少数人类个体独占的"疾病的诊断和治疗方法"。第四,由自然生成和孕育的而不是人类在工业生产中制造的"动物和植物品种"。但专利法同时以例外规定的形式对有技术活动介入的动物和植物品种的"生产方法"给予专利保护。第五,与国防安全和公共利益息息相关,同样不宜为单位或个人所垄断的"由原子核变换方法获得的物质"。第六,为了保证专利法意义上的外观设计质量,避免专利法与商标法、著作权法法律适用上的混乱而排除专利保护的"主要起标识作用的平面印刷品的外观设计"。[1] 另一部分基于一定原因被排除保护的发明创造包括两大类。第一类是违反法律、社会公德或者妨害公共利益的发明创造。其中违反法律的发明创造中的法律限于全国人大及其常委会制定的法律。而且针对的是本身就与法律相违背的发明创造,如用于赌博、吸毒的机器设备等。不包括那些既有合法用途又有非法用途的,即生产和销售、使用受到法律的限制和约束的发明创造,[2] 如国防用途的武器、医疗用途的麻醉剂等。第二类是违反法律、行政法规的规定获取或者利用遗传资源,并依赖该资源完成的发明创造。遗传资源本身并不是专利法保护的客体,但不可否认的是随着生物技术的精进和完善,遗传资源在农业、环境、医药等领域发挥着愈发重要的作用。如果创新型大国、强国依赖遗传资源完成的发明创造获得专利保护,具备独占性,便很可能会损害遗传资源丰富的发展中国家的利益。因此,根据《生物多样性公约》中的遗传保护规则和国家保护遗传资源的利益需要,我国通过专利法对遗传资源进行保护。

三 专利授权规则

即便专利申请的客体符合发明创造的定义,也没有经特别规定排除保护,也未必能被授予专利权。因为相关的发明创造还应满足专利授权的法定要件。严格意义上的专利权保护授权条件应该包括专利申请主体要件、客体要件和申请人办理专利申请应当满足的条件。但我国《专利法》体系中的授权条件的内容仅仅聚焦在专利申请的客体应

---

[1] 王瑞贺主编:《中华人民共和国专利法释义》,法律出版社2021年版,第73—76页。
[2] 我国《专利审查指南》指出,如果仅仅是发明创造的产品的生产、销售或使用受到法律的限制或约束,则该产品本身及其制造方法并不属于违反法律的发明创造。这便是《专利法实施细则》规定的"专利法第五条所称违反法律的发明创造,不包括仅其实施为法律所禁止的发明创造"的含义。

当具备的部分要件,这也被指为目前立法在篇章结构上存在的局限。① 具体而言,我国法定意义上专利权保护授权条件主要涉及以下三个部分的内容。

第一部分是关于发明和实用新型应当具备的专利保护授权条件。根据《专利法》第22条的规定,发明和实用新型应当具备新颖性、创造性和实用性。法律对专利"三性"作出了定义,本书需要做的是进一步的理解和适用。首先,要满足新颖性的要求,申请专利的客体不应属于现有技术,且不存在与专利申请相冲突的抵触申请,时间以提出专利申请的申请日为限。其中非现有技术的要求指相关发明和实用新型不能在申请日前通过以下形式在国内外为公众所知:(1)出版物公开。包括书籍、杂志、技术报告等纸质信息载体的公开和光盘、影片等非纸质信息载体的公开。出版物的公开不受年代、国籍、语言、销量等因素限制。(2)使用公开。主要是指能够使公众得知其技术内容的因应用带来的公开,如产品的制造、销售、使用、演示、展出等。但是仅仅展示了产品的海报等而未提供任何有关技术内容的说明,公众无法从有限的资料展示中得知产品的结构、功能、应用原理的,不属于使用公开。(3)其他方式公开。包括报告、讨论会发言、广播、电视播放的口头公开,以及通过网站、公众号等互联网新型信息媒介的公开。另外不存在抵触申请的要求指的是申请日以前不能有包括申请人本人在内的任何单位或者个人以相同的发明或者实用新型提出过申请,并记载相关的专利文件中。意在避免发明和实用新型专利被重复授权,避免专利保护期被恶意延长。其次,要满足创造性的要求,要求与现有技术相比,该发明有突出的实质性特点和显著的进步,该实用新型有实质性特点和进步。专利法意义上发明的"突出的实质性特点"采用的是普通技术人员的判断标准,要求对所属领域的技术人员来说,发明相较于现有技术是非显而易见的,不能直接或间接地,即逻辑分析、推理、试验得到构成发明充分而必要的技术特征。

实践中往往对是否显而易见采用"三步法"的标准。第一步由技术人员确定最密切相关的现有技术。第二步分析对比之下该发明的区别特征和技术效果,确定该发明实际解决的技术问题。第三步判断申请保护的发

---

① 尹新天:《中国专利法详解》,知识产权出版社2011年版,第242页。

明客体是否利用了现有技术上存在的某种技术启示,对本领域的技术人员来说是否显而易见。[1] 而"显著的进步"主要指与现有技术相比,该发明在技术效果上取得了长足的进步。包括该发明代表某种新技术的发展趋势、该发明解决了一直以来的技术难题、该发明通过不同的构思提出的技术方案在一定程度上克服了技术偏见、该发明在商业上获得成功等情形。同理,实用新型的专利"三性"审查可以参照发明的标准降低"突出""显著"的要求,在此不多叙述。最后,要满足实用性的要求,申请专利的发明和实用新型需要能够制造或者使用,并且能够产生积极的效果。该发明创造作为一种技术方案不能是纯理论的、抽象的,而是要通过对自然规律的正确利用在产业上得以再现、实际应用。前者"能够制造或者使用"指向产品专利能够被重复制造,方法专利能够被反复使用。后者"能够产生积极的效果"指向申请保护的发明和实用新型能够产生有益的经济、技术和社会效果,如能够改进产品质量、保障人体健康、减少污染排放等。

第二部分是关于外观设计应当具备的专利保护授权条件。由于所要保护的客体性质与发明和实用新型存在本质上的不同,法律对外观设计的授权条件进行了单独的规定。尽管没有采用新颖性、创造性的表述,但根据对法律的体系解释和文义解释,外观设计也应当具有新颖性、创造性,还要满足不得与在先权利相冲突的要求。对于新颖性的要求,外观设计授权的标准与发明、实用新型一样,采用的是绝对新颖性条件。申请专利的外观设计不应属于现有设计,且不存在与专利申请相冲突的抵触申请,时间以提出专利申请的申请日(或优先日)为限。该外观设计同样不得在申请日以前通过出版物公开、使用公开、其他方式公开使设计内容为国内外公众所知。对于创造性的要求,外观设计相较于现有设计或现有设计特征的组合,应当具有明显区别。要求对普通社会公众而言,产品的设计形状、图案或者其结合与现有设计相比不相同或者不相近似。对于不与在先权利相冲突的要求,主要强调的是外观设计人不得未经权利人许可,滥用他人的商标权、美术作品的著作权、自然人的肖像权等作为产品外观设计的整体或者局部来申请外观设计专利,旨在通过禁止性规定保护他人的正当权益。

---

[1] 吴广海:《专利法:原理、法规与案例》,知识产权出版社2014年版,第151—152页。

第三部分是关于发明创造公开丧失新颖性的例外情形。一般情况下，申请专利的发明创造在申请日前不得通过种种形式公开而为国内外公众所知，否则便会成为现有技术（设计），丧失新颖性。但考虑到实践中存在基于公共利益、现实需要、正当理由在申请日前公开的情形，专利法基于诚实信用、公平原则的考量，确定了不丧失新颖性公开的例外规则。包括在国家紧急状态或非常情况下为公共利益目的首次公开在内的四种情形，并且确定了申请日以前六个月内的时间界限。

四 专利侵权责任规则

专利侵权责任的内容在我国专利法体系中主要包括侵权判定的前提、专利侵权的类型和具体行为、侵权损害赔偿的确定和计算三个方面的内容。

首先，作为侵权责任判断的前提条件，《专利法》规定了发明创造专利权保护的范围，为法律效力之所及确定了边界。对于发明和实用新型，专利权保护范围的确定应当以专利申请人提出并经国务院专利行政主管部门批准的权利要求书中记载的权利要求的内容为准。该专利权侵权与否的界限就由其权利要求中记载的全部技术特征来明确和限定。而申请人提交的说明书和必要时的附图是对权利要求内容的说明和注解，只能作为对权利要求的解释，不能用于确定专利权的保护范围。对于外观设计，申请人必须依法提交的体现产品外观设计的图片或者照片起到了"权利要求书"的作用，成为外观设计专利权保护范围的基本依据。同时可以通过记载着产品特点、用途的"简要说明"来对外观设计进行解释，更准确清晰地界定外观设计专利权的保护范围。

其次，涉及专利侵权的类型和具体行为，专利侵权在学理上可以依据行为构成要件的不同分为直接侵权和间接侵权。根据《专利法》和最高人民法院《关于审理专利纠纷案件适用法律问题的若干规定》，直接侵权的行为要件是被诉侵权人未经专利权人许可，为生产经营目的实施了《专利法》第11条规定的制造、使用、许诺销售、销售、进口等行为。结果要件是被诉侵权的产品或方法全面覆盖了专利权人权利要求记载的全部技术特征（全面覆盖原则）。此外，被侵权人不存在或不成立法律规定的现有技术抗辩、不视为侵犯专利权情形抗辩等不侵权抗辩的事由，则完整地构成学界所称的专利直接侵权。① 而间接侵权是为了规制形式上不符合直接侵权构成要件,而实质上侵犯了专利权人利益行为设立的。其基本构成要件是被诉侵权人没有直接实施《专利法》第 11 条规定的行为,但通过引诱、帮助的方式为直接侵权人的行为提供了物质或精神条件上的支持。二者互为补充,共同规制专利法确定的具有可责性的侵权行为。

作为实践中更显而易见而理论更常探究的类型,直接侵权又包括相同侵权和等同侵权两种形式,在实践中需要根据立法解释和司法程序依次进行相同侵权或等同侵权的判定。其中,相同侵权又被称为文义上的侵权(literal infringement),指代的是在被诉侵权的产品或方法上能够找出与专利权人权利要求记载的每一项技术特征相同且对应的技术特征,并且这些对应的技术特征在文字的字面含义上落入了权利要求记载的保护范围。如表 5-1 所示,第一种情形中被诉侵权的产品或方法所具有的技术特征与专利权人权利要求中记载的全部技术特征不差毫厘地一一对应,当然构成相同侵权。第二种情形中被诉侵权的产品或方法虽然在权利要求记载的所有技术特征外还增添了额外的技术特征,但已然能在其中找到权利要求中的所有技术特征,构成相同侵权。第三种情形被诉侵权的产品或方法采用的是权利要求的下位概念作为具体实施方式,实质上落入了权利要求记载的保护范围,在实践中大量存在,构成相同侵权。第四种情形被诉侵权的产品或方法缺少权利要求中的某一个技术特征,不符合相同侵权判定的构成要件,不构成相同侵权,需要进一步进行等同侵权的判断。

表 5-1　　　　　　　　　相同侵权判定示范

专利权人的权利要求	被诉侵权的产品或方法	相同侵权判定
B、C	A、B、C	构成相同侵权
A、B、C	A、B、C、D	构成相同侵权
A、B、C	a、b、c②	构成相同侵权
A、B、C、D	A、B、C	不构成相同侵权

---

① 张晓阳:《多主体实施方法专利侵权案件的裁判思路与规则——以敦骏公司诉腾达公司案为例》,《人民司法》2020 年第 7 期。

② 小写字母 a、b、c 具体实施方式指的是大写字母 A、B、C 技术特征的下位概念,可以被涵盖在上位概念的保护范畴内。参见尹新天《中国专利法详解》,知识产权出版社 2011 年版,第 595—596 页。

与相同侵权不同的是，等同侵权追求对权利要求正确含义和实质特征的保护，在一定程度上扩张了权利要求文字表达所及的权利范围。根据司法解释的规定，等同侵权指代的是在被诉侵权的产品或方法上能够找到与专利权人权利要求记载的全部技术特征相等同且对应的技术特征。并且在本领域普通技术人员不经创造性劳动看来，这些对应的技术特征与权利要求记载的技术特征相比，能够以实质相同的手段，实现实质相同的功能，并产生实质相同的效果。等同侵权不可避免地包含着需要审判人员主观性判断的内容，最高人民法院通过司法解释或司法实践又先后确定了捐献原则、禁止反悔原则等规定，对等同侵权的适用加以完善和限制。[①]

最后，在侵权损害赔偿的确定和计算问题上，专利法在修改的过程中完善了损害赔偿的制度，大幅提高了侵权人的违法成本。作为基础规定的补偿性赔偿制度以过错为前提，以填补损失为目的。立法取消了赔偿数额的确定顺序，当事人可以选择以所受到的实际损失或侵权人的侵权获利确定赔偿数额的计算方式。穷尽上述两种方式难以确定的，赔偿数额可以参照专利许可使用费的倍数合理确定。立法沿袭《民法典》侵权责任编修改增设的惩罚性赔偿集补偿过错与制裁恶意于一体，对于故意侵犯专利权，情节严重的，在补偿性赔偿的数额的基数上以一倍以上五倍以下确定赔偿数额。另外作为补偿性赔偿的补充，专利法规定了作为替代方式的法定赔偿制度。在具体诉讼实践无法计算和确定权利人的损失、侵权人的获益以及专利许可费时，可以在3万元以上500万元以下的幅度范围内确定赔偿数额，切实保护当事人的合法权益。

第二节 中国专利权保护规则的司法适用

一 网购专利产品侵权诉讼中"地域管辖"的确定

新产业形态带动了电子商务经济的繁荣，网络交易方式的层出不穷也为网购专利产品侵权相关的认定带来了新的问题，提出新的要求。尤为突出的是互联网专利侵权纠纷案件中因侵权行为地的多样性而引发的在地域

[①] 朱文广、刘犟：《专利等同侵权判断方法的完善》，《知识产权》2023年第2期。

管辖问题上的争议。司法实践对于其中网络购物收货地法院能否作为网购专利产品侵权纠纷管辖连接点的问题产生了不同的裁判立场。最高人民法院在宁波奥克斯空调有限公司、珠海格力电器股份有限公司、广州晶东贸易有限公司侵害实用新型专利权纠纷管辖权异议案（以下简称奥克斯与格力等专利权纠纷管辖异议案）中确定了可以用以确定专利侵权管辖的网络销售行为地通常不宜包括网络购买方可以随意选择的网络购物收货地的裁判规则，[①] 也即"网购专利产品侵权诉讼地域管辖排除收货地规则"[②]，回应了实践的争议，统一了裁判思路。

回顾该专利权纠纷管辖异议案的基本案情，一审原告格力公司认为奥克斯公司生产、广州晶东公司销售的空调侵害其实用新型专利权，将其二者作为共同被告诉至广州知识产权法院。在法院作出支持原告诉请的裁判后，奥克斯公司在上诉的过程中以广东省不是被诉侵权产品的销售地为由提出了管辖权异议。在广东省高级人民法院裁定驳回管辖权异议后，奥克斯公司不服，上诉至最高人民法院。

最高人民法院认为，广东省高级人民法院可以依据侵权行为地或者被告住所地获得本案纠纷管辖权，奥克斯公司的上诉主张不能成立，故不予支持。最高法认为互联网专利侵权管辖首要遵循的原则是管辖确定性，在此基础上兼顾专利权地域性。网购收货的环节是专利产品脱离销售方实际控制行为的独立过程，因而网购收货地不能被解释为专利侵权行为实施地，亦不是侵犯专利权直接产生的结果地。但值得注意的是，网购收货地排除原则也有例外，即当网购收货地满足最密切联系原则，此时可作为管辖地。

该案通过司法路径确定的地域管辖裁判规则为"互联网+"产业形态下专利侵权纠纷的解决奠定了民事诉讼"管辖"上的前提，有助于解决专利侵权案件复杂性和侵权行为的多样性引发的法律适用争议。为后续电子商务领域涉及管辖争议的专利侵权纠纷或不正当竞争纠纷的司法适用提供了统一的"原则上排除可以由买受方任意选择的网购收货地作为专利法上销售行为地"的裁判标准。一方面在司法实践中避免同案不同判的情

[①] 参见最高人民法院〔2018〕最高法民辖终93号民事裁定书。
[②] 李晓秋、王厚业：《网购专利产品侵权诉讼地域管辖排除收货地规则研究——以格力与奥克斯等专利侵权纠纷管辖权异议案为例》，《重庆大学学报》（社会科学版）2023年第2期。

形，对现行专利侵权地域管辖的法律制度形成补充。另一方面有助于平衡好专利权人、正当竞争的市场主体以及一般社会公众的利益和关系，有助于实现专利侵权管辖制度稳定性、确定性与司法裁判灵活性、适应性的统一。

二 多主体实施方法专利侵权案件中全面覆盖原则的遵循

多主体实施方法专利侵权又被称为分离式侵权，该类型专利侵权的判定较为特殊。最高人民法院知识产权法庭于 2021 年通过发布指导性案例①展示了关于此类案件的裁判思路与要点。下面笔者将通过对该指导性案例的简要介绍，阐释多主体实施方法专利侵权案件中全面覆盖原则适用的困境及其化解路径。

该案共经历两审，一审中原告深圳敦骏科技有限公司（以下简称敦骏公司）诉称深圳市吉祥腾达科技有限公司（以下简称腾达公司）未经许可制造、许诺销售、销售的多款商用无线路由器，侵犯了敦骏公司一种"简易访问网络运营商门户网站的方法"，要求被告承担停止侵权，赔偿损失及制止侵权的合理开支共计 500 万元。一审法院支持了原告的诉讼请求，被告腾达公司不服，向最高人民法院提出上诉。该案的争议焦点有三：第一，被诉侵权产品的使用过程是否落入涉案专利权利要求的保护范围；第二，腾达公司是否侵权；第三，一审判决中侵权赔偿数额是否合理。关于争议焦点一，法院认为，终端客户使用侵权产品的过程并不落入该方法专利的范围。一方面，终端用户的实施行为并不以生产经营为目的，另一方面也并未从中获得经济利益，综合来看，用户使用被诉侵权产品的过程只是正常使用现代技术的行为而非使用专利方法的行为，因此不应当承担法律责任。关于第二个争议焦点，腾达公司虽然只是制造并销售了涉及方法专利的产品，看似实施行为不在自己这边，但通过制造行为将方法专利固定于产品之中，才有了后续用户使用该产品涉嫌实施方法专利的问题。在这一过程中，腾达公司的制造行为具有不可替代的实质性作用，没有制造的起因，就不会有后面用户使用的后果。腾达公司主观上有生产经营的故意，客观上通过销售路由器获得可观的收益，制造产品的客观行为也可推断出其主观方面实施方法专利的不良动机，因此，腾达公司

---

① 参见最高人民法院〔2019〕最高法知民终 147 号民事判决书。

应当承担侵权责任。关于争议三——侵权赔偿的数额问题，由于在一审中原告已举证证明了被告因侵权所获得的利益，但被告并未按要求提交侵权获利证明，因此法院推断被告所获利益应该高于一审判定中的数额，因此维持了原审判决中的赔偿数额。

该案提出的"不可替代的实质性"规则打破了全面覆盖原则在新兴专利技术领域适用的桎梏，使得传统技术领域适用全面覆盖原则的裁判思路得以突破，通过拆解复杂的案件基本事实，准确地在纷繁复杂的技术背景下，切中问题的本质，创设性地提出新的裁判思路与要点，为后续类案的裁判提供了可供参考的方法。

三 电子商务平台专利侵权纠纷中注意义务的认定

近年来，电子商务快速发展，已成为数字经济和实体经济的重要组成部分。电子商务平台在数字化转型过程中面临着机遇，也面临着挑战。通常，第三方电子商务平台被视为电子商务诉讼的靶点，一旦诉讼成功，平台必须承担相应责任，这对于其他权利人而言，将形成示范效应，权利人可能会疏于履行自身的义务，而依赖通过诉讼的方式维权。对于电子商务平台经营者来说，出于避免激起滥诉的不良风气，防止维权诉讼爆发式增长，恐惧法院在个案中判定其承担较重责任，导致平台经营者在专利权保护中不得不肩负起更多的责任。法院的判决是权利人维权的方向标，若法院严格履行注意义务规则，合理确定电子商务平台经营者的责任，将有利于权利人养成良好的维权习惯和电子商务行业的良性发展。

我们梳理了近年来涉及电商平台的专利侵权案例，如表5-2所示：

表5-2　　　　　　电子商务交易中专利侵权的典型案例

序号	案件名称	争议焦点	法院裁判意见
1	威海嘉易烤生活家电有限公司诉永康市金仕德工贸有限公司、浙江天猫网络有限公司侵害发明专利权纠纷[1]	天猫公司是否构成侵权	1. 专利权人通知应包括：权利人身份、专利名称及专利号、被投诉商品及被投诉主体内容； 2. 将有效的投诉通知材料转达被投诉人并通知被投诉人申辩是天猫公司应当采取的必要措施之一； 3. 不必然要求天猫在接受投诉后立即采取删除和屏蔽等措施

---

[1] 参见浙江省高级人民法院〔2015〕浙知终字第186号民事判决书。

续表

序号	案件名称	争议焦点	法院裁判意见
2	杭州阿里巴巴广告有限公司、肇庆市衡艺实业有限公司侵害发明专利权纠纷①	衡艺实业有限公司的通知是否有效	有效通知应当具备的条件为：权利人的身份证明（营业执照副本或身份证复印件）、有效联系方式和地址，若委托他人投诉，还应当提供授权委托证明；权属证明文件（如专利证书）；要求删除、屏蔽、断开连接的商品名称和具体互联网链接；构成侵权的初步证明材料，如涉嫌侵权商品与专利权保护范围的比对材料等
3	东莞怡信磁碟有限公司与浙江淘宝网络有限公司、陈某某侵害实用新型专利权纠纷②	淘宝公司是否明知或应知侵权行为	1. 专利侵权具有隐蔽性，淘宝公司对经营者的专利侵权行为承担较低的注意义务； 2. 淘宝公司已经制定了管理规则，尽到了管理义务
4	王某某与青岛劲腾电子商务有限责任公司侵害实用新型专利权纠纷③	北京京东公司就被诉侵权行为应否承担民事责任	1. 北京京东公司审核了青岛劲腾公司的合法经营资质，尽到了合理的注意义务； 2. 涉案产品现已下架
5	欧阳某某与浙江淘宝网络有限公司民事其他一案④	淘宝公司是否履行注意义务	1. 涉案专利并非具有较高的知名度、被诉产品与涉案专利产品之间存在一定区别，在投诉人和被投诉人双方均对本案计步器产品提供了相关证明材料的情况下，淘宝公司难以判断被投诉人是否侵权； 2. 淘宝公司转送了反通知，并在权利人起诉后及时删除了被投诉人中被诉侵权产品的信息，尽到合理义务
6	胡某某与中山故里电子科技有限公司、浙江天猫网络有限公司侵害发明专利权纠纷⑤	天猫公司是否未尽合理义务	天猫公司将通知交由浙江省知识产权局下属的维权中心进行专业判断、将诉讼材料转达卖家，属于采取必要措施

---

① 福建省高级人民法院〔2016〕闽民终 1345 号民事判决书。
② 广州知识产权法院〔2017〕粤 73 民初 3007 号民事判决书。
③ 北京知识产权法院〔2017〕京 73 民初 1621 号民事判决书。
④ 广东省高级人民法院〔2017〕粤民终 400 号民事裁决书。
⑤ 广州知识产权法院〔2017〕粤 73 民初 2693 号民事判决书。

续表

序号	案件名称	争议焦点	法院裁判意见
7	广州友拓数码科技有限公司、杭州阿里巴巴广告有限公司侵害发明专利权纠纷①	阿里巴巴公司是否构成侵权	1. 被诉侵权的闪存装置是否侵害他人发明方法是具有高度专业性的问题，阿里巴巴在日常经营中难以知道侵权行为； 2. 阿里巴巴公司被朗科公司告知友拓公司涉嫌侵权的情况下，仍未采取必要措施，构成明知其平台上可能存在侵权行为而不采取有效的措施
8	苏州纳通生物纳米技术有限公司、广州市白云区圣洁美美容仪器厂与杭州阿里巴巴广告有限公司侵害外观设计专利权纠纷②	阿里广告公司是否存在销售、许诺销售侵权行为	1. 阿里巴巴广告公司是不参与销售的第三方电子商务平台，属于电商平台经营者； 2. 其仅承担通知及采取删除、屏蔽、断开链接、终止交易和服务的责任
9	赛特莱特（佛山）塑胶制品有限公司与义乌市颖泽进出口有限公司侵害外观设计专利权纠纷③	阿里巴巴公司是否承担侵权责任	1. 阿里巴巴公司是网络服务提供者； 2. 对网络用户身份履行了审核义务； 3. 颖泽公司发布在阿里巴巴网上的信息不存在明显违法或侵权的情形； 4. 阿里巴巴公司已将被诉侵权产品信息已删除

可以看到此类案件的争议焦点相似，法官均着眼于涉案平台是否履行了义务，若履行了义务则不构成侵权。可以看到，判定责任承担这一问题的核心仍然在于判断注意义务是否得到履行。司法裁判中基本形成了以下共识：第一，电子商务平台经营者的法律角色相对中立，仅提供服务，不参与交易，故判断是否侵权主要看是否履行了注意义务；第二，注意义务的判定是综合考量的过程，需要参考的因素如判断专利侵权纠纷的实际能力、平台投诉情况、采取的措施是否有效等；第三，电子商务平台经营者在收到权利人的通知时，应当根据通知的主张采取必要的措施；第四，权利人的通知必须满足一定的要件才能构成有效通知，不构成有效通知的电子商务平台经营者无须采取必要措施。④

---

① 广东省高级人民法院〔2018〕粤民终427号民事判决书。
② 江苏省高级人民法院〔2019〕苏民终641号民事判决书。
③ 杭州市中级人民法院〔2019〕浙01民初605号民事判决书。
④ 李晓秋、郭沁璇：《电子商务平台经营者专利侵权合理注意义务的司法判定》，《重庆理工大学学报》（社会科学版）2022年第1期。

第三节 中国"互联网+"产业形态下专利权保护规则适应性实践的不足

一 专利权保护的立法尚有缺失

（一）未明确限定发明人类型

我国专利权主体规则需要进一步明确体现对"人类发明中心主义"的坚持。《专利法实施细则》第13条规定："专利法所称发明人或者设计人，是指对发明创造的实质性特点作出创造性贡献的人。"其中发明创造的主体虽然没有明确指向自然人，但并不是法律拟制出来的法人或其他组织，更不是今后能够实现技术创新的人工智能。但是事实的法律运用上，面对职务发明、合作发明，单位明显与发明人、设计人相区分，后者指向具体的研发人员，而单位可以依据约定或法律规定享有申请专利的权利，成为专利权人，进而促进相关发明创造的实施和运用。这也使得法律的解释者确信"发明人和设计人"存在"自然人"的限制。但本书的立场是将发明人或设计人的"人"限制在自然人不能仅只存在于学理研究和裁判实践中，需要将这一限制上升到立法层面。

现行法对于"人工智能"的态度是仅将其作为产业技术背景来强调，不涉及具体的行为调整规范，且法律规范与政策目标之间的差距较大。有必要回应人工智能产业立法的趋势，协调人工智能作为发明创造物和发明创造主体的矛盾，回应"互联网+"时代的法律调整，消解人工智能技术的潜在危害。人工智能在发明创造活动中的行动和作用不尽相同，生成成果的主要类型包括机器辅助生成发明、人机合作生成发明和机器独立生成发明。对于人工智能生成发明的专利申请，尽管一直存有争议，但给予其专利保护是可以预见的立法潮流。因此，在专利法主体规则上，当人工智能输出技术方案，完成发明创造这一事实行为时，可以基于法律事件成为事实上的"发明者或设计者"。但是人造的人工智能没有由意志指向的行为目的，其工作程序由人类所设计，可以读取和分析的数据信息也由人类输入，行动范围和任务目标受人类限制。即机器人完成任务的行为性质不同于人类意志支配的法律行为的性质。所谓的"有限人格"本身就是伪命题，人工智能没有独立的财产或独立的责任能力，其行为指向的法律责任承担者即法律上的"发明人或设计人"必将是自然人。① 在涉及权利享有、责任承担等法律行为方面，只能由自然人、法律拟制的法人或非法人组织充当权利主体，提交专利申请、成为专利权人。在目前弱人工智能的语境下，对于专利法上"人类发明中心主义"的基本原则，需要积极贯彻和坚持，可以通过对专利法具体规则的修改完善适应目前的技术发展态势，而不宜动摇民事主体制度的根基。②

（二）商业方法专利制度存在缺漏

首先在商业方法的可专利主体地位的判定问题上，在实践中，审查员往往以商业方法属于"智力活动的规则和方法"为由不授予专利权。该理由笼统含混，忽略了两个至关重要的问题。一是关于"商业方法是什么"这个元命题没有解答，二是对于"商业方法为什么属于智力活动"这个问题尚未清晰界定。当我们在研究和考查商业方法的可专利性的时候，应该回到逻辑的起点，解答什么是商业方法。这对于专利申请人和审查员都很重要。众所周知，专利法是一个与科学技术联系十分紧密的法律制度，我们不能以传统上的观念取代立法的科学性与逻辑性，否则将略显粗疏和轻率，也很容易导致多数审查员的先入为主，即只要一看到与商业领域相关的发明，就条件反射地将其纳入商业目的的设定，试图把涉案申请归为试图解决商业问题、以商业规则为手段、不具备技术效果，从而臆断商业方法必然就是智力活动规则，这种扩大化的解释在今天可能并不会有益于技术进步和经济发展。在这一问题上，美国的做法或许可以提供一些启示。首先，美国在专利法中对"方法"进行了界定，与此同时，在司法实践中，法院还会运用相关案例对商业方法进行详细论证，从而形成了一个比较清晰的轮廓，也更富有逻辑。

其次，在商业方法可专利实质要件的判定问题上，存在现有商业方法发明文献不足和审查人员缺乏等问题。在商业方法的审查过程中，由于商业方法发明文献不足是现存最大的一个问题，导致审查人员难以对新颖性与创造性要素进行精准判定。美国、日本、欧洲为了改善该问题，开展了

---

① 杨立新：《人工类人格：智能机器人的民法地位——兼论智能机器人致人损害的民事责任》，《求是学刊》2018年第4期。
② 丛立先：《人工智能生成内容的可版权性与版权归属》，《中国出版》2019年第1期。

国际合作，共同探索商业方法现有技术的文献，并收获了成效。对于我国来说，由于商业方法可专利性的判定实践晚于其他国家，且判定数量很少，所以现有技术文献的缺乏也是商业方法可专利性判定过程中的一块"软肋"。对于不表现为技术方案的商业方法，其文献就更为不足。另外，值得注意的是，与其他的产品或者机器发明相比，商业方法发明具有不同的特点，尤其是对于与计算机或者软件相结合的商业方法发明。这类发明的审查要求审查人员应该兼具计算机和商业知识。商业方法发明的审查也许会因审查人员欠缺任何一方面的知识，得出不适当的审查结果。关于审查人员的数量和素质，各国都非常关注。我国专利主管部门设置了8大核心部门，分别是实用新型审查部、外观设计审查部、材料工程发明审查部、医药生物发明审查部、化学发明审查部、光电技术发明审查部、电学发明审查部、通信发明审查部。其中电学发明审查部集中负责商业方法发明的审查。但我国没有单独设立商业方法发明审查中心，这点与日本和美国不同。美国负责审查商业方法发明申请的人员一般均有计算机和商业背景。由于我国审查员缺少实践经验，在数量上和素质上都亟须提高。

二 专利权保护的司法现存困境

（一）能动司法空间局限

审判过程中的能动司法空间主要包括法律解释与自由裁量、法律推理与分析论证、法官释明与价值引导、法制统一、司法调解、司法引导等方面。[①] 我们的司法审判人员面对能动司法，仍大有作为的潜能。事实与规范对应困难引发的与具体法律适用相关的新情况、新问题往往第一时间在司法裁判中出现，司法人员通过审理涉及人工智能、大数据等新技术，"互联网+"、平台经济等新业态的民事案件纠纷不断积累司法经验，为完善相关立法、调整具体规范提供有力的实践支撑。司法审判人员不能仅针对文本机械适用法律，而是应该通过司法裁判来建构制定法。尤其当面对没有立法明确规定的行为方式或社会关系，审判人员也要结合权利人的主张和举证，依靠事实和证据；遵循基本原则、司法理念，使裁判结果符合立法目的，贴近法律要实现的公平正义。因此，一方面要强调司法裁判诠

[①] 殷增华：《关于能动司法的几点思考》，https：//baijiahao.baidu.com/s？id=1765562731587883755&wfr=spider&for=pc，最后访问日期：2023年8月27日。

释制定法规则、提高法律适应性的作用，在司法实践中构建专利法的体系、结构、内容和形式。另一方面要强调司法审判人员作为规则使用者主观因素的影响力，保证法律职业的专门化，增强法律从业人员在新形势下做好知识产权保护工作的本领。

具体在专利权保护规则的立法与法律适用问题中，面对现代社会种类繁多的智力成果，在判断专利权客体的具体标准时难免因"技术"概念本身的模糊而在适用法律上显得捉襟见肘。尤其当远离了语词的核心地带，难免出现复杂事实与抽象规范对应困难的问题。但是，基于法律稳定性、灵活性及需要普遍适用特征的考量，具体规范本身的抽象、模糊的因素不可避免。立法者需要采取这种平衡的态度，即通过使用概括性的语言定义专利法保护客体的范围，保证一定的开放性。使现行法律涵盖基于物质生活条件局限立法者不能预见的发明创造类型，从而实现专利法鼓励创新，推动发明创造应用的客观目的。这时候依靠立法中一般、抽象的技术定义、技术方案内涵来消除专利客体的不确定性是无效且无谓的，需要依赖无数个个案事实逐步积累法官直觉、审判经验，对新型专利权客体作技术性的判断和审查。[1] 也只有司法实践可以深入到法律文本背后，诠释立法者隐含的公共政策考虑，通过解释和说理修正单纯的法律语言逻辑得出的结论，即"通过程序实现正义"[2]，避免专利权利客体范围的无限制扩张。正如美国著名法学家，曾任美国最高法院大法官的本杰明·卡多佐（Benjamin Cardozo）所说："法学专家们所适用的方法一直都是实验性的。判例法的规则和原则从来也没有被当作终极真理，而只是作为可资用的假说，它们在那些重大的法律实验室——法院——中被不断重复检测。每个新案件都是一个实验。"[3]

作为"法律适用实验"的重要参加者，各级司法审判人员的主观能动作用不可小觑。他们承担了适用制定法解决具体案件纠纷的职能，在裁判的过程中势必作出一些主观的判断，以得到较为理想、对双方当事人损害最小化的审判结果。当缺乏制定法明确规定时，需要法官根据法律原则、法理基础，"以事实为依据"作出实践理性的判断，填补法律的恐怖。当法律规定

---

[1] 崔国斌：《专利法：原理与案例》（第二版），北京大学出版社2016年版，第58—59页。
[2] 傅郁林：《民事司法制度的功能与结构》，北京大学出版社2006年版，第17页。
[3] [美]本杰明·卡多佐：《司法过程的性质》，苏力译，商务印书馆1997年版，第10页。

抽象而不明确时，法官也要运用实践智慧加以补充，使之清晰、确定，保持与社会物质生活条件的贴近，使审判结果符合人之常情常理。可以毫不夸张地说，正是司法审判人员的法律解释和适用活动，自觉或不自觉地填补了事实与规范之间的空隙，实现对立法的补充、促进和推动。[①] 但是法律在赋予法官审理裁判案件主导权和决定权的同时，也强调办案人员在职责和权限范围内对办案质量终身负责，强调"让审理者裁判，由裁判者负责"的司法责任制，为法官独立判案、裁判公正提出了极高的要求。

面对"互联网+"产业形态的发展对司法实践带来的挑战，司法审判人员可以坚持研究与办案相结合，一方面关注新产业形态下的理论研究热点、司法实践难点及案件办理重点。立足学术前沿，与法学院校、科研机构形成合作协商关系，与学术界共同开展相关课题研究；[②] 学习先进经验，加强与人民检察院、公安机关、司法行政部门、律师协会的理论探讨以及经验交流，广泛吸收实务界的实践方案与研究成果。另一方面也要总结对人工智能技术相关、算法与商业方法发明专利确权的办案规律，开展类案研究，把握其中的司法理念与政策精神，形成司法经验和审判智慧，提高整体法律运用水平，避免机械司法。为了解决技术类知识产权案件的复杂技术问题，还应尽快建成"全国法院技术调查官和技术咨询专家库"、建设"全国法院技术调查资源共享机制"。总的来说，司法审判人员除了要增强知识产权意识、加强技能学习、熟悉专利审查业务、提升职业化水平，还应具备基本的伦理道德修养，不断提升政治格局、开拓人文视野。实现德法兼修，既重视实体公正，也注重程序正当，基于中立、客观的立场将法律运用到具体的案件中去，"努力让人民群众在每一个司法案件中感受到公平正义"[③]。

（二）司法解释不够丰富

司法解释是最高人民法院和最高人民检察院在适用法律、法规的过程中，对具体规定的内容和含义、司法应用前提所作的说明，包括最高人民

[①] 刘仲屹：《司法实践对我国立法完善的必要性分析——以司法实践与立法完善的关系为视角》，《比较法研究》2016年第2期。

[②] 王旭光：《秉持检察理论研究时代使命推动法律监督工作高质量发展》，《人民检察》第2021年第16期。

[③] 习近平：《在首都各界纪念现行宪法公布施行30周年大会上的讲话（2012年12月4日）》，人民出版社2012年版，第2页。

法院发布的审判解释、最高人民检察院发布的检察解释以及国家最高司法机关针对重要问题共同发布的联合解释。司法解释的规范形式在国际上鲜见，适应的是我国幅员辽阔、社会情况高度复杂的基本国情，发布司法解释已成为国家传统，在司法审判中直接引用司法解释作为裁判依据已成为现实。作为中国法上重要的法律渊源，司法解释具有鲜明的中国特色社会主义法治特色。根据《最高人民法院关于裁判文书引用法律、法规等规范性法律文件的规定》，"民事裁判文书应当引用法律、法律解释或者司法解释"。关于法律概念中抽象的内容，经过必要的法律解释路径，明确具体的行为规范标准。尤其是司法解释中有一类重要的"创设规则型的解释"，也称为"填补法律漏洞的解释"，由最高人民法院行使司法解释权，对于没有规定的重要问题制定了解释性的规则，来填补现行法律的漏洞。例如民法典时代以前由合同法相关解释创设的"情势变更原则"、买卖合同司法解释创设的"买卖预约"制度。我国司法解释的模式可以在一定程度上消除法律的稳定性与调整对象日新月异的矛盾，形成制定法的局限性与法的社会适应性之间的张力。[①]

在专利法领域，最高人民法院发布了《关于审理专利纠纷案件适用法律问题的若干规定》，明确了人民法院受理专利纠纷案件的类型、诉讼管辖权、中止诉讼及对专利权进行财产保全的条件等。同时发布的《关于审理侵犯专利权纠纷案件应用法律若干问题的解释（二）》，明晰了权利要求书、说明书存在歧义时的认定标准，专利权保护范围的确认细节等。现有司法解释的主要作用在于赋予概括性、原则性规定以具体的适用内涵，弥补《专利法》及《专利法实施细则》的不足；对各级法院之间如何依据法律规定相互配合审理案件进行解释；对适用法律上的疑问与争议进行统一的回复。消除条文语词的歧义，统一审判标准。但在当下"互联网+"产业形态迅速发展的态势下，司法解释需要进一步地丰富，更多地与变革中的社会现实相协调。如随当下技术进步趋势引入特殊领域智能技术人员进行新颖性、创造性、实用性的审查，赋予人工智能生成的技术方案以可专利且行为促进创新的法律意义，作出适合社会发展的制度评价。裁判机关也需要建立具体的人工智能生成内容侵权责任主体的认定和识别程序，提前预估和监督新兴技术的安全风险。对于新型方法发明专利，有

---

① 张文显主编：《法理学》（第五版），高等教育出版社2018年版，第294页。

必要在司法解释层面明确含有技术特征的算法、商业规则与方法作为专利权客体的确权要件、权利范围与必要限制、特殊救济等。通过行使裁判机关的司法解释权，可以在维护法律的尊严、权威的同时，适应社会变化的需要，使专利法获得更丰富的内涵、更先进的理念和更突出的时代气息。

（三）指导性案例作用尚未充分发挥

最高人民法院于 1985 年公开发行《最高人民法院公报》，开始以发布裁判文书及裁判摘要的形式指导全国各级人民法院审判、执行等相关工作。自公报案例推广后，在其后两个《人民法院五年改革纲要》中提出了以上级法院判例指导夏季法院审判实践的要旨，直到 2010 年最高人民法院颁布《关于案例指导工作的规定》，指导性案例制度正式成立。[①] 指导性案例由最高人民法院、最高人民检察院、公安部分别或共同发布。根据最高人民法院、最高人民检察院发布的《关于案例指导工作的规定》，对各级人民法院、人民检察院、公安机关在处理类似案件时具有"应当参照适用"的拘束力。截至 2023 年 1 月，最高人民法院共发布了 211 例，共 37 批指导性案例，其中涉及知识产权纠纷的共 30 例，涉及专利权纠纷的共 8 例。如指导案例 159 号"深圳敦骏科技有限公司诉深圳市吉祥腾达科技有限公司等侵害发明专利权纠纷案"，指导案例 162 号"重庆江小白酒业有限公司诉国家知识产权局、第三人重庆市江津酒厂（集团）有限公司商标权无权宣告行政纠纷案"。[②]

针对新产业形态，指导性案例具有在保持法律稳定性时发挥解释立法，缩小裁判差异的功能以及引发司法从业者学习研究、引起社会广泛关注，在实践中统一裁判思路的作用。但就指导性案例制度推行至今，其实际运行并未达到预期效果。有学者对指导性案例的裁判援引情况做过实证分析调研，会发现有相当的指导性案例从未被援引参照，[③] 这导致了指导性案例的设定价值难以发挥。其实，所谓的"参照"是一个有弹性的概念，它不同于在裁判文书中对法律、司法解释的应当"适用"。当人民法

[①] 刘孔中、张浩然：《最高人民法院知识产权法见解及其作成方式的评价与反思》，《知识产权》2018 年第 5 期。

[②] 中华人民共和国最高人民法院官网"审判业务"专栏，https：//www.court.gov.cn/shen-pan-gengduo-77.html，最后访问日期：2023 年 8 月 22 日。

[③] 李瑛、许波：《论我国案例指导制度的构建与完善——以知识产权审判为视角》，《知识产权》2017 年第 3 期。

院、派出法庭审理的案件事实和法律适用与某一个指导性案例相似，负责审判的法官就有参照该指导性案例判决的义务。具体而言，当确定按照指导性案例的裁判方式来裁决案件，可以在裁判文书尤其是判决书的说理部分引用这一指导案例的编号、名称，以及其中所编写的裁判要旨。但判决的直接依据部分要援引指导性案例适用的法律，而不是指导性案例本身。指导性案例的参照适用在一定程度上可以帮助消除法律适用中的分歧，弥补法律规范存在的空白；在更多时候也宣扬了最高人民法院倡导的司法政策与裁判理念，致力于实现法律效果与社会效果的统一。[①]"参照"也存在适用例外，即允许法官作出结果相反的判决，但需要充分理据支撑。如果审判人员注意到某一指导性案例与该案件的相似性，经"参照"后认为不应当运用指导性案例的裁判方案，在判决书中负有说理的义务。不适用、不按照指导性案例的裁判方案裁判的理由通常包括：第一，该案的案件事实与指导性案例虽然"相似"，但存在实质上的差别；第二，假设按照指导性案例的裁判方案裁判该案件，得到的结果不公正，在当事人之间不能够实现基本的公平正义——此时需要运用诚实信用原则来衡量指导性案例的裁判方案应用于裁判具体案件的结果公正与否。

在指导性案例以外，最高人民法院公报案例及典型判例、各省高级人民法院示范性案例、特定类案多发地区人民法院的一般裁判案例也需要在我国案例指导工作中发挥重要的作用。[②] 除了明确指导性案例"应当参照适用"的效力，也需要完善各层级判例的适用效力，形成我国判例研究应用的综合体系，例如类比指导性案例的效力，确定公报案例及典型判例"可以类判"，高级人民法院示范性案例"可以借鉴"的效力位阶，为疑难案件纠纷的裁判实践提供可预期的标准，避免"同案不同判"或机械司法的局限。在我国最高人民法院知识产权法庭与各高级人民法院知识产权审判庭"1+76"的技术类知识产权案件审判格局下，一批具有较大社会影响的专利授权确权纠纷案件已经依法公正审结，成为"统一专利案件裁判标准"系统工程的重要成果。[③] 各级知识产权法院要进一步提升相关

---

① 李振贤：《我国成文法体制下判例嵌入司法场域的机理》，《法学》2022年第1期。
② 顾培东、李振贤：《当前我国判例运用若干问题的思考》，《四川大学学报》（哲学社会科学版）2020年第2期。
③ 最高人民法院知识产权法庭编：《最高人民法院知识产权法庭年度报告（2019）》，http://www.court.gov.cn/zixun-xiangqing-225861.html，最后访问日期：2023年2月20日。

领域指导性案例裁判理由的引用率，为我国案例指导制度建设提供应用样本，总结实践经验，使之更符合涉知识产权纠纷审判规律。统筹建立知识产权纠纷专业化审判体系也是在司法路径上提高专利权保护规则适应性的必由之路，即通过健全知识产权的司法保护体系，在个案裁判中充分发挥司法解释、指导案例、相关示范性案例统一科技创新裁判尺度的作用，提高新产业形态下相关技术方案、方法发明确权、授权、维权的透明性与可预见性。

（四）具体判定规则不够细化

近年来，互联网技术发展日新月异。大数据、云计算、人工智能技术的诞生使人们的生活发生了天翻地覆的变化。新兴技术的出现也伴随着更多专利的申请与授权。保护知识产权就是保护创新，保护专利权人的合法权益就是保护国家技术创新与发展的原动力。专利权人经济获利的途径通常情况下有三条：第一，通过自己实施专利获利；第二，许可他人使用自己的专利，订立专利实施许可合同，向被许可人收取许可费用；第三，当专利权受到侵害时，通过向法院提起诉讼请求损害赔偿。前两条路径，由专利权人主导并参与，最后一条路径需要借助公权力机关的力量完成。准确、公正地进行专利侵权认定是对专利权人持续进行发明创造活动的支持与激励，只有当法治保障足够充分，才不会出现劣币驱逐良币的后果。技术的发展使得分工更加精细化，例如在网络通信领域，基于其交互性特征，方法专利的实施将不再只是由单独一人完成，在这种情形下，如果该实施行为侵权，将以多主体分离式侵权的形态呈现。全民覆盖原则将难以应对此种侵权情形。尽管最高人民法院在"深圳敦骏科技有限公司诉深圳市吉祥腾达科技有限公司等侵害发明专利权纠纷案"中创设性地提出了"不可替代的实质性规则"作为应对之策。但仅通过指导性案例提出裁判要点还不够详尽，可操作性有待检验，毕竟存在个案差异且部分表面看似类案的情形可能因为细微但重要的差别在专利侵权判定上得出相反的结论。因此，即使创设了规则，但当规则不够细化时将达不到想要的治理效果。"不可替代的实质性规则"只有进一步凝结司法经验，加以细化，才能清晰地呈现该特殊规则的适用范围，防止专利权保护不足或者变相扩张。

本章小结

实践是检验真理的唯一标准。真问题只有在实践性反思中才能得以浮现。通过上述分析，不难发现，我国现有的专利权保护规则在立法制定和司法适用中尚存在种种不适应性问题，究其原因在于技术发展打破了既有制度的稳定性。不断涌现的社会新问题是当初立法者不曾预想的情形，以今天的眼光审视当初的立法规则，不可避免得出法律滞后性的结论。每一代法律人都有自己的使命，问题的解决正是法治进步的契机。旧邦新命，薪火相传。中国式法治现代化的推动需要一代又一代法律人的共同努力，在历史中探寻从前的智慧，总结法治发展的规律，从实践性反思中找到新时代的新目标，并将法治完善的接力棒稳稳地传递下去。

第六章

提高中国"互联网+"产业形态下专利权保护规则适应性的建议

新技术对知识产权的要求越来越与传统的技术要求发生冲突,以前的专利制度仅适用于传统技术,而新技术则需要新的知识产权保护形式,最终,专利制度应当反映新技术的变化速度、跨学科的特点和复杂的技术本质。[①] 技术、经济的发展不断推动着法律的变革,要求改善法律规则的适应性。提高中国"互联网+"产业形态的专利权保护规则适应性的关键在于"变"。专利权保护规则之"变"绝不是任意地进行变化,应遵循一定的基本原则,采取有效的措施。

第一节 提高中国"互联网+"产业形态下专利权保护规则适应性的基本原则

基本原则的确立影响着专利权保护规则适应性调整的走向与质量。具体而言,提高我国"互联网+"产业的专利权保护规则的适应性应秉持三项基本原则:维护专利权保护法律体系完整、坚持专利权保护中的利益平衡导向、促进中国"互联网+"产业形态的发展。

---

① 欧洲专利局编著:《未来知识产权制度的愿景》,国家知识产权局组织翻译,郭民生、杜建慧、刘卫红译,知识产权出版社2008年版,第171页。

一 维护专利权保护法律体系完整

法律体系是一个体系化的有机整体，其由分门别类的法律部门组成，而若干相关的法律规范又构成了法律部门，因此法律体系的最基本单位是法律规范。我国的法律体系被称为中国特色社会主义法律体系，该体系的统帅和根本依据为宪法，在此基础上构建体例科学、调整有效的法律及其配套法规，旨在形成内部协调、结构严谨、部门齐全的规范体系，以此适应我国社会主义初级阶段的基本国情，追求与社会主义的根本任务保持一致。更进一步而言，该体系由法律、行政法规、地方性法规三个层次，宪法及宪法相关法、民法商法、行政法、经济法、社会法、刑法、诉讼与非诉讼程序法七个法律部门组成。聚焦到提高中国"互联网+"产业形态的专利权保护规则适应性的问题，在适应性调整的过程中须秉持的首要原则就是维护法律体系的完整性。基于法律体系的内部结构，维护法律体系的完整也就是要保证构成法律体系最基本单位的法律规范的完整。专利权保护规则的适应性调整或多或少会对法律体系造成影响，但这种影响必须被控制在一定的限度内——不破坏整个法律体系的完整性。换言之，法律体系间的内部协调性不能遭到破坏。因此，不同层级的法律规范中确立的重要指引，应当被融入专利权保护规则的适应性调整之中。

（一）宪法规定的国家根本任务

宪法是我国法律体系的基础，又被称为国家的根本大法。宪法的根本法地位具体表现在内容、法律效力以及制定与修改程序三个方面。首先，宪法规定了国体、政体、基本国策、公民的基本权利与义务、国家机构的组织及其职权等问题，这些内容都是国家最根本、最重要的问题。其次，宪法是普通法制定的依据，宪法的原则与精神不允许被普通法违背。这体现出宪法最高的法律效力。最后，在制定与修改程序方面，宪法要求最为严格。

宪法是其他法律的立法基础，其他法律是宪法的具体化。宪法序言明确规定了国家的根本任务，需要各部门法律的通力合作，将该任务进行拆解，把其中的具体规定分配到各部门法可以发力的部分，形成优势互补，共同为社会主义现代化建设提供制度保障。具体到提高我国"互联网+"产业形态的专利权保护规则适应性问题，专利法的修改应当考虑如何通过精巧的规则设计最大限度地激励人工智能技术的发展，进而借助人工智能带来的技术红利，加快推进我国工业、农业、国防和科学技术的现代化进程，为实现"把我国建设成富强民主文明和谐美丽的社会主义现代化强国"的目标贡献力量。《宪法》第 1 条第 2 款明确了社会主义制度是中华人民共和国的根本制度。中国共产党领导是中国特色社会主义最本质的特征。《宪法》第 5 条规定，中华人民共和国实行依法治国，建设社会主义法治国家。我国的根本制度决定了我国的法律体系具有中国特色社会主义的特征。中国特色社会主义的前缀意在提醒我国的法律体系建设应当立足于中国国情和实际，适应社会主义现代化建设的需要。因此，专利权保护规则的调整不能完全照搬国外的相关经验，而是应当根据我国"互联网+"产业发展的需要，科学制定专利权保护规则，以此应对技术发展引发的制度危机，为国家的现代化建设提供制度支撑。

(二) 民法典中的价值导向与规则指引

《民法典》是中华人民共和国第一部以法典命名的法律，在法律体系中居于基础性地位。《民法典》是知识产权法的制度母体与法律归属，其"总则编"的"基本规定"，涉及民事立法宗旨、民法调整对象、民法基本原则、民法效力范围等，实质上亦是知识产权法的价值目标、原则立场、精神理念的集中表达，应为知识产权法的价值遵循和规则指引。[1]

在价值导向方面，《民法典》第 1 条就明确了法典的立法宗旨——弘扬社会主义核心价值观。我国的社会主义核心价值观只有短短的 24 个字（富强、民主、文明、和谐、自由、平等、公正、法治、爱国、敬业、诚信、友善），却凝聚着中华民族传统文化的精髓，承载着一代又一代华夏儿女的智慧。社会主义核心价值观中蕴含的精神财富是专属于我国的文化底蕴，亦是构建特色鲜明的中国法律体系的重要指引，还是我国与其他国家的法律体系形成显著对照的标志。我国《民法典》第 1 条不仅开创了核心价值观进入私法的先河，树立了《民法典》编纂鲜明的价值导向，而且《民法典》各编将社会主义核心价值观作为精神内核，在基本原则、民事主体、法律行为、权利义务责任等具体制度中进行贯彻体现，使其具有规范意义和效力。[2] 其中基本原则对社会发展中出现的新问题具有指引

---

[1] 吴汉东：《〈民法典〉知识产权制度的学理阐释与规范适用》，《法律科学》（西北政法大学学报）2022 年第 1 期。

[2] 郭锋：《中国民法典的价值理念及其规范表达》，《法律适用》2020 年第 13 期。

的功能，尤其是《民法典》中确立的公序良俗原则对人工智能技术的发展起着非常关键的约束作用。具体而言，提高专利权保护规则适应性的本质是促进人工智能技术的发展，运用科学的制度激发科技利益的最大化。但必须引起注意的是，贪婪是人类的本性，人是靠不住的，因此需要通过制度设计去防范科技的滥用，守住人工智能技术发展的道德底线。因此，专利权保护规则的设计应当贯彻《民法典》中公序良俗原则的具体要求，保障人工智能生成的发明创造不会危害人类健康，不得违背伦理道德，不得损害社会公共利益。

在规则指引方面，关于民事主体规则，民事主体是指参加民事法律关系，享有民事权利和承担民事义务的人，具体包含三类主体，分别是自然人、法人和非法人组织。尽管现实中已出现首位获得公民资格的智能机器人索菲亚，但根据目前《民法典》对民事主体类型的规定以及人工智能发展的阶段来看，智能机器人尚不能获得民事法律主体的资格。因此，人工智能专利权主体资格不能突破"人类中心主义"学说。关于民事客体规则，《民法典》第 123 条采取列举加兜底的方式对知识产权的客体类型进行了描述，其中兜底条款为知识产权的保护范围预留了发展的空间。"互联网+人工智能"产业中推动人工智能进步的关键核心技术是其内部的算法，算法的可专利性问题一直存在广泛的争议。有的观点将算法视作智力活动的规则和方法，因此将算法排除在专利权保护的客体范围之外。但算法之于人工智能技术就好比心脏之于人类，其重要性不言而喻，算法的创新才能推动人工智能技术的进步。因此，有观点认为应该分情况讨论，对于运用在"互联网+"产业之中，服务于人类的算法可以成为专利法保护的对象，对此类算法的保护本质上是对创新的保护。由此可见，随着技术的发展，专利权的保护范围将呈现出逐渐扩大的趋势，《民法典》第 123 条的开放式兜底条款对促进技术的发展与社会经济的进步具有极其重要的意义。关于民事侵权规则，《民法典》侵权责任编中的侵权行为与损害赔偿规定均可适用于知识产权民事法律关系的调整之中。

（三）专利法调整过程中的价值遵循

专利法与《民法典》之间属于下位法与上位法、特别法与一般法的关系。提高中国"互联网+"产业形态中专利权保护规则的适应性也就是要对专利法加以调整，使专利法符合人工智能时代的发展需求。需要注意的是，适应性调整的视野绝不能仅仅放在专利法本身，机械式地修改具体的法律条文，而是应当立足于上位法的基本要求，将其中的具体规定结合到专利法的适应性调整之中。这样才能保证上位法的规定不被架空，同时也不违背下位法服从上位法的规定。价值取向往往决定了一部法律的质量与高度，而这种价值指引通常都能从上位法中找到依据，因此，专利法的适应性调整应当遵循上位法中秉持的价值取向，将宪法规定的国家根本任务与《民法典》中的价值导向与规则指引融入专利法的调整之中，以此确保法律部门间的内部协调性，从而保持法律体系的完整。具体而言，宪法规定的国家根本任务中"集中力量进行社会主义现代化建设，逐步实现工业、农业、国防和科学技术现代化"的目标应当重点由专利法提供制度支撑。人工智能技术在速度、精度以及态度方面均远胜于人类，将该项技术运用于工业、农业、国防和科学技术领域，将极大提高前述领域发展的速度与质量，进而加快国家社会主义现代化建设的进程。专利权保护规则的适应性调整倘若能对人工智能技术的发展进行科学合理的激励，势必引起技术研发者持续创造的热情，从而助力人工智能技术的不断发展，以此形成推动各领域现代化建设进程的良性循环。《民法典》中融入的社会主义核心价值观也应当被专利法吸纳，专利法适应性调整过程中应当注意《民法典》基本原则的规定，例如禁止权力滥用原则、诚实信用原则、公序良俗原则等，将原则中蕴含的价值取向融入专利权保护规则的调整之中，以此实现上位法与下位法之间的互动。社会主义核心价值观是我国独一无二的精神财富，吸收中华民族传统文化中的精髓，才能确保我国的法治建设之路走得更稳、更远。

除了与上位法中的价值取向互动以保持法律体系之间内部的协调性以外，专利法自身的完整性对于整个法律体系的完整性而言同样重要。专利法的适应性调整带来的变化，必然会影响到专利法内部的稳定性，因此，这就要求专利法的适应性调整须循着专利法的立法精神而行。唯有这样，专利法的修改走向才不会偏离正常的轨道。进一步而言，专利法的意义在于通过保护专利权人的合法权益，鼓励发明创造活动，推动发明创造的应用，从而提高国家整体的创新能力，进而促进科学技术的进步与社会经济的发展。人工智能时代背景下，专利法的调整应当致力于保护人工智能技术研发者的专有权利，最大限度激发研发者群体创新的活力。例如，对于能够运用于具体技术领域并且可以产生积极社会效应的算法，专利法应当明确对此类人工智能核心技术的专有保护，为算法设计者添加利益之油，促使人工智能技术的发展实现新的飞跃。时代的发展对专利法提出新的要求，万变不离其宗，唯有把握住专利法的立法宗旨，围绕其立法精神展开适应性调整，专利法才能达到与时代发展相适应的状态，在新的平衡中重新获得完整性。

二 坚持专利权保护中的利益平衡导向

追求自身利益最大化是人类的生物本能。社会资源的有限与人类欲望的无限导致了利益冲突的产生。美国著名法学家庞德认为，必须从根本上在合作本能与利己本能之间维持均衡。社会控制的任务就在于使人们有可能建立和保持这种均衡，而在一个发达社会中法就是社会控制的最终有效的工具。[1] 技术更迭推动着社会发展。在2024年的全国两会中，"人工智能+"首次被写入政府工作报告，这标志着我国正式开启"人工智能+"时代。值得注意的是，不管是"人工智能+"还是"互联网+"，其背后依托的均是大数据、云计算、算法等现代化的信息技术。从本质上而言，"人工智能+"是在"互联网+"的基础上发展而来的，这不仅是一种现代化的技术手段，更是一种现代化的思维方式。具体到人工智能时代相关发明创造的问题，其中涉及的利益主体主要为专利权人与社会公众。利益平衡就是指通过立法与司法活动对前述主体的利益进行识别、确认与分配，以权利保护与权利限制的方式，协调不同主体的利益诉求，以此实现国家整体利益最大化的目标。

（一）专利权人的利益

专利制度的创设初衷旨在为"天才之火浇上利益之油"。利益的存在能够激发创新主体的主观能动性，促使其克服自身惰性，不断地推陈出新，研发出能够增进社会福祉的发明创造。人工智能时代的相关发明创造主要包括人工智能生成的发明创造以及与人工智能技术有密切联系的发明创造。就现阶段而言，人工智能的水平尚不及人类的智力水平，因而，在人工智能生成的发明创造类型中，人工智能实质上起到的是辅助人类进行发明创造的作用。借助人工智能技术特有的优势，研发人员能够提高发明创造的质量与效率。从本质上看，目前人工智能生成的发明创造类型，发

---

[1] ［美］罗·庞德：《通过法律的社会控制 法律的任务》，沈宗灵、董世忠译，商务印书馆1984年版，第89页。

挥关键作用的仍然是背后操控人工智能运作的"人"。关于与人工智能技术有密切联系的发明创造，其含义可理解为推动人工智能技术进步的发明创造，比如人工智能技术中的核心——算法。在人工智能产业链中，人工智能本体技术的专利申请包括人工智能算法、功能性应用和行业应用三种类型。[1] 按照我国现行的《专利法》与《专利法实施细则》规定，单纯的人工智能算法不能被授予专利权，算法必须应用于某一技术领域、解决特定技术问题、产生一定的技术效果才能获得专利保护。也就是说，在前述三种申请类型中，第一种类型无法被授予专利，而第二种、第三种类型可以被授予专利。尽管人类已经迈入人工智能时代，但算法的诞生归根结底仍然离不开算法设计人员的投入与付出，"人"才是发挥核心力量的关键。

无论是人工智能生成的发明创造，还是与人工智能技术有密切联系的发明创造，对发明创造背后的"人"的肯定与激励才能持续地推动发明创造活动的展开。因此，授予研发人员或算法设计者专利权不仅必要而且正当，这是对其进行发明创造的精神鼓励与物质奖励。专利权的授予意味着发明创造者享有一定期限的独占性权利。独占性权利中蕴含着巨大的物质利益，这正是激励发明创造活动的原初动力。通过自己实施专利、许可他人使用专利以及制止专利侵权行为，专利权人能够从中获得可观的收益。该笔收益不仅可以使专利权人收回前期研发过程中的投入成本，还能使其现有的财富增加，增加的收益可以用来提升生活品质，也可以作为新一轮发明创造的启动资金，从而形成良性循环。专利权期限的设置是激励发明创造活动持续进行的动力，能够在一定程度上打击专利权人抱持一劳永逸的想法，促使发明创造活动源源不断地展开。

专利权人为科学技术的进步与社会经济的发展做出了巨大的贡献，保护专利权人的利益也就是保护整个社会创新的活力。但需要注意的是，权利的保护绝非无限度，对权利进行必要的限制才能防止权利被滥用，才能维护法的公平正义价值。这也是《民法典》中传递出的利益平衡动向——强调民事权利保护原则的同时，还增加了禁止权利滥用原则。《民法典》第132条规定，民事主体不得滥用民事权利损害国家利益、社会公共利益或者他人合法权益。《民法典》作为知识产权法的母法，其中呈现

---

[1] 狄晓斐：《人工智能算法可专利性探析——从知识生产角度区分抽象概念与具体应用》，《知识产权》2020年第6期。

的价值导向与基本原则应当为知识产权法所遵循。具体到专利法领域，禁止权利滥用原则就是要求专利权人在实施专利的过程中不得损害他人、社会、国家的利益，例如不得进行专利劫持行为、不得限制社会公众对发明技术信息的合法获取等。综上所述，专利权人最终享有的利益实际上是权利保护与权利限制之间博弈后的结果。

（二）社会公众的利益

社会公众利益的保障是建立在对专利权进行适度限制的基础之上。专利制度中的垄断并非绝对意义上的垄断，而是以公开换取垄断，以此实现专利权人与社会公众之间的利益平衡。发明创造人想要获得专利权就必须按照法律规定的流程进行申请。申请发明或者实用新型专利的，说明书及其摘要和权利要求书等是不可或缺的文件。申请外观设计专利的，应当提交请求书、该外观设计的图片或者照片以及对该外观设计的简要说明等文件。发明创造的技术信息在前述文件的填写中得以披露，并由国务院专利行政部门将专利技术信息予以公开，方便社会公众了解最新的技术动向。专利技术信息的公开有助于社会公众及时获取前沿的技术信息，从前人的研究中获得启发，进而朝着行业发展最新的方向优化、推进自己的研究。不仅如此，专利技术信息的披露还解决了信息不对称的问题，能够有效避免发明创造的重复展开造成的人力与物力资源的浪费。可见，最好的法律应该在取得最大社会效益的同时又最大限度地避免浪费。专利制度设计中以公开换垄断的安排实则是为了尽可能地追求社会利益的最大化。

专利权的保护有时间的限制，这是保障社会公众利益的另一种方式。权利有效期的长短取决于发明创造的类型。在我国，发明专利权的期限为20年，实用新型专利权的期限为10年，外观设计专利权的期限为15年。权利的有效期均自申请日起算。发明专利的技术含量普遍较高，这通常意味着该项专利前期的研发投入较大，研发周期较长。除此之外，发明专利的授予比实用新型专利和外观设计专利更为严格，后两种专利的授予不需要经过实质性审查。因此，法律规定发明专利权的保护期限最长。在权利有效期内，专利权人基于其投入与贡献而享有独占性权利，权利有效期届满后，之前的专利就进入公共领域，为社会公众免费使用。在专利权期限届满前，倘若公众想要实施某项专利，可以与相应的专利权人订立许可合同。

专利许可制度存在的目的旨在以专利共享的方式合理配置资源的利用，提高发明创造的转化率。对被许可人利益的保护实则是为了实现更大的社会公共利益的保护。任何单位或者个人想要实施他人的专利必须经过专利权人的许可,否则将被认定为侵权行为。许可的方式为订立实施许可合同,任何单位或者个人向专利权人支付一定的专利使用费后,便可以在合同规定的权限范围内实施该项专利。许可的类型包括三类,分别是独占许可、排他许可与普通许可。具体而言,独占许可是指被许可人在合同规定的时间和地域范围内,拥有实施某项专利技术的权利,并且专利权人与任何第三人在前述规定的时间和地域范围内不得实施该项专利技术。排他许可排除的是专利权人与被许可人之外的主体,在合同规定的时间和地域范围内,只有被许可人与专利权人可以实施该项专利技术。普通许可面向的群体广泛,专利权人可以许可任意第三方实施某项专利技术,与此同时,还保留了自己实施该项专利技术的权利。2020年《专利法》修改,新增了专利开放许可制度,该制度旨在提高发明创造的应用,促进社会经济的增长。专利开放许可的启动需要专利权人自愿提出书面申请,申请书中须表明愿意许可任何单位与个人实施其拥有的专利,并就专利使用的许可费及其支付方式提出自己的主张,由国务院专利行政部门公开申请中的信息。专利开放许可模式面向的是不特定的单位或个人,这决定了其许可的类型只能是普通许可。《专利法》第51条第3款也明确规定了开放许可的类型不能是独占许可或排他许可。也就是说,随着专利开放许可制度的推行,普通许可合同将主要在专利开放许可制度的实施中被订立。

  被许可人享有的权利范围大小实际上受到许可类型与权利来源的影响。从本质上来看,被许可人的权利来源于专利权人权利的让渡,当然该种让渡是以支付专利使用许可费为前提。因此,专利权人享有的权利保护以及受到的权利限制同样适用于被许可人,即被许可人可以在合同规定的时间与地域范围内享有制造、使用、许诺销售、销售、进口专利产品的权利,但实施专利的同时不得损害他人、社会、国家的利益。当被许可人的利益受到侵害时,其维权的方式也取决于许可合同的类型。独占许可合同的被许可人能够以自己的名义提起诉讼,主张自己应有的权利。排他许可合同的被许可人只有在专利权人不起诉的情况下,才可以自行起诉。普通许可合同的被许可人原则上不能自行起诉,除非获得明确的授权。

三　促进中国"互联网+"产业形态发展

  从"互联网+"发展理念的首次提出到当下社会呈现出"万物皆互

联，无处不计算"的全新面貌，在这不到十年的时间里，人们的生活发生了翻天覆地的变化。购物可以足不出户轻松实现，支付可以用一部手机一秒完成。在互联网与各个传统领域深度融合的过程中，新技术、新模式、新业态不断涌现。依托于互联网技术，传统产业实现了转型升级，生产经营的效率与质量得到极大的提高。尤其是互联网技术与制造业的结合，使制造业企业数字化水平不断提升。不仅如此，互联网技术打破了时间与空间的阻碍，能够高效地完成资源的整合与配置，在一定程度上解决了我国资源分配不均匀的社会问题。例如"互联网+教育"产业的发展为贫困山区的儿童享受优质教育创造了条件。当下，互联网技术已成为世界各国推动经济发展和社会进步的重要技术手段，"互联网+"则代表着一种全新的经济社会发展形态。因此，在提高专利权保护规则适应性的过程中，秉持促进中国"互联网+"产业形态发展的基本原则，就是对我国经济的持续健康发展提供有力的支持。促进中国"互联网+"产业形态发展，需要营造充满活力的市场环境，构建安全高效的治理体系，以此保障"互联网+"产业蓬勃的发展态势，使该领域能够持续地为国家经济的增长贡献力量。

(一) 坚持创新引领与公平竞争

产业的发展与产业所处的市场环境有着密切的联系。充满活力的市场环境能够推动"互联网+"产业的发展。那么问题的关键就在于如何才能营造出充满活力的市场环境？至少有两个条件不可或缺：持续创新与公平竞争。

首先要坚持把创新作为引领"互联网+"产业发展的第一动力，借助互联网技术之力，积极发展大数据、云计算以及人工智能等新技术，以此突出科技自立自强的战略支撑作用，不断地进行技术优化才能保持技术领先。与此同时，新技术中蕴含的能量需要找到与之相匹配的具体应用场景才可以最大限度地得到释放，因此不断更新迭代的科学技术应找到合适的应用场景并深入渗透到该场景所属的各行业领域，运用新技术创造出"互联网+"产业的新模式与新业态，为"互联网+"产业的发展赋予能量。其次要保护市场的公平竞争。公平竞争者的存在为各产业带来一定的压力，而该种担心自己被对手超越的压力正是"互联网+"产业不断进行自我优化的内在动力。从本质上而言，保护市场的公平竞争就是利用企业的内部危机感，营造出"你追我赶"的氛围，进而让市场中的各大"互联网+"产业享受良性竞争带来的红利。当"互联网+"产业这块"蛋糕"越做越大时，即使参与者在竞争中不处于优势地位，也能够因为市场的基础足够大而分到更多的"蛋糕"。公平竞争带来的收益增加又将成为各产业持续自我优化的动力，从而形成"互联网+"产业发展的良性循环。

"创新引领"这一条件的创造需要巧借专利制度之力。专利制度为发明创造人享有一定期限的独占性权利提供了合法性依据。专利权中蕴含的巨大经济利益是"互联网+"产业持续展开发明创造活动的重要推动力。也就是说，在推进中国特色社会主义现代化建设的进程中，须注重发挥专利制度对新技术、新模式、新业态的激励功能，以科学的专利权保护规则为新技术的迭代、新模式的打造、新业态的诞生提供有效的制度供给。专利权保护规则的科学性取决于专利权保护规则对"互联网+"产业发展趋势的适应程度。具体而言，专利权保护规则的设计首先应体现国家对人工智能技术、数字经济发展规划的战略要求。早在2015年，国务院印发的《关于积极推进"互联网+"行动的指导意见》中就明确将"互联网+人工智能"产业作为我国未来重点发展的领域。近年来，人工智能技术渗透到社会的方方面面，加快了人类迈入智能化时代的进程。人工智能技术极大地改变了人类的生产与生活方式，让公众享受到新技术带来的社会福利，也为国家的经济增长做出了巨大的贡献。因而，人工智能产业的发展受到我国政府极大的重视并且上升至国家战略的高度。不仅如此，2022年1月，国务院印发了《"十四五"数字经济发展规划》（以下简称《规划》），明确提出了我国将把推动数字经济健康发展作为"十四五"时期的重要目标。这意味着未来人工智能将有着更为广阔的应用场景与发展空间。因此，提高专利权保护规则的适应性应当在领会国家最新的人工智能发展战略文件与《规划》传递出的指导思想和基本原则的基础之上，对国家大力发展的新技术、新模式、新业态的核心利益加以保护。例如，根据创新主体提出专利权保护的现实需要，逐渐放开可专利性主题的范围，为新技术的发展创造空间。

其次，"公平竞争"这一条件的创造取决于《专利法》与《反不正当竞争法》共同发挥作用所产生的合力。一方面，《专利法》中公开专利技术信息的要求与专利权有效期限的设定以及惩罚性赔偿制度本质上就是营造公平竞争的市场环境。具体而言，专利技术信息的公开，打破了信息流通的壁垒，能够使社会公众了解到该领域最新的发展情况，有利于同领域研发者继续围绕或在授予专利权人的专有权领域之外展开研究。专利有效期限的届满,为专利权人的垄断利益画上句号,同时作为社会公众免费享用技术知识的开端,为创新主体站在巨人的肩膀上开展研发活动创造出便利的条件,实现了竞争性利益的平衡。除此之外,当发生故意侵犯专利权且情节严重的情形时,应当按照《专利法》中的惩罚性赔偿规则对侵权人进行惩罚,适用高额的数倍赔偿,严厉打击破坏公平秩序的不法行为,以此维护法的权威。另一方面,《反不正当竞争法》第1条就指明了该部法律的立法宗旨,即为了促进社会主义市场经济健康发展,鼓励和保护公平竞争,制止不正当竞争行为,保护经营者和消费者的合法权益,制定本法。也就是说,该部法律正是为了营造公平竞争的市场环境而专门制定。当"互联网+"企业在生产经营活动中,出现扰乱市场竞争秩序,损害其他经营者或者消费者合法权益的情形时,前述行为会被认定为不正当竞争行为,此类行为的泛滥将对我国"互联网+"产业的发展造成负面影响,因此需要由《反不正当竞争法》及时加以调整,根据具体的案件情况与损害后果,采取不同类型(民事、行政、刑事)、不同力度的惩罚,利用法律的威慑力纠正不正当竞争行为,从而确保公平竞争的市场环境。

(二) 平衡高速发展与安全保障

近年来,我国"互联网+"产业发展迅猛。第52次《中国互联网络发展状况统计报告》显示,截至2023年6月,我国网民规模达10.79亿人,互联网普及率达到76.4%。特别是移动互联网累计流量达1423亿GB;我国域名总数为3024万个,IPv6活跃用户数达7.67亿,互联网宽带接入端口数量达11.1亿个,光缆线路总长度达6196万千米。全国5G行业虚拟专网超1.6万个。工业互联网标识解析体系覆盖31个省(自治区、直辖市)。具有一定影响力的工业互联网平台超240家,我国基本形成综合型、特色型、专业型的多层次工业互联网平台体系。人工智能技术与产业融合的进程也不断加速,为实体经济的增长赋予了能量,尤其在医疗、自动驾驶、工业智能等领域的应用进展显著。

当前,我国"互联网+"产业发展取得了举世瞩目的成就,随着数字经济发展规划的提出,相关技术与制度供给的不断优化,"互联网+"产业发展的速度将得到进一步的提升。但需要警惕的是,一味追求高速发展很容易忽略互联网环境的安全保障。网络空间具有超强的传播能力,相同时间内,线上网络空间的传播速度与范围远远大于线下物理空间的传播速度与范围。因此，一旦网络空间发生安全事故，很可能将对有序运作的产业环境造成巨大的冲击，这必然导致"互联网+"产业高速发展的状态无法长久保持。因此，安全保障的意识应当贯穿"互联网+"产业运作的各个阶段与环节，国家应当注重协调产业高速发展与互联网安全保障二者之间的关系。具体而言，安全保障工作的落实首先应当增强政府的数字化治理能力，利用大数据、人工智能、区块链等新兴技术，提升数字经济治理的精准性、协调性和有效性，以此实现对新模式、新产业发展的高效率、高质量的规范。与此同时，要构建并优化协同治理的监管机制。互联网领域的安全事故通常具有高度的隐蔽性与技术性，协同治理监管机制的好处在于各部门能够进行优势互补，以此形成监管的合力，有效打击不合规、不合法甚至是犯罪的行为。除此之外，安全保障工作还应当抓住重点。在"互联网+"时代，数据已成为新的生产要素，大数据技术、人工智能技术的发展均以数据的供给为基础，数据的流通与保护关系着"互联网+"产业的生存与发展。"互联网+"产业的相关数据不仅关乎企业的商业秘密，甚至可能关乎国家安全。因此，数据安全的保障是非常重要的一大板块。2021年《数据安全法》施行，第1条明确了该法的立法宗旨，即规范数据处理活动，保障数据安全，促进数据开发利用；第4条规定了维护数据安全应当坚持总体国家安全观的基本原则。今后，"互联网+"产业领域，数据的利用与保护工作应当列为安全保障的重要板块，并且严格秉持前述立法精神与基本原则展开。

第二节 提高中国"互联网+"产业形态下专利权保护规则适应性的立法建议

一 加强专利权保护的立法创新性

法治现代化是实现中国式现代化发展战略的重要助推力。众所周知，创新是引领发展的第一动力。当前，世界各国竞争力的核心不单是技术竞争，也存在制度竞争。技术发展与制度构建具有相互渗透与影响的作用。一方面，技术的突飞猛进促使制度逐步更新；另一方面，制度设计的科学性决定了技术发展的可持续性。进一步而言，要想技术与制度二者之间的影响朝着相互促进的方向发展，技术先进性与制度现代化均不可或缺。知识产权制度兼具私权属性与公共政策属性，通过保护权利人的精神与物质权利，界定公有领域边界范围，从而实现激励创新的宏观政策目标。

《专利法》作为知识产权专门法之一，肩负着激励各国高精尖技术发展的使命。当下，人工智能技术浪潮席卷而来，以 ChatGPT 为代表的生成式人工智能技术发展迅猛，专利权制度正经历前所未有的挑战。现有的专利权保护规则难以回应人工智能时代背景下出现的新问题，原先设计的利益平衡机制在新的利益诉求冲击下也暴露出供给不足的弊端。长此以往，专利权保护规则的滞后性不仅会造成法律适用的困难，而且将对人工智能技术的发展形成阻碍，国家经济发展的速度与质量也将因此而受到负面的影响。因而，提高专利权保护规则的适应能力不仅必要而且紧急。法律修改是提高专利权保护规则适应性的路径之一，修改工作应当根据国家发展的战略目标以及人工智能创新主体的现实需求为导向，致力于修改出符合时代发展趋势的专利权保护规则，最终实现以现代化的专利权保护规则推动国家现代化发展的宏大目标。

专利权保护规则适应性调整的生命力在于加强立法创新性。首先需要说明的是，此处的"立法"侧重于法律修改（从有到好）而不是重新制定（从无到有）。随着技术发展，社会新问题层出不穷，法律滞后性问题渐次显现，这是社会进步过程中无法避免的问题。在既有法律框架内，寻求灵活的解决办法抑或在此基础上修改法律是两种常见、经济的应对策略。但法律修改并非易事，需要倾注大量人力、物力资源，因而在修改之前应当制定科学详尽的规划，确保专利权保护规则修改后的生命周期。正所谓"思路一变天地宽"，立法理念的更新是获取立法创新性的关键。创新性的灵感可以从历史经验中探寻，总结具有持久生命力的规律，找到新问题与旧问题之间共同的底层逻辑，在历史经验的基础上推陈出新，借前人的智慧解决今日之难题。与此同时，域外比较法研究也尤为重要。尽可能全面、充分地了解他国关于人工智能的相关立法，尤其是发达国家的实践经验，考察该国制度制定的经济、政治、文化背景，为法律移植可行性论证奠定基础。与此同时，结合本国的实际需求，小心谨慎地论证他国法律本土化中的可取部分。值得注意的是，专利权保护规则适应性调整应始终秉持"坚持中国特色社会主义道路"理念，建立文化自信，博观是为了约取，而并非一概否定我国自身优秀的传统文化与法律制度安排。除此之外，创新性还能从跨学科、跨领域合作中的思维碰撞中迸发，通过整合人工智能技术专家的建议以及产业界的利益诉求，多维度地理解该项新兴技术及相关产业的发展需求。"凡事预则立，不预则废。"修法前掌握的信息越全面、可靠，才能更加科学、充分地利用立法资源。最后，还可以利用大数据、云计算、算法等技术创新立法方式，采用人机协作进行社会分工，最大限度释放人类智慧与机器智能优势。

二 提高专利权保护的立法质效

"坚持科学立法、民主立法、依法立法"是实现高质量立法的关键所在。党的二十大报告、中央人大工作会议都对此提出了明确要求。专利权保护规则适应性调整须时刻牢牢把握前述十四个字中的要义，通过科学性与实用性的立法推动良法善治目标实现。与此同时，在确保立法质量的前提条件下，也要重视立法效率的提升。人工智能技术进步致使专利权保护规则滞后性凸显，立法机关需要及时通过修改规则回应社会关切，排除我国技术、经济持续稳步发展的制度障碍。

科学立法的关键在于从我国当前的实际需求出发，充分利用现有的立法资源，制定与我国现阶段发展水平相适应的专利权保护规则。具体而言，科学立法可从三方面展开：确立法律修改的宗旨，确定法律修改的内容，探索法律修改的方式。

在修改宗旨方面，首先，应当鼓励人工智能生成发明创造，肯定人工智能技术对社会发展的各种贡献，但需要注意的是，这种鼓励须以人工智能生成发明不违反法律规定、不违背伦理道德为限度。其次，修改宗旨应强化人工智能生成发明创造的转化应用，唯有将发明创造运用到实际生活之中，社会公众才能享受到科技带来的红利，创新主体前期付出的努力才会有意义。再次，大力推动人工智能技术与产业的发展最终均是为了提高国家的创新能力，促进社会经济的发展。因此，修改宗旨应当明确提出加快建设创新型国家的目标，修改过程中可以试着利用巧妙的规则设计、合理的利益平衡等手段去推动该目标的实现。最后，修改宗旨应当具有更高层次的追求——塑造尊重知识、崇尚创新、诚信守法、公平竞争的知识产权文化理念。前述四方面的修改目标层层递进，共同构成了较为完备的专利法修改宗旨，能够为后续修改工作的展开奠定良好的基础。

在修改内容方面，要摒弃面面俱到的修改思路，应当秉持"抓大放小"的原则,梳理出现阶段不得不回应的问题,比如人工智能生成发明的可专利性争议,人工智能能否成为专利主体,人工智能技术对判断是否授予专利权的规则(新颖性、创造性以及实用性)的影响,人工智能相关发明侵权责任的界定难题等。与此同时,从长远考虑,为了促进人工智能产业的发展,前期不宜规定得过于严格,否则会限制人工智能技术的进步。因此,对于前述核心问题之外的部分,可以暂时采取观望的态度,不纳入修改内容的范畴,以促进产业的发展以及社会经济效益的提高,还能降低修改法律的成本。

在修改方式方面,依照全国人大常委会法工委的权威观点,法律修订、法律修正和法律修正案是我国法律修改的三种方式。[①] 其中法律修订针对的是修改幅度较大的法律,这种类型涉及修改的法律条款众多。法律修正案方式最大的特点在于修改不直接触及法律原文的表述,而是单独颁布修正案对法律原文需要修改之处作出说明。这在一定程度上能保持成文法的稳定性,即使增加新条款,也不会打乱之前法律条款的顺序。专利权保护规则适应性调整采用的修改方式需根据修改的幅度进行确认。除了法律修改的方式之外,修改进程中也需要采取一些策略性的方式,保障社会秩序不因法律的变动而失去平稳运行的良好状态。具体而言,修改应采取循序渐进的方式,根据我国人工智能产业发展的实际情况,结合国外的立法、修法经验,逐步加强对人工智能技术多方位的保护。

民主立法的要义在于以人民为中心,始终将人民的利益放在首位,真正做到问需于民、问计于民。民主立法基本方针想要落地,首先需要在调研上下功夫。从调研中了解广大人民群众的心声,梳理不同领域、行业、企业之间因利益期待交叉而产生的利益冲突,并从中发现亟待解决的重要问题。2023年3月,中共中央办公厅印发了《关于在全党大兴调查研究的工作方案》,方案中明确指出,调查研究是我党的传家宝,更是谋事之基、成事之道。大兴调查研究之风是我党提出的又一重要工作思路,该方案的印发传递出党对调查研究的高度重视,也反映出党对实事求是工作作风的追求。没有调查就没有发言权,脱离调查的立法难以全面、深刻,无法切中问题的要害,甚至停留在纸上谈兵阶段。脱离人民群众的立法百害

---

① 全国人大常委会法制工作委员会国家法室编著:《中华人民共和国立法法释义》,法律出版社2015年版,第184页。

而无一利,因此民主立法的关键在于落到实处的调研,调研的形式不拘一格,但调研的本质在于制定切实可行的工作开展方案。基层立法联系点是一种全新的听取民意的方式,为广大人民群众参与国家立法搭建起了一座桥梁。网络公开征求立法意见也是一种听取民众意见的方式,互联网技术将人与人之间的距离缩短,意见采集成本极大地降低,意见征求内容也将更为广泛、全面。听证会的召开旨在协调来自各界不同的声音,是深入推进民主与科学立法的重要形式。

依法立法要求立法全过程必须按照法律规定完成,这是实现良法善治的重要前提,也是民主立法与科学立法的关键所在。此处指的"法"不仅指《立法法》,同时也包括上位法中的相关规定,比如《宪法》《民法典》中的规则。与此同时,"依法"不能只是对具体条文的机械执行,更为重要的是透彻理解条文背后的法律原理。唯有此,才能做到灵活正确地展开立法工作,在法律规定允许的范围内才会有立法创新性生长的空间。除此之外,专利权保护规则适应性调整应当具有体系性的视野,既要注重专利法内部规则之间的统一,也要关注专利法与其他同一谱系法律之间的协调。这是保持法律稳定性的关键。

三 提升专利权保护规则适应性的具体立法建议

(一) 修订《专利法实施细则》中"发明人或设计人"定义

建议进一步明确《专利法实施细则》第 13 条中关于发明人或设计人的定义,明确指出发明人或设计人只能为自然人,也即明确反对赋予人工智能专利权主体地位。面对人工智能时代的专利权主体规则挑战,"人类中心主义"的立场不应当被摒弃。"人类中心主义"又被称为"人类中心论",其核心要义是将人类作为宇宙的中心,把人类的利益作为价值原点和道德评价的依据,主张有且只有人类才是价值判断的主体。[①]尽管人工智能为社会带来诸多的技术红利,其完成任务的速度、精度以及态度普遍呈现出超越人类的水平,世界各国也纷纷把人工智能技术纳入发展战略规划之中,将其作为参与国际竞争的重要工具,但这都不足以成为赋予人工智能法律主体地位的理由,更不能因为迁就技术的变革而去颠覆"人类中心主义"学说,否则人类会因此而遭受恶果。诚然,技术的发展需要制度

---

① 余谋昌:《走出人类中心主义》,《自然辩证法研究》1994 年第 7 期。

的支撑，技术变革引发的社会问题需要依靠法律的强制性进行规范，但需要警惕的是，技术是把双刃剑，不应只关注当下人工智能为人类带来的便利而选择忽视赋予人工智能法律主体地位后将出现的深层次危机。质言之，人工智能时代，法律的变革一方面需要满足"互联网+"产业发展过程中产生的新需求，另一方面也要明确反对赋予人工智能法律主体地位的声音，正面传递立法者的价值衡量与价值选择，平息现有的关于人工智能主体地位的争议，为我国"互联网+"产业平稳有序发展做好前期的铺垫。

具体而言，人工智能时代，国家对人工智能技术的发展做出了一系列的战略部署，与此同时，在实践中，创新主体提出了对算法授予专利权保护的现实需求。技术引发的战略规划与现实需求的变化，打破了专利权保护规则的均衡状态。因此，提高专利权保护规则适应性的任务迫在眉睫，唯有专利权保护规则符合时代的发展趋势，才能使规则本身达到一种新的平衡状态，此时的专利权保护规则才能够重新发挥出内嵌于其中的各项功能，比如权利界定功能、创新激励功能、利益分配功能、市场规范功能。进一步而言，国家关于发展人工智能的战略规划以及实践中创新主体提出专利权保护的现实需求可以通过立法路径，将其中的价值导向、重要内容融入法律规则的设计之中，以此提高专利权保护规则的适应性，与此同时，明确反对赋予人工智能专利权主体地位，守住技术发展的底线。

明确反对赋予人工智能法律主体地位是为了不使人类的主体性因技术的发展而被削弱，避免未来（强人工智能时代）出现人工智能反过来操控人类的情况发生。这绝非危言耸听，即使在当下的弱人工智能时代，部分"互联网+"产业中，人类实际上已经被人工智能所操控，我们做出的决定不再基于自由的意志，我们接收到的信息逐渐变得片面、单一，我们了解到的世界或许并不是那个客观真实的世界。最为典型的例子就是个性化推送服务的诞生，网络购物行为中透露的消费习惯，新闻阅览过程中展现的阅读偏好，社交平台上发布的个人动态中包含的信息，全都会被捕捉与记录，然后经过大数据和算法技术的处理，人们会收到符合自身消费习惯的精准广告，根据阅读偏好量身定制的新闻推送。精准广告投递表面上是为消费者带来了便利，实际上缩小了消费者的选择范围，因为社会节奏越来越快，加之人固有的惰性，外因与内因的叠加使得消费者更加倾向于依赖精准广告投递做出购买行为，在这一过程中，人的自主选择权利被削弱。另一方面，根据阅读偏好量身定制的新闻推送本质上属于信息茧房。信息茧房是凯斯桑斯坦在《网络共和国》一书中提出的概念，其含义为人们关注的信息领域会习惯性地被自己的兴趣所引导，从而将自己的生活桎梏于像蚕茧一般的"茧房"中的现象。在大数据社会里，"信息茧房"相当于超级平台通过大数据的个性化推荐，给我们每个人都办了一份报纸，报纸上都是自己喜欢看的内容，久而久之，读者便以为自己看到的就是世界的真相，坐井观天而不自知。① 人工智能已慢慢渗透到社会生活的方方面面，人类在享受技术红利的过程中很容易忽视技术中潜在的危机，人们并未意识到自己正在被人工智能控制，人类正逐渐走向异化。从法理学的视角加以考察，个体形成对自己的地位判断是基于与其他人或者物进行对比，个体自身形象在构建的参照系中才得以凸显。当个体面对一个不仅具备乃至超越部分自身能力的人工智能，自身的优越性将丧失，人格尊严的基础受到冲击，随之而来的是自我地位的降低。如果人工智能还被赋予了法律人格，那么人工智能将正当地凌驾于人之上，人的主体性将被进一步削弱。②

一旦赋予人工智能法律主体地位，整个法律体系都将受到冲击，为了配合这种变化，从宪法到各部门法都需要进行修改，这必将是一笔不小的立法开支。具体而言，《宪法》第二章规定了公民的权利与义务，该章节关于政治权利、人身权利、财产权利的内容均旨在保障人的主体性。《民法典》中关于民事权利能力与民事行为能力的概念均是以人的主体资格和人的理性能力为基础。民事权利能力是指一个人作为法律关系主体的能力，也即作为权利享有者和义务承担者的能力（或称资格）。③ 权利能力的规范目的在于：明确一个人是否能够作为民事主体，在民法上享有权利、承担义务。权利能力是一个人能够取得权利义务的前提与基础，但不是具体的权利或者义务。④ 所谓民事行为能力，是指以自己的意思表示，

---

① 曹刚：《阿里、腾讯、滴滴们的七个道德难题》，https://www.163.com/dy/article/GK46QBL70530W1MT.html，最后访问日期：2023年6月22日。

② 陆幸福：《人工智能时代的主体性之忧：法理学如何回应》，《比较法研究》2022年第1期。

③ ［德］卡尔·拉伦茨：《德国民法通论》（上册），王晓晔、邵建东、程建英等译，法律出版社2003年版，第46页。

④ 李永军主编：《民法学教程》，中国政法大学出版社2021年版，第28页。

使其行为发生法律上效果的资格。① 迪特尔·梅迪库斯则认为：理智地形成意思的能力，在民法中称为行为能力。②"理智地形成意思的能力"是人类与人工智能之间最明显的区别，亦是人类的独特性之所在。人作为主体的标志是具有主观能动性，这种主观能动性源于人具有独立的意志。然而，人工智能本质上就是促使机器进行智能化的活动，智能就是能使一个实体在其环境中适当地运作并具有远见的能力。③ 人工智能可以做到自主选择，但不可能拥有人类生理或心理（非程序）产生的情感，也就是说，人工智能不具有理性，无法获得民事权利能力与民事行为能力。④ 如果赋予人工智能法律主体地位，整个民法体系的根基将受到动摇，法律的稳定性将遭遇前所未有的挑战。不仅如此，如果人工智能法律主体地位得到法律的认可，基于法律的权威性，想要再次改变法律的状态就会变得加倍困难。当下，人工智能发展的速度越来越快，相信在不久的将来，人类将从弱人工智能时代迈向强人工智能时代。强人工智能将在综合智能上超越人类，这也是科学家们所追求的目标。任何一项收益背后都同时存在风险。强人工智能究竟存在何种风险尚不可知，其对人类的操控达到何种程度难以预测，如果在迈入该时代之前就赋予人工智能法律主体地位，这将成为悬在人类头顶的达摩克利斯之剑。

专利制度的核心功能在于激励创新，该功能实现的关键在于对具有趋利避害特性的人的激励。自然人进行发明创造的内在动力与潜力需要通过授予专利权的方式进行激发，促使专利权人保持创新活动的关键在于专利权有效期限的设置。人工智能不具备心理学上人的意识，因此，赋予人工智能专利权主体地位并不能对其起到有效的激励作用。简言之，法律主体的扩张应该受到限制，专利法是调整因人类发明而产生的一定社会关系的法律规范，因此，专利权主体制度设计就应该始终坚持自然人主体原则。⑤ 从域外的立

---

① 王泽鉴：《民法总则》，北京大学出版社 2009 年版，第 95 页。
② [德] 迪特尔·梅迪库斯：《德国民法总论》，邵建东译，法律出版社 2000 年版，第 409 页。
③ Nils J. Nilsson, *The Quest for Artificial Intelligence: A History of Ideas and Achievements*, Cambridge, Cambridge: Cambridge University Press, 2009, p.57.
④ 刘洪华：《论人工智能的法律地位》，《政治与法律》2019 年第 1 期。
⑤ 曹新明、咸晨旭：《人工智能作为知识产权主体的伦理探讨》，《西北大学学报》（哲学社会科学版）2020 年第 1 期。

法实践来看，美国、欧盟以及德国均持保守态度，即明确否定人工智能在法律上的主体地位。然而，南非与澳大利亚于2021年先后确立了人工智能的发明人主体地位。2021年7月28日，南非成为第一个将人工智能作为发明人，并授予专利权的国家。该专利指定人工智能DABUS为发明人，并将人工智能的所有者指定为专利权人。无独有偶，2021年7月30日，澳大利亚联邦法院的乔纳森·比奇（Johnathan Beach）法官也表明了类似的态度。尽管实践中已经出现标新立异的做法，但支撑该做法的理由并非无懈可击。不可否认，随着人工智能技术的发展，人工智能在发明创造活动中发挥的作用越来越大，从最初作为辅助工具被使用，到"人机合作"的全新工作方式，再到未来强人工智能时代可能由人工智能独立完成发明创造任务的进阶。但无论怎样进化，人类的隐性智慧能力是无法被模仿的。人类的智慧包括"隐性智慧能力"与"显性智慧能力"，隐性智慧能力指人类的灵感、审美、直觉、想象等能力，而学习知识、获取信息、执行任务等操作性的能力称为显性智慧能力。[①] 人工智能不能脱离于人而拥有想象力，不具备发明创造中最重要的独立意志，因而不能算作真正意义上的发明人。况且，南非承认人工智能发明人主体地位，但专利权仍然授予该人工智能的所有者。退一步讲，假设人工智能拥有了成为专利权人的资格，那么就必须承担相应的义务，这就需要其拥有独立的财产，显然这又将引发出一系列新的社会问题，比如财产如何保管，是否需要纳税等。综上所述，基于人的主体性地位保护、法律体系的稳定性考量以及专利制度的域外立法与司法实践考察，明确反对赋予人工智能专利权主体地位应当为立法者坚定的选择。

（二）修订《专利法》中的"智力活动和规则不授予专利权"规则

现代各国专利立法的发展历程显示，可专利主题向计算机软件、商业方法、生物技术等领域逐步扩张，开放人工智能可专利性主题，已然成为世界各国尤其是发达国家促进本国创新发展的重要战略。[②] 随着时代的发展、社会的进步，国家的发展战略规划进行了相应的调整，创新主体的利益诉求也在不断发生变化。可专利性主题的开放与专利权授予的实质条件

[①] 钟义信：《人工智能："热闹"背后的"门道"》，《科技导报》2016年第7期。

[②] 吴汉东、张平、张晓津：《人工智能对知识产权法律保护的挑战》，《中国法律评论》2018年第2期。

的调适，本质上取决于技术的变革和各国专利政策的考量。专利权保护规则需要因时而变，但这种变化绝非一蹴而就，而是遵循着循序渐进的规律。因此，立法者应当秉持积极务实的态度，划重点、分阶段、列步骤，稳步地推进专利制度的改革。对于本身具有极高的价值，又对"互联网+"产业发展起着促进作用的商业方法和算法，国家应当予以重点关注，及早构建商业方法和算法的可专利性制度，充分运用专利制度的激励功能，保护商业方法和算法研发者的创新热情，保障相关发明创造活动源源不断地展开，从而促进我国经济的增长与社会的进步。具体而言，商业方法和算法的可专利性制度构建主要包括两大板块：开放商业方法和算法的可专利性主题与调适商业方法和算法的可专利性实质要件。

1. 开放商业方法和算法的可专利性主题

商业方法是存在于商业领域中的方法，其定义可界定为"在供应或交换货物或服务的任何贸易交易中为实现营利之目的采取的各种途径、步骤、手段"[①]。商业方法表现为一系列知识的集合，它是人们对商业运作中行之有效方法的总结。商业的发展离不开商业方法，正是商业方法的存在，传统工业才会迈步走向现代工业；正是因为商业方法，企业家才可以实现盈利之目的。良好的商业方法可专利性制度可以有效保障产业和国家对该领域话语权的掌控，进而掌握整个商业世界。因为专利正成为发达国家实行新经济垄断的利器，他们正沿着"技术专利化—专利标准化—标准全球化—技术垄断化—巨额利润—新一轮技术专利化"的循环机制，影响着他国产业的发展和国家利益的实现。[②] 算法是一系列解决问题的清晰指令，代表着用系统的方法描述解决问题的策略机制。进入人工智能时代，智能算法超越了以计算机程序为主的形式，以大数据和深度学习为基础，具备越来越强的自主学习与决策功能。[③] 当下，算法是大数据、云计算、人工智能等技术发展的基础，算法的创新直接关系着技术的更新迭代，影响着整个"互联网+"产业的发展走向。因此，激励与保护算法的创新也就是为以人工智能技术为代表的各项基础技术赋能。然而，在实践中，基

[①] 李晓秋：《信息技术时代的商业方法可专利性研究》，法律出版社2012年版，第65页。

[②] 张平、马骁：《标准化与知识产权战略》（第2版），知识产权出版社2005年版，第38页。

[③] 张凌寒：《算法权力的兴起、异化及法律规制》，《法商研究》2019年第4期。

础的商业方法与算法均被视作《专利法》第 25 条列举的"智力活动的规则和方法",被排除在客体保护范围之外。只有具备技术特征、运用技术手段、解决技术问题并能够实现某种技术效果的商业方法或算法才能摆脱"智力活动的规则和方法"的标签,进而才能拥有被授予专利权的资格。这一做法缩小了商业方法与算法的保护范围,与激励创新的专利法立法宗旨相违背。

可专利主题是一种发明,它与技术性有关,常表现为产业上应用的新技术,但其中存在一个立法者当时没想到的问题,或者也是他们的高见,对于"技术性是什么"并未作出规定或者阐释,这也决定了"技术性"犹如专利法中的"精灵"。"技术方案"或"技术思想"词语的存在为发明与可专利主题范畴的不确定留下了空间。依此看来,随着技术的发展,可专利主题范畴的扩张抑或缩小都是可能的。正如萨维尼所指出,"法律自制定公布之时起,即逐渐与时代脱节"[①]。可专利主题制度也不例外。但万变不离其宗,可专利主题的变动始终与社会公共利益相关,始终应当为促进人类科学技术的进步与社会经济的健康发展而服务。只有合理的可专利主题才能适应社会的需求,从而才能促使经济更好、更快地发展。商业方法和算法对于中国"互联网+"产业发展的贡献有目共睹,二者的重要性不言而喻,对商业方法和算法授予专利权加以保护,符合促进人类科技的进步与社会经济的发展的基本理念。除此之外,"智力活动规则和方法除外"并不是世界惯例。我国《专利法》第 25 条规定的"智力活动规则和方法除外"借鉴了英国 1977 年《专利法》第 1 条第 2 款中的"rule or method for performing a mental act",但实际上应译为"进行心理活动的规则或方法"。[②] 心理活动多表现为思维活动,思维活动只是智力活动的内在形式,智力活动的外在形式是实践活动,既可能是抽象思维,也有可能是一项技术方案。《专利审查指南》将智力活动界定为"人的思维运动",这与英文原意基本一致。这是法律移植过程中产生的历史遗留问题。商业方法与算法不是人的思维运动,因而不应当对二者适用排除规

[①] 梁慧星主编:《自由心证与自由裁量——梁慧星先生主编之中国大陆判解研究集》,中国法制出版社 2000 年版,第 56 页。

[②] 贺长元:《平等保护发明 激励全员创新——专利法修订应取消第 25 条不授予专利权款项》,《科技与法律》2007 年第 4 期。

则。有学者提出，算法是计算机运行的具体方法步骤，独立于人脑的物理系统，并非抽象的思维规则，本质上不属于智力活动的规制和方法。[1] 该理由同样适用于对商业方法本质的解读。

基于商业方法和算法可专利主题的必要性与正当性，专利权保护规则应当将二者纳入专利权保护的客体范围之内，加大对二者的保护力度，即不局限于拥有技术特征、实现特定技术效果的商业方法和算法才能获得保护。基础的商业方法和算法倘若能应用到多个"互联网+"产业领域，这本身就说明了其具有极高的价值，这类商业方法和算法发明的初衷也是实现特定的技术效果，两者的创新才是中国"互联网+"产业发展最为关键的技术。算法的改进是目前研发的主要方向，创新主体也在专利申请中表达了对该类算法进行专利保护的需求，但按照《专利法》规定，此类改进不属于技术方案而是智力活动的规则和方法，因此无法被授予专利。因此，可专利主题不仅应当逐渐开放，与此同时，可专利性的判断标准也应当随之调整。从现阶段的"运用技术手段、解决技术问题、实现技术效果"的标准平稳过渡到对可以应用到多个"互联网+"产业领域的通用的商业方法与算法的接纳。除此之外，还应当配备精通商业知识和算法的审查人员。时机成熟时，还可以借鉴美国专利商标局的做法，设立独立的商业方法发明审查中心，以此保障开放商业方法和算法的可专利性主题能够真正地落地。

前面的分析已经指出，"发明是技术方案"不是一个精美的定义，《专利审查指南》对"技术性"阐释得模糊和粗糙；"智力活动规则和方法"除外原则也不是科学的原则，这个原则既不能回答商业方法和算法是否智力活动规则，也不能回答技术方案与智力活动规则有何区别这两个重大问题，而这个规定的缺陷也导致了立法逻辑上的混乱。基于此，笔者建议：第一，"技术性"作为发明的基石应予坚守。但考虑到技术性界定的困难，阐释的任务交由《专利审查指南》；第二，用"抽象思想"代替《专利法》第25条第2项的"智力活动规则和方法"。修改后的25条变为：

第二十五条 对下列各项，不授予专利权：
（一）科学发现；

---

[1] 邱福恩：《人工智能算法创新可专利性问题探讨》，《人工智能》2020年第4期。

（二）抽象思想；

（三）疾病的诊断和治疗方法；

（四）动物和植物品种；

（五）用原子核变换方法获得的物质；

（六）对平面印刷品的图案、色彩或者二者的结合作出的主要起标识作用的设计。

对前款第（四）项所列产品的生产方法，可以依照本法规定授予专利权。

这样的修改将不会使我国的专利立法出现大的震动，使专利立法显得更加科学，更符合逻辑。对于商业方法和算法可专利性制度而言，也有了正确判断的根基。另外，商业方法和算法可专利主题地位的明确确立，也与我国专利法律制度的立法目的相吻合。根据《专利法》第1条的规定，"为了保护专利权人的合法权益，鼓励发明创造，推动发明创造的应用，提高创新能力，促进科学技术进步和经济社会发展……"，我们认为确立商业方法和算法可专利主题地位能够鼓励发明创造，并能提高创新能力，从而推动科学技术进步和经济社会发展。

2. 修订《专利法》中的"创造性"和"实用性"标准

任何一项发明创造，在符合可专利性主题要求之后，还需要满足实用性、新颖性和创造性这三个条件，才可以被授予专利权。这三个要件中，创造性的判断最为复杂，它是专利审查的最后一步，直接影响着一国专利制度的宽严程度和产业发展，因而往往成为各国专利制度关注的焦点。创造性的判定是发明获得专利权的重要要件，关系着发明的质量。太低的标准会造成商业方法专利泛滥，威胁正常的商业竞争。[1] 比如，引起专利劫持行为。[2] 质疑商业方法专利的一个重要理由就是商业方法的创造性太低，所以合理设定创造性标准是一个关键问题。[3] 不仅如此，随着人工智

---

[1] 崔国斌：《网络商业方法专利授权标准过低的危害》，https：//www.sohu.com/a/700876427_120756317，最后访问日期：2023年5月26日。

[2] 李晓秋：《技术标准化中的专利劫持行为及其法律规制研究》，中国社会科学出版社2019年版，第1页。

[3] Mark A. Lemley, Samantha Zyontz, "Does Alice Target Patent Trolls？", *Journal of Empirical Legal Studies*, Iss. 1, 2021.

能技术的发展，商业方法和算法的创新较之前更为容易，借助于人工智能超强的跨界学习能力，按照现在的创造性评判标准，该项条件极易被满足。除此之外，基于人工智能运作的精度与速度，发明的数量爆发式增长，发明周期明显地缩短。这将使现有技术的数量大大增加，也会混杂一些低质量的发明，为今后的专利审查工作带来前所未有的挑战。因此，在人工智能时代，创造性的判断标准应当提高，以此应对开放商业方法和算法的可专利主题之后，因发明数量爆发式增长而引发的专利审查工作危机与专利质量把控的挑战。

为了提高专利创造性判断的准确性和客观性，各国引入了"现有技术"和"本领域普通技术人员"等标准。现有技术是指申请日以前在国内外为公众所知的技术，用来衡量发明创造是否具有创造性的客观参照物。人工智能时代，现有技术的数量随着发明创造的增多而得以快速增长。专利法规定"所属领域普通技术人员"这一概念的目的在于尽可能避免审查人员之间基于个人主观因素的差异导致审查标准不统一的问题。普通技术人员是一个抽象的概念，他既不是该领域的技术专家也不是不懂技术的人员，而是具有专利申请所属领域的平均知识水平。他能够获知该领域中所有的现有技术，并且具备应用申请日或者优先权日之前常规实验的手段和能力，但他不具有创造能力。对于传统技术领域而言，"所属领域普通技术人员"的标准不会引起异议，但面对新兴技术领域，如商业方法发明、算法发明等，该标准因人工智能技术在发明创造中的广泛运用而受到冲击。因此，基于人工智能技术对判断创造性的两个客观标准的影响，"现有技术"与"本领域普通技术人员"的判断方式也应当随之发生变化。确定本领域现有技术时，可以使用大数据、人工智能等手段进行辅助，提高专利审查工作的效率，使得相关技术部分的考虑更加完善。关于"本领域普通技术人员"这一标准，首先，发明创造活动经人工智能技术的加持，跨领域展开研发的能力将增强，倘若固守"本技术领域"标准，将导致可专利性标准的降低，因而审查的视角不能再局限于本技术领域。根据《专利审查指南》中关于所属技术领域的技术人员规定，目前实践中已经采纳审查视角"跨领域"的标准。因此，建议后续将这一与时俱进的重要变化在相关司法解释中予以明确，使其能够更好地指导实践，统一裁判标准，引导社会平稳转型。其次，"普通技术人员"的解读应调整为所属技术领域的技术人员。因为，人工智能技术参与到发明创造活动中之后，一项新的创造可能对于普通技术人员而言能够满足非显而易见性这一标准，但对于能够深入学习、见多识广的人工智能而言，这项新的创造可能被认定为显而易见，因此不满足创造性要件，不能被授予专利权。赋予普通技术人员更高的审查标准，将其认定为通晓人工智能技术的拟制主体，旨在保障判断创造性的标准不因人工智能技术的参与而变相被降低。

关于实用性标准，建议删除实用性标准中的"并且能够产生积极效果"表述。商业方法的创新是市场竞争日益激烈的结果，高额利益的驱动容易导致一些不法商人从事不正当行为，而计算机信息网络技术更加剧了这种不正当行为的消极后果。在这一点上，强调"积极"而"非消极"的结果实属必要。无论是美国或者欧洲等国家和地区都通过不同的条款规定阻止一些明显违反法律或者不道德的发明获得专利权。在我国，我们已经在《专利法》第5条进行了规定，因此没有必要在不同的条款中规定相同的内容，而且这个标准是在可专利主题和可专利实质条件中，这种重复规定纯属没有必要。第5条已经将那些违反法律和社会公德、社会利益的发明拒之门外，从理论上说，进入第一道门槛的发明已经不存在道德上的非难问题。有学者建议将发明的充分公开要件审查实质化，作为实用性审查的替代或客体适格性的补充，成为在新颖性创造性审查之前的可专利性重要准入门槛，是比较具有实操性的做法。①

第三节 提高中国"互联网+"产业形态下专利权保护规则适应性的司法建议

一 延伸司法职能，坚持专利权保护

在当前大数据、人工智能、区块链、元宇宙等新型技术迅猛发展的第四次产业革命和信息革命的背景之下，新质生产力的提出正当其时。新质生产力具有高科技、高效能、高质量的特征，其发展核心在于创新，关键在于质优，本质是先进的生产力。加强知识产权保护是发展新质生产力的

---

① 管育鹰：《软件相关商业方法发明可专利性判定难题的应对》，http://iolaw.cssn.cn/zxzp/202302/t20230210_5587486.shtml，最后访问日期：2023年4月8日。

内在要求和重要保障。知识产权可以赋能和整合其他生产要素，具有乘数和倍增效应，对发展新质生产力具有重要作用。基于此，最高人民法院强调，必须发挥法治的引领、规范和保障作用，加大对关键核心技术、重点领域、新兴产业的知识产权保护力度，以法治之力支撑和服务新质生产力发展。

司法职能主动延伸就是去法条主义的过程，要求承办法官透过法律条文的字面意思探寻背后的法律原理，了解其中的立法精神，与此同时，要以体系化思维把握具体条文的含义，尤其要注重但书条款的提示。凡有一般必有例外，周全、严密的司法审判应当将例外情况纳入考虑范畴之中。当前，人工智能技术的浪潮正席卷而来，人类即将迈入"人工智能+"时代。创新越靠近前沿，风险和不确定性越高。面对因技术引发的日新月异的社会变化，司法要积极和及时回应新质生产力市场化产生的新问题，为新技术的应用提供清晰的司法边界。要以严格司法树立鲜明导向，为创新创业者营造稳定、透明、规范、可预期的法治环境。这就对司法机关的审判工作提出了更高的要求，既要守住底线，也要善于变通。除此之外，最高法还提出了"如我在诉"的司法理念，在确保公正前提下提质增效，及时为权利人提供救济，让"真创新"受到"真保护"，"高质量"受到"严保护"。简言之，司法职能主动延伸要求法官通法理、明体系、察民情，平衡法理与情理二者之间的关系，努力让人民群众在每一个司法案件中感受到公平正义。

但值得注意的是，司法职能的主动延伸须有边界，否则该种延伸容易异化为司法权力滥用。具体而言，法官的能动性延伸到何处以及何种程度既需要专业也需要直觉，专业知识与司法经验能让法官做出理性判断，换位思考与充沛的生命情感体验能让司法存有温度。这不仅需要法官在今后的工作中加强自身业务能力，也要求重视法官道德品质的同步提升，通过打造一批德才兼备、德法兼修的法治人才队伍，助力实现司法审判现代化的宏大目标，为中国式现代化发展战略的实施提供坚实的法治保障。

二 重视专利权保护的法律解释

在技术浪潮的席卷下，专利法中的主体规则、客体规则、授权规则以及救济规则均出现不同程度的滞后性，这将导致部分审判工作"无法可依"。现代司法的法治理念要求司法机关不能无理由拒绝裁判，这就迫使承办法官不得不利用各种方法应对现行专利法的滞后性，以解决当务之急。也就是说，法律修改工作完成前，提高专利权保护规则适应性的任务将由司法路径中的法官承担。需要注意的是，由于我国属于大陆法系国家，法官没有法律续造的权力，因此只能通过其他途径与方法回应人工智能时代背景下的新问题。法律解释不失为一种较好的解决方法。从法经济学视角出发，当新问题出现时，最先考虑能否在既有法律框架内通过法律解释灵活处理问题，这样就能将问题解决成本最低化，也能保持法律稳定性。法律解释中的"解释"乃是一种媒介行为，借助解释，解释者使得在他看来有疑问的文本的意义，变得可以理解。[①] 关于法律解释的具体方法主要包括文义解释、体系解释、目的解释、历史解释。不同的解释方法侧重点不同，文义解释聚焦于文本概念的解读，体系解释需要将被解释对象与相关联的法条结合，目的解释则从现阶段社会发展的需要出发，历史解释需追溯立法时的价值取向。法律解释既是对法律含义的解读，又是法律发展的重要方法。法官在裁判文书中可以运用其中的一种或多种解释方法对既定法律条文展开解释，以此应对纷繁复杂的社会新问题。

除此之外，最高人民法院还可以通过颁布司法解释的方式应对人工智能技术引发的专利制度挑战。司法机关是站在时代发展前沿的领路者，面对技术引发的社会新问题，裁判结果具有引导社会发展方向的重要作用。当前，确保人工智能始终按照为人类服务的预设目标发展正成为当今国际社会普遍关注的问题。人工智能时代的到来对人类而言是一场极大的考验，我们在享受人工智能技术带来的诸多红利时，也面临不少潜在的风险。风险的规制依赖于科学的规则，而规则是否科学需要经过严密的论证与反复的试验。实践是检验真理的唯一标准，要充分利用好司法这块试验田，低成本检验规则创新的法治效果。也就是说，司法解释运行效果可以作为后续立法过程中的参考。具体而言，法院可以在规则创新的基础上展开司法调研，积极关注规则创新产生的社会效果，认真分析相关市场的变化情况，比如人工智能相关技术专利申请的数量、专利申请的授权率与驳回率以及创新主体对此的反应。通过调研的方式检验规则创新的科学性，并将产生良好社会效果的规则整合为审理指南，供其他法院审理类似案件

[①] ［德］卡尔·拉伦茨：《法学方法论》（全本·第六版），黄家镇译，商务印书馆2020年版，第393页。

时参考，当新规则的科学性得到进一步检验时，可将其逐步上升为司法解释，甚至是纳入专利法修改的内容之中。但值得注意的是，司法解释不能单独适用，而是应当以法律作为前提。[①]

三 发挥专利权保护的指导性案例作用

知识产权制度与技术发展紧密相连，技术进步往往引发知识产权制度变革。由于法律修改工作并非一蹴而就，它是一个极其缓慢的过程，当社会新问题涌现时，司法机关的作用就显得尤为重要。站在社会转型的风口浪尖，法院好比新时期掌握航船的舵手，裁判文书传递出的司法导向将影响整个社会发展的进程。

指导性案例是中国特色的法律术语，其与英美法系国家的判例存在本质上的区别。判例属于英美法系国家的法律渊源，法官审理案件时可直接适用，而我国的指导性案例由最高人民法院颁布，法官审理类似案例时应当参照指导性案例中的裁判要点。根据《最高人民法院关于案例指导工作的规定》第2条，指导性案例是指裁判已经发生法律效力，并符合以下条件的案例：（一）社会广泛关注的；（二）法律规定比较原则的；（三）具有典型性的；（四）疑难复杂或者新类型的；（五）其他具有指导作用的案例。面对由人工智能技术引发的专利权保护规则危机，最高人民法院指导全国各地法院的审判与执行工作，应当充分发挥指导性案例的作用，全面落实有关文件中的具体要求。最高人民法院除了颁布指导性案例以外，还会定期向社会公众发布典型案例。例如，在2024年最高人民法院工作报告中提及的"蜜胺"发明专利及技术秘密侵权案，[②]该案权利人最终获赔6.58亿元，刷新国内知识产权案件惩罚性赔偿纪录。该案之所以典型，在于其特殊，但特殊并不代表具有普适性，这也恰好是指导性案例与典型案例的关键区别之所在。值得注意的是，指导性案例具有"应当参照"的法律效力，并且只能由最高人民法院发布，省级及省级以下法院均不得发布"指导性案例"。典型案例不具有"应当参照"的法律效力，由各级法院发布，旨在工作经验的宣传与社会教化、普法宣传。

[①] 刘作翔：《司法中弥补法律漏洞的途径及其方法》，《法学》2017年第4期。

[②] 最高人民法院〔2022〕最高法知民终541号民事判决书。

四 提升专利权保护规则适应性的具体司法建议

(一) 确立网购专利产品侵权诉讼的"地域管辖"规则

民事诉讼中的管辖是各级人民法院之间以及同级人民法院之间受理一审民事案件的分工和权限。[①] 通常情况下，确定一个具体民事纠纷的受理法院需要进行两次定位：首先确定级别管辖，然后确定地域管辖。管辖制度的确立旨在防止原告通过滥用诉权侵犯被告的合法权益，平衡诉讼双方当事人的利益；也为法院审理案件、执行判决提供方便，对司法资源的动用作出最经济的安排。近年来，"互联网+"产业的飞速发展使得网络交易成为拉动我国经济的一个重要增长点。与此同时，侵权行为发生的场景也随着新技术、新模式、新业态的诞生，从线下的物理空间转移到网络空间。这对固有的地域管辖规则带来了挑战，因而最高人民法院先后颁布了一系列司法解释予以应对。然而，在实践中，各地区法院对司法解释的认识存在不同理解，加之各地区法院还会根据本地区实际情况作出相应地适应性调整，导致管辖的实践问题越来越复杂，司法实践中的相关争议也越来越多。易混淆的司法解释、未平息的司法争议将导致司法适用的不统一。长此以往，法律的可预测性会被削弱，当人们不能在每一个司法案件中感受到公平正义，法的公平正义价值便不复存在。因此，在中国"互联网+"产业形态专利权保护规则适应性的立法调适中，明确诉讼管辖地是一项极其重要的内容。规则的稳定性能够为确立互联网专利侵权纠纷的受理法院提供高效的指引。

1. 排除以网络购物收货地作为管辖连接点

根据最高人民法院于2001年颁布的《关于审理专利纠纷案件适用法律问题的若干规定》（以下简称《规定》）第5条，其中侵权行为地包括侵权行为实施地与侵权结果发生地。该条对侵权行为实施地进行了详细阐释，但并未明确侵权结果发生地的内涵。由于侵权行为地的含义存在解释空间，在司法实践中，对于互联网专利侵权纠纷的地域管辖问题，部分法院将网络购物收货地视作侵权结果发生地，导致管辖连接点的不确定性增加，一定程度上损害了程序正义。网络购物收货地因原告的选择而具有任意性，当网络购物收货地与被告人住所地为同一地点时，受理法院确定为

---

① 张卫平:《民事诉讼法》（第四版），中国人民大学出版社2016年版，第6页。

网络购物收货地法院具有正当性,但当二者不一致时,如果仍然按照原告选择的网络购物收货地作为管辖连接点,不仅缺乏法律依据,还违背了管辖的基本原则。以网络购物收货地作为管辖连接点无疑为原告规避部分法院的管辖、滥用诉权创造了空间,此外还可能出现不便于法院审理案件、执行判决的问题。除此之外,根据主流观点,侵权结果地应当被理解为侵权行为直接产生的结果发生地。网络购物收货地可以由买方指定,其并非侵权结果发生的直接原因,只是销售行为造成侵害后果的延续,故网络购物收货地不是侵权结果发生地。[①]

尽管《规定》第 5 条对侵权行为实施地进行了详细说明,但司法实践中对于网络购物收货地是否属于销售行为地一直存在较大的争议。2018 年,在珠海格力电器股份有限公司与宁波奥克斯空调有限公司、广州晶东贸易有限公司侵害实用新型专利权纠纷管辖权异议案中,最高人民法院通过该案对前述争议作出正面回应:在网络环境下,《规定》第 5 条规定的销售行为地原则上包括不以网络购买者的意志为转移的网络销售商主要经营地、被诉侵权产品储藏地、发货地或者查封扣押地等,但网络购买方可以随意选择的网络购物收货地通常不宜作为网络销售行为地。至此,最高人民法院确认了网络购物收货地不属于销售行为地,进而确立了排除以网络购物收货地作为管辖连接点的裁判规则,反映出最高法对管辖制度基本原则的坚守。

最高人民法院确立该项裁判规则平息互联网专利侵权纠纷案件管辖权的司法争议之前,部分法院将网络购物收货地作为管辖连接点的裁判依据并非《规定》第 5 条,而是《最高人民法院关于适用〈中华人民共和国民事诉讼法〉的解释》第 20 条。这反映出部分法院对两份司法解释的认识存在问题,并未厘清二者之间的关系,因而导致法律规则的混用,裁判逻辑的缺陷。根据该解释第 20 条规定,虽然通过网络购买专利产品的小前提看似属于该条的辐射范围,但实际上该条针对的是合同纠纷类型的案件,而网络购买专利产品侵权诉讼属于侵权纠纷类型的案件,显然不能适用该条确定此类案件的管辖连接点。此外,在司法实践中,该解释第 25 条也容易被错误地适用于互联网专利侵权纠纷管辖权争议的案件中。根据

[①] 李晓秋、王厚业:《网购专利产品侵权诉讼地域管辖排除收货地规则研究——以格力与奥克斯等专利侵权纠纷管辖权异议案为例》,《重庆大学学报》(社会科学版)2023 年第 2 期。

该条的规定，信息网络侵权行为实施地包括实施被诉侵权行为的计算机等信息设备所在地，侵权结果发生地包括被侵权人住所地。尽管互联网专利侵权纠纷发生的场景为网络空间，但此种侵权行为与信息网络侵权行为存在本质的区别。信息网络侵权行为是指利用信息网络侵害人身权益、信息网络传播权等行为。因此，第 25 条不能适用于互联网专利侵权纠纷管辖权争议的案件。

综上所述，网络购物收货地既不属于侵权结果发生地，也不属于侵权行为实施地，倘若将其创造性地作为管辖连接点，诉讼双方当事人的利益难以平衡，也会因原告舍近求远地选择管辖法院而浪费国家的司法资源。除此之外，该解释第 20 条和第 25 条对确定互联网专利侵权纠纷管辖权争议案件具有一定的迷惑性，导致司法实践中出现了法律适用的混淆。因此，在提高中国"互联网+"产业形态专利权保护规则适应性的立法调适中，应当融入最高法确立的裁判规则，明确在互联网专利侵权纠纷案件中，排除以网络购物收货地作为管辖连接点，避免法律适用的混淆。

2. 涉外案件可以将网络购物收货地作为管辖连接点

互联网技术打破了地域范围的限制，跨境网络交易变得越来越容易与频繁。海关总署最新统计数据显示，2021 年上半年，我国跨境电商进出口继续保持良好发展的势头，跨境电商进出口总额达到 8867 亿元，同比增长 28.6%，其中出口 6036 亿元，增长 44.1%，进口 2831 亿元，增长 4.6%。[①] 在新冠疫情的冲击下，本土商品的供给受到严重影响，国外消费者被迫从线下购物转为线上购物，掀起一股跨境消费的热潮。在主要国家消费者的调查中，中国已成为海外消费者跨境购物的主要消费国，德国、美国、新加坡的跨境购物中，从中国购物的占比分别达到 13%、16%、47%。除此之外，"海淘""代购"等新业态的兴起也从侧面反映出跨境电子商务产业的繁荣发展。在此背景下，专利产品跨境网络交易的市场将不断扩大，专利侵权行为发生的概率也将相应地增加。因此，周全的诉讼程序设计应考虑涉外互联网专利侵权纠纷地域管辖的确定问题。涉外案件管辖连接点的确定很可能直接关系到我国"互联网+"产业的利益，交由中国的法院受理，本国利益才能最大限度地得到保障。实践中可能出现侵

---

① 《2021 年跨境电商发展报告》，https://www.sohu.com/a/497394719_121094725，最后访问日期：2023 年 8 月 21 日。

权行为地、被告住所地均不在中国境内,但网络购物收货地在我国境内的情形,如果此时仍然坚持"排除以网络购物收货地作为管辖连接点"的一般规则,中国法院将失去对此类案件的管辖权,本国的利益将由外国的法院定夺。这将使涉案的中国"互联网+"产业处于十分被动、不利的局势,而化被动为主动的关键就是抓住网络购物收货地在我国境内这一客观事实,采取国际上的通常做法,利用最密切联系原则,将网络购物收货地作为此类涉外案件的管辖连接点,从而确保中国的法院能够拥有管辖权。简言之,出于对中国"互联网+"产业利益的考量,在涉外互联网专利侵权纠纷中,以网络购物收货地作为管辖连接点可被视为一项例外原则。

(二) 坚持全面覆盖原则

全面覆盖原则是专利侵权判定中一项基本原则,该原则是指如果被控侵权产品包含了专利权利要求中记载的全部必要技术特征,则落入专利权的保护范围。全面覆盖原则清晰划定了专利权的保护边界,为法院判定专利侵权提供了明确的标准。在传统专利技术领域,全面覆盖原则的适用并未遇到显著的障碍,但随着互联网技术的发展与进步,尤其是在网络通信领域,该原则的适用遭受了不小的冲击。由于网络通信领域的相关技术、软件、服务具有交互性的特征,该领域中方法专利实施通常由不同主体分步骤完成,在这过程中主要涉及网络服务提供商与终端客户的分工协作。在专利侵权判定中,单一主体实施专利侵权行为,若属于全面覆盖的情况,毫无疑问构成直接侵权;但当多主体共同实施专利侵权行为,任一主体的侵权行为都不满足全面覆盖原则,只有合并在一起才满足全面覆盖时,直接侵权责任的认定存在困难。然而,间接侵权责任的认定也须以直接侵权为基础,当直接侵权责任难以认定时,间接侵权责任也无从谈起。全面覆盖原则在新技术背景下暴露的缺陷致使该原则的适用失灵,多主体分离式侵权情况下,部分侵权人很容易利用该原则的漏洞逃避侵权责任的承担。为了应对网络通信领域中方法专利侵权认定全面覆盖原则的适用难题,最高人民法院知识产权法庭通过指导性案例确立了"不可替代的实质性"规则作为裁判要点,以此克服分离式侵权情形下,方法专利直接侵权认定困难的问题。伴随着新兴技术的诞生,方法专利以及产品专利的形态趋于复杂化,但万变不离其宗,应坚持在专利侵权判定中适用全面覆盖原则,需要注意的是,法官应根据案情实施,全面理解、灵活运用全面覆盖原则而不是拘泥于全面覆盖的形式要件,否则分离式侵权下的方法专利侵权行为将无法得到规制。

(三) 审慎适用等同原则

等同原则是专利侵权判断中一项十分重要的原则,其诞生于美国的专利审判实践,经过两百多年的不断发展,该原则越来越成熟与完备。等同原则设立的初衷旨在防止侵权人以非实质性修改的方式对专利产品进行所谓的"改进",从而逃避应当承担的侵权责任。等同原则的含义是指,在判定是否构成专利侵权时,除应当考察与权利要求书相同的特征外,还要考察等同的特征。[①] 具体而言,发明与实用新型专利权的保护范围除了权利要求书明确记载的以外,还包括与该必要技术特征相等同的特征所确定的范围,即不完全拘泥于文字,如果被控侵权物的技术特征与权利要求的技术特征等同,也落入专利保护范围。《最高人民法院关于修改〈最高人民法院关于审理专利纠纷案件适用法律问题的若干规定〉的决定》第二次修正的第17条规定对等同特征进行了界定,其要义在于以基本相同的手段,实现基本相同的功能,以达到基本相同的效果。当下,人工智能技术广泛应用于发明创造的研发与应用阶段。一方面,借助着人工智能超强的学习能力与高效的执行能力,发明创造的数量飞速上升,发明创造的周期明显缩短;另一方面,人工智能卓越的模仿能力使其能够轻而易举地进行必要技术特征的等同替换,这就为部分"互联网+"企业的投机行为创造了便利的条件,即通过等同替换他人发明或实用新型产品中部分必要技术特征,包装出一个看似不侵权的专利产品,并以营利为目的将其投入市场。因此,在人工智能时代,面对日渐增多的互联网专利侵权纠纷,专利侵权判断中更加需要坚持以等同原则为标准,作出公正合理的裁判,为营造公平有序的营商环境提供坚实的法治保障。

等同原则通常包括四种情况:要素的替换、组合方式的改变、部件的调换以及省略一个以上的非必要技术特征。[②] 关于等同原则的四种常见情形,可以转换为直观简洁的公式进行解读。假设一项发明或者实用新型专利的权利要求书中记载的全部技术特征为 $A+B+C+D$,已知 $B=b$,$A+C+D=F$,D 为非必要技术特征,即省略 D 仍然不影响技术方案的完整性与发

[①] 李明德主编:《知识产权法》,北京师范大学出版社2011年版,第157页。
[②] 胡淑珠:《判定专利侵权的等同原则在我国审判实践中的适用与限制》,《司法实践》2006年第8期。

明功能的实现。要素替换就是将 A+B+C+D 变为 A+b+C+D；组合方式的改变就是将 A+B+C+D 变为 B+F；部件的调换就是将 A+B+C+D 变为 A+C+B+D 或者 D+B+C+A 等；省略一个非必要技术特征就是将 A+B+C+D 变为 A+B+C。在进行详细比对的过程中，判断两项技术特征是否构成实质相同的替换，除了采用"与所记载的技术特征以基本相同的手段，实现基本相同的功能，达到基本相同的效果"标准外，还应当参照美国的专利审判经验——全部要素原则与逐一比较法。全部要素原则的含义是：即使被诉侵权产品中几乎全部要素均与权利要求书中吻合，但只要有一个权利要求的限定和其等同物未出现在被控侵权的装置中，等同侵权就可能不被认定。逐一比较法要求等同原则的适用不是从整体上综合地进行比较，而须就专利技术范围的每一具体技术特征进行比较与分析。实践中技术特征的替换并不一定遵循一一对应的关系或者固定的搭配关系，因此结合全部要素原则与逐一比较法的目的在于使承办法官能够更加精准地识别出实质相同的替换，全面打击不劳而获的投机行为。除此之外，等同特征的认定还需要满足"本领域普通技术人员在被诉侵权行为发生时无须经过创造性劳动就能够联想到的特征"这一要件。该要件与判断一项发明创造是否具有创造性的标准极其相似，二者均是法律虚拟设置的本领域普通技术人员，旨在克服适用评判标准的主观性，最大限度地保障规则适用的客观公正。人工智能时代，坚持以等同原则判断专利侵权十分必要。因为发明创造的研发有了人工智能的参与，在他人专利技术方案的基础上展开非实质性智力成果的创造变得轻而易举，如果不坚持等同原则，那么专利权人的利益将受到实质性损害，专利权人继续创新的热情也将受到影响，这显然违背了专利法的立法宗旨。

尽管等同原则在人工智能时代仍然具有广泛的适用空间，但也需要注意到该原则适用的限制问题。随意扩大等同原则的适用范围将使专利权人在权利要求书中限定专利保护范围的规定失去实施的意义，因为这实际上是扩大了专利权的保护范围。不仅如此，专利权人与社会公众之间的利益也将失衡。虽然人工智能可以成为制造大量非实质性智力成果的"帮凶"，但它也是创造不少具有实质性突破技术方案的"助手"。倘若对人工智能参与发明创造活动带有较深的偏见，固守等同原则，很可能使一些由人工智能创造出的真正的技术方案也落入专利权的保护范围，致使该技术领域被专利权人牢牢地掌控。虽然对于人工智能本身而言，这种情况并不会因此消磨其"创造积极性",但对人工智能相关产业的发展却能产生较大的冲击。① 因此,等同原则适用的限制应当引起司法机关的高度重视,这关系到专利权保护范围的确定性问题以及社会公众在此基础上的信赖利益,从更广阔的意义上而言,对等同原则进行必要的适用限制能够保护社会公众的创新积极性和整个社会的创新活力,促进中国"互联网+"产业的发展,进而带动国家经济的健康增长。关于等同原则适用中因审判人员不可避免的主观性带来的难以消除的扩大适用问题,北京高院早在2017年就通过发布《专利侵权判定指南(2017)》分享了解决该司法难题的具体方法。《专利侵权判定指南(2017)》第60条为等同原则的适用限制提供了一个具有可操作性的判断标准,为其他法院审判专利侵权案件贡献了具有较大参考价值的裁判思路,还通过该条传递出法官对适用等同原则的价值衡量——平衡专利权人与社会公众两者之间的利益关系。

随着司法机关对等同原则理论的深入研究与审判经验的不断累积,专利侵权纠纷案件中,该原则的适用标准愈加清晰,最高人民法院还通过颁布典型案例的方式为全国各级人民法院的司法审判工作提供指引。2021年,在徐州中森智能装备有限公司(以下简称中森公司)与常州格瑞德园林机械有限公司(以下简称格瑞德公司)、宁波昂霖智能装备有限公司(以下简称昂霖公司)侵害发明专利权纠纷案中,最高人民法院知识产权法庭判决撤销原判,驳回专利权人中森公司的诉讼请求。该案涉及专利侵权判定中等同原则的适用,二审判决指出,如果专利权人在撰写专利申请文件时已明确知晓相关技术方案,但并未将其纳入权利要求保护范围之内的,则在侵权诉讼中不得再适用等同理论将该技术方案纳入保护范围。不难发现,最高人民法院采用的裁判标准与2017年北京市高级人民法院在《专利侵权判定指南(2017)》第60条中规定的判断标准完全相同,这说明了北京市高级人民法院此前确立的等同原则适用限制的规定的前瞻性。与此同时,北京高院确立的规则获得我国最高审判机关的认可,意味着该条规则将得到更加广泛地适用。最高人民法院公布的这份典型判决书具有十分重要的意义,为今后互联网专利侵权纠纷中等同原则的适用排除了存在已久的实践障碍。不仅如此,该案还体现出最高人民法院对2021年1月1日正式施行的《民法典》中新增加的禁止权利滥用原则的贯彻。

---

① 刘强、马欢军:《人工智能专利侵权问题研究》,《福建江夏学院学报》2018年第4期。

《民法典》第 132 条规定,民事主体不得滥用民事权利损害国家利益、社会公共利益或者他人合法权益。该项原则在知识产权领域具有广泛的适用空间,对于互联网专利侵权纠纷而言,不仅需要保护专利权人的权利,也要防止专利权人滥用等同原则扩大权利要求书中所记载的保护范围,造成社会公众的利益受损。专利保护范围的不确定性将对其他创新主体的发明创造活动造成干扰,他们无法预测自己的研发项目是否会因等同原则的适用而被判定为侵权行为。因此,专利保护范围的确定既要兼顾专利权人的合法权利,又要维护权利要求书的公示作用和社会公众对专利文件的信赖。否则,"互联网+"产业的发展将受到严重的影响。

(四)进一步优化举证责任

知识产权纠纷的司法救济路径一直存在举证难、周期长、赔偿低的问题,而互联网专利侵权纠纷又具有专业性、隐蔽性以及跨地域性的特点,这就进一步加大了专利权人证明侵权事实与实际损失的难度。不仅如此,互联网空间随时都有可能因为新技术的诞生而产生新的治理难题,给司法机关认定侵权行为与确定赔偿数额带来新的困扰。基于专利侵权纠纷的特点与互联网领域的特性,互联网专利侵权纠纷案件的治理规则需要进行动态调整以适应时代发展的变化,其中举证责任的优化是一个极其重要的面向。举证责任的分配由法律事先规定,在规定的期间内,如果当事人未提交证据或者提交的证据不充分致使其主张的事实无法被证明的,将由负有举证责任的当事人承担举证不能的不利后果。我国《民事诉讼法》中举证责任分配的一般原则是"谁主张,谁举证",同时也并存着以实质公平证明责任分配理论为依据所确立的举证责任特殊规则——证明责任的倒置。

举证责任本质上是一种证明责任的风险分配机制,其作用在于利用举证不能的法律后果促使当事人积极主动地收集证据,使案件事实能够得到充分证明,进而"让人民群众在每一个司法案件中感受到公平正义"的司法工作目标才能得以实现。因为证据承担着还原案件事实真相的功能,证据越充分,再现的案件事实越完整,最终的裁判结果才会更加趋近于公平正义。因此,举证责任在诉讼中具有非常重要的意义,它是法院查明案件事实情况以及正确适用法律的基础,决定着诉讼的最终结局。[①] 科学地

[①] 谢安平、郭华:《证据法学》(第 2 版),法律出版社 2014 年版,第 193 页。

确立举证责任不仅有利于及时解决真相不明的案件，还能够提高各法院审理案件的效率。

举证责任分配设计的背后实际上蕴含着对双方当事人举证能力的衡量与利益保护的平衡。在"互联网+"产业领域，商业机会转瞬即逝，专利侵权行为或者以妨碍竞争者正常经营活动的恶意投诉行为一旦发生，其影响会比发生在传统的物理空间更为严重，即使是短期市场的丧失也可能对专利权人或被诉侵权人带来难以估量的损失。知识产权治理强调构建良好的产业环境和知识产权生态，它在强调知识产权保护的同时，还密切关注公共利益和产业生态。① 互联网专利侵权纠纷的举证责任分配作为与知识产权治理体系密切相关的一个重要组成部分，其规则设计直接关系到是否能够有效打击互联网空间的不法行为，恰到好处的举证责任转移以及举证妨碍排除制度的合理运用可以在一定程度上规避违反法律的一方当事人逃脱法律的惩治，为"互联网+"产业的发展创造良好的市场营商环境。进一步而言，举证责任的合理分配看似只是一项程序方面的规则优化，实际上该规则在审判活动中的运用会影响到最终的诉讼结果，而诉讼结果产生的社会影响又直接关系到一个产业领域近期的发展与未来的定位与走向。前后传递的"因"终将会种下我国"互联网+"产业领域经济进步或后退的"果"。因此，互联网专利侵权纠纷的举证责任优化应当经过更加深思熟虑的设计与安排以及严密、周全的研究与论证。

举证责任优化的方向可以着重聚焦互联网领域专利侵权纠纷的行为保全申请与主张适用惩罚性赔偿的证明两方面。行为保全具有及时规制侵权行为、防止损害进一步扩大的功能，在互联网专利侵权纠纷案件中，该规则拥有着极大的适用空间。行为保全申请运用得当，将有效克服专利侵权纠纷审理周期普遍较长，损害赔偿不及时、不充分的难题，防止权利人赢了官司输了市场。近年来，最高人民法院围绕着行为保全展开了一系列创新性适用方式，探索出了"先行判决+临时禁令"和"发回重审+临时禁令"等裁判方式，② 陆续推出相关指导案例与典型案例，例如 2020 年先

---

① 李雨峰、马玄：《互联网领域知识产权治理的构造与路径》，《知识产权》2021 年第 11 期。

② 最高人民法院：《全国人民代表大会常务委员会关于专利等知识产权案件诉讼程序若干问题的决定》，http://www.npc.gov.cn/npc/c30834/202202/6ffeee2ff0fa4ba8bbb62206cd872b30.shtml，最后访问日期：2023 年 5 月 6 日。

后发布了首例涉恢复电商平台链接行为保全裁定案和首个将动态担保金运用到涉电商平台专利侵权行为保全的案件。但需要注意的是，尽管行为保全规则设计的初衷是加强对权利人的保护，但权利人也可能为了获取利益而滥用行为保全规则。与物权等民事权利相比，知识产权除具有财产性外，还具有主动进攻竞争对手的竞争工具性。[①] 在互联网领域，此种利用知识产权的竞争工具性去妨碍竞争对手正常经营的行为将给被诉侵权人造成巨大的影响，甚至是事后难以弥补的损害。具体而言，互联网企业遭受的"难以弥补的损害"不仅指事后难以量化的经济损失，还包括非财产性权益的损害，具体指用户数量与流量的巨大损失、竞争优势的丧失、商业模式的破坏等，任意一种损害对于互联网企业来说都是致命的。[②] 目前，根据《最高人民法院关于审查知识产权纠纷行为保全案件适用法律若干问题的规定》第4条，申请行为保全要求提供申请书，其中必须载明申请所依据的事实理由等，包括被申请人的行为将会使申请人的合法权益受到难以弥补的损害或者造成案件裁决难以执行等损害的具体说明。在行为保全申请中，申请人提交的申请书发挥着非常关键的作用，法院将根据申请书中所包含的证明材料决定是否作出行为保全裁定。相较于诉中行为保全而言，诉前行为保全裁定的出错率更高，因此对于诉前行为保全申请这一类型，建议加大申请人的举证责任，及时提炼司法实践中的有益经验，进一步细化申请书中要求由权利人证明的事项，以此防止专利权人滥用行为保全规则进行不正当竞争。

关于主张适用惩罚性赔偿的举证责任，需要权利人证明侵权人主观状态为故意且该侵权行为造成了情节严重的后果。目前，对于"故意"的理解存在较大的争议，主要争论点在于"故意"是否包括间接故意。此处的解读将直接关系到专利权人的举证责任与惩罚性赔偿适用的范围。如果"故意"包含间接故意，那么权利人的举证责任较小，惩罚性赔偿适用的范围更广；如果"故意"只包含直接故意，那么权利人的举证责任更重，惩罚性赔偿的适用范围变小。我国应严格限制惩罚性赔偿制度的适用，尤其是该制度被全面引入之后，不可放宽其适用条件。

---

① 孔祥俊：《"互联网条款"对于新类型网络服务的适用问题——从"通知删除"到"通知加采取必要措施"》，《政法论丛》2020年第1期。

② 张春阳：《知识产权诉前行为保全探析》，《人民法院报》2020年9月3日第7版。

如果将间接故意情形纳入其中，可能会出现被侵权人利用该制度滥诉从而为自身谋利等情形，可能会违背该制度立法的初衷。[①] 因此，建议法院在此处严格采用直接故意的证明标准，明确权利人的举证责任大小，防止惩罚性赔偿被过度适用。除此之外，关于适用惩罚性赔偿的基数证明，权利人需要根据实际情况在法律规定的三种基数（权利人的实际损失，侵权人的违法所得，专利许可使用费的合理倍数）中选择一种加以证明。然而，在司法实践中，知识产权的无形性以及互联网专利侵权行为的隐蔽性构成了权利人举证的障碍。通常情况下，专利权人遭受的实际损失往往比能够证明的损失大很多，这将导致以此为计算基数的惩罚性赔偿最终并不能实现惩罚的功能，不会对侵权人形成威慑力，甚至可能最终的惩罚性赔偿还不能够填平权利人的损失。互联网领域纷繁复杂，新问题层出不穷，加之法律规则往往具有滞后性，因此建议法院在审判过程中注意保持对现有的举证规则的合理性的审视，对于新型疑难案件，需要综合判断当事人举证能力，秉持诚信与公平原则，合理确定举证责任承担。互联网法院与知识产权法院可以作为互联网专利侵权纠纷案件举证责任优化的重点司法试验田。我国互联网法院的设立是司法主动适应互联网大趋势的重要举措，旨在通过互联网案件的集中管辖，规范并促进互联网产业的发展，推动网络空间法治化。知识产权法院则是为了加强知识产权的运用和保护，健全技术创新激励机制而设立的审判机构。互联网法院与知识产权法院的共性在于两者均是为了满足社会治理的新需求而诞生，管辖范围又存在交叉的部分——知识产权类案件。但两类法院的职能与定位存在本质的区别，因而两者管辖的知识产权类案件的侧重点有所差异。互联网法院具有鲜明的特性，其审理手段借助互联网技术，审理对象专门针对互联网案件，这样的特性决定了互联网法院审理新型涉网知识产权案件的优先性。[②] 知识产权法院的突出特点为"三审合一"的审判机制，还强调司法机关整体独立行使司法权的能力，聚集了一批专业化的法治人才审理专业性强的案件，为公平竞争的社会主义市场经济秩序创造良好的法治环境。

---

① 孙那：《民法典视阈下知识产权惩罚性赔偿与法定赔偿的司法适用关系》，《知识产权》2021年第4期。

② 李松杰：《互联网法院是专门人民法院吗——以〈人民法院组织法〉第15条为中心展开》，《西南政法大学学报》2021年第6期。

大批互联网领域的专利侵权纠纷案件将由互联网法院与知识产权法院审理，因此这两类法院拥有优化此类案件举证责任的先天优势，更加适合对该问题展开司法调研。

（五）合理认定网络服务提供者的注意义务

注意义务本质是法律对社会交往中不同类型的人所设定的行为规范。[①] 网络服务提供者的注意义务是指在其能够和应当发现网络空间中的著作权侵权、专利侵权以及商标侵权行为的情况下，应当及时制止侵权行为。网络服务提供者的注意义务的履行与否以及履行程度决定了其主观上是否存在过错以及是否需要承担侵权责任。注意义务越高，网络服务提供者承担的责任越大，主要表现为网络空间治理成本的投入越多，但可能会因负担过重而影响到"互联网+"产业的发展；注意义务越低，网络服务提供者承担的责任越小，但权利人的合法权益将难以得到保障，除此之外，从长远来看，侵权行为的泛滥将破坏良好的网络营商环境，进而阻碍"互联网+"产业的发展。在我国现有的网络服务提供者间接侵权规则下，如何设定一个符合我国经济社会发展需求，既能够有效保护权利人，又能够促进"互联网+"产业发展，仍然是我国法院在未来司法实践中无法回避的重大课题。[②]

网络服务提供者注意义务的设定伴随着我国《信息网络传播权保护条例》中引入的快速解决著作权侵权纠纷的"通知—删除"规则而产生，因此该问题最早主要在著作权侵权领域范围内展开讨论。吴汉东教授提出，网络服务提供者对网络用户侵犯著作权行为承担连带责任的法理依据主要有两点：危险控制力理论和损害原因力理论。[③] 危险控制力理论是指靠近危险的人越容易控制危险的发生。侵权行为发生后，网络服务提供者依照其责任应及时组织力量防止侵权损害的扩大，相对于权利人来说，技术提供者对侵权行为的控制成本更低，这是一种成本优势。损害原因力理论是指侵权人的加害行为与受害人的损害结果之间有因果关系。现实生活中如果没有网络服务提供者创造的平台，权利人也就不会受到侵害，因此网络服务提供者与权利人的损害存在因果关系。

---

① 王迁：《网络环境中的著作权保护研究》，法律出版社2011年版，第18页。
② 朱冬：《网络服务提供者间接侵权责任的移植与变异》，《中外法学》2019年第5期。
③ 吴汉东：《论网络服务提供者的著作权侵权责任》，《中国法学》2011年第2期。

随着互联网技术渗透到社会生活的方方面面，尤其是电子商务产业的蓬勃发展，网络服务提供者注意义务的设定不再局限于著作权侵权领域，而是扩大到专利侵权、商标侵权领域，《电子商务法》和《民法典》侵权责任编中关于"通知—删除"规则的表述反映了这种扩张趋势与我国立法者对是否扩大适用领域所作出的选择。当初《侵权责任法》（颁布《民法典》之前）第36条将"通知—删除"规则的适用范围扩大到民事领域，《电子商务法》第42条将该规则的适用范围置于知识产权领域，曾一度引起学术界与实务界激烈的争论，反对者主要的理由为专利侵权领域不应当引入"通知—删除"规则，因为专利侵权行为涉及的专业性较强，网络服务提供者难以迅速作出准确判断，这样的做法无疑为网络服务提供者设置了过高的注意义务，不利于"互联网+"产业长远的发展。然而，发生于电商平台的专利侵权纠纷，由于电商平台连接着权利人与侵权人双方当事人，因此形成了纠纷的管辖连接点，也就是危险理论中容易控制危险的主体，与此同时，没有电商平台搭建的桥梁，侵权行为也就不会发生，电商平台与侵权损害存在一定的因果关系。这意味着电商平台对网络用户侵犯专利权行为承担连带责任的法理依据同样可用危险控制力理论和损害原因力理论进行解释。换言之，通知移除规则适用于专利领域存在解释空间。① 加之，互联网专利侵权纠纷在近年来爆发式增长，利用"通知—删除"规则，在专利侵权领域，为网络服务提供者设定一定的注意义务也能够满足实践中产生的需求。这种扩张趋势尤其对于提高中国"互联网+"产业形态中专利权保护规则的适应性具有积极的意义。

在司法实践中，网络服务提供者注意义务的认定与网络服务提供者的类型和技术的发展存在紧密的联系。换言之，注意义务的认定并无一劳永逸的固定标准，而是处于动态的平衡之中。这在"微信小程序案"② 和"阿里云服务器案"③ 中得以充分地体现。在"微信小程序案"中，法院主要从接触侵权内容可能性、侵权内容判断识别能力两方面综合考察，将

---

① 李晓秋、李雪倩：《论通知移除规则与诉前行为保全的协调适用——以涉电商平台专利侵权为视角》，《北京科技大学学报》（社会科学版）2020年第6期。

② 杭州互联网法院〔2018〕浙0192民初7184号民事判决书。

③ 北京知识产权法院〔2017〕京73民终1194号民事判决书。

小程序归类于信息自动接入、传输类网络服务提供者，因此对这类基础性服务网络提供者不应当适用"通知—删除"规则，有关下架涉案小程序的诉讼请求不予支持。在"阿里云服务器案"中，法院认为，云服务器不属于《信息传播权保护条例》中规定的四种网络服务提供者类型，因此应当适用《侵权责任法》第36条的规定，但"通知—删除"规则适用的前提是网络服务提供者在技术上能够实施删除、屏蔽、断开链接等必要措施，由于云服务无法接触用户存储的内容，不具备采取必要措施的条件，也不可能为了某个权利人的利益而直接关停服务器损害社会公众的利益，因此判定"转通知"可以成为合格通知场景下阿里云公司的必要措施。在这两个案例中，法院的裁判逻辑均是先对"小程序"和"云服务器"的类型进行识别，根据其具有的技术特征，判断该类网络服务提供者是否具备控制侵权行为的能力，从而判定其是否应当履行"通知—删除"规则中设定的注意义务，进而评价网络服务提供者的被诉行为是否具有可归责性。尽管网络服务提供者的类型千变万化，互联网相关技术飞速发展，但从前述两个典型案例的裁判逻辑中还是能够发现网络服务提供者注意义务的认定有章可循，该种裁判思路具有可复制性。不仅如此，"微信小程序案"和"阿里云服务器案"背后还体现出法律规则如何在技术发展中寻求稳定的同时，保持自身的生命力。[①]

合理认定网络服务提供者的注意义务需要法官根据影响注意义务高低的因素综合加以判断。实务中由于涉及的影响因素较多，这对承办法官的办案水平提出了较高的要求。除了"微信小程序案"与"阿里云服务器案"中呈现出的网络服务提供者类型决定着其注意义务的高低之外，网络服务提供者的行为类型与侵权涉及的权利客体类型同样影响着网络服务提供者注意义务的高低。在行为类型因子中，直接获得经济利益将会导致网络服务提供者注意义务升高，设置榜单以及选择、编辑、推荐、修改等行为中，"人为干预"因素的多少决定了网络服务提供者注意义务的高低；在权利客体类型因子中，以网络服务提供者对权利客体侵权的判断难度为标准，网络服务提供者面对著作权、商标权以及专利权等不同难度的侵权判断时具有不同的注意义务，难度越高则注意义务则越低，反之则注意义

[①] 倪朱亮、徐丽娟：《"通知—删除"规则的适用局限及出路——以两则新型网络服务提供者案例为切入点》，《电子知识产权》2020年第4期。

务越高。① 因此，针对互联网专利侵权纠纷案件，不宜对网络服务提供者设置过高的注意义务，在满足一定条件的情况下，网络服务提供者不遵循"通知—删除"规则规定的义务或者采取以"转通知"的方式防止侵权损害进一步扩大的行为，应当被认定为履行了注意义务，不具有主观上的过错，不应当承担专利侵权的间接责任。

目前，基于促进"互联网+"产业经济发展的考量，我国对网络服务提供者注意义务的设定主要集中在事后救济阶段，但知识产权具有无形性，网络空间极强的传播性又增加了侵权损害被无限放大的可能，除此之外，权利人收集证据的难度较大，一些证明不充分的事项无法被法院采信，进而不能够获得赔偿。因此，在事前与事中阶段，为网络服务提供者设置一定的注意义务是未来网络服务提供者注意义务发展的方向，通过事前预防与事中监测，尽量避免侵权行为的发生。随着人工智能、大数据、云计算等技术的不断突破，网络服务提供者利用先进的技术手段，低成本展开事前预防与事中监测的治理模式终将得以实现。有了技术的赋能，此时在事前与事中阶段为网络服务提供者设置合理的注意义务就不会造成网络服务提供者过重的负担，阻碍"互联网+"产业的发展。现阶段，在人工智能、大数据、区块链技术逐渐成熟的背景下，甚至出现了基于人工神经网络技术的智能内容分析过滤方法。② 这意味着提前阻止侵权内容在网络平台出现的可能性极大地提高。2019 年 3 月，欧盟通过了《数字单一市场版权指令》最终稿，网络服务提供者的一般过滤义务得到欧洲议会的确认。但需要注意的是，当前该种技术尚未完全成熟，具体表现为智能分析过滤方法还无法进行精确地识别与筛选，因此不宜过早地为网络服务提供者设定事前技术过滤的义务。这也为我国的审判人员合理认定网络服务提供者的注意义务指明了方向：保持对国外最新的相关立法与司法的关注，敏锐捕捉技术发展的前沿动态，秉持促进中国"互联网+"产业经济发展的基本原则，灵活地应对技术对司法实践带来的挑战。

---

① 司晓：《网络服务提供者知识产权注意义务的设定》，《法律科学》（西北政法大学学报）2018 年第 1 期。

② Pui Y. Lee, Siu C. Hui, Alvis Cheuk M. Fong, "Neural Networks for Web Content Filtering", *IEEE Intelligent Systems*, No. 5, 2002.

本章小结

中国"互联网+"产业形态中专利权保护规则的适应性调适是一项系统性的法治现代化大工程，在正式动工前，我们须明确构建法治大厦的基本价值取向。首先，保持法律体系完整性。从《宪法》到《民法典》再到《专利法》，自上而下，一脉相承，提高专利权保护规则适应性须注意上位法中相关规定的要求，注重法律之间的协调性与稳定性。其次，保证利益平衡。唯有精妙地平衡好专利权人与社会公众之间的利益，专利法激励创新的功能才能被最大限度释放。最后，促进中国"互联网+"产业形态发展。以结果为导向，坚持创新引领与公平竞争，平衡高速发展与安全保障，促使我国专利权保护规则在"互联网+"时代焕发出新的活力。专利权保护规则适应性调整可从立法路径与司法路径展开。立法要注重创新性与质效的保证，加强法律解释，充分发挥指导性案例的作用。具体而言，立法建议有三：第一，修订《专利法实施细则》中"发明人或设计人"定义；第二，修订《专利法》中的"智力活动和规则不授予专利权"规则；第三，修订《专利法》中的"创造性"和"实用性"标准。司法建议包括：确立网购专利产品侵权诉讼的"地域管辖"规则；坚持全面覆盖原则；审慎适用等同原则；进一步优化举证责任；合理认定网络服务提供者的注意义务。

结　语

面向全面依法治国进程中"互联网+"产业形态下的专利权保护规则适应性

> 法律决非一成不变的，相反地，正如天空和海洋因风浪而起变化一样，法律也因情况和时运而变化。[①]
>
> ——[德] 黑格尔

全面依法治国的目标是在中国社会变革的历史潮流中提出来的，是适应中国经济、科技、政治和文化改革的产物。2020 年 11 月 30 日，习近平总书记在主持中央政治局第二十五次集体学习时强调，知识产权保护工作关系国家治理体系和治理能力现代化，关系高质量发展，关系人民生活幸福，关系国家对外开放大局，关系国家安全。[②] 全面建设社会主义现代化国家，必须从国家战略高度和进入新发展阶段要求出发，全面加强知识产权保护工作，促进建设现代化经济体系，激发全社会创新活力，推动构建新发展格局。伴随着"互联网+"产业战略的实施，利用互联网改造传统产业以提升实体经济创新力和生产力已成为当前改革的重心。作为一项国家战略计划，"互联网+"产业形态显然不仅只是互联网作为一种技术工具的再利用后形成的产业形态，其更多意味着互联网技术运用的商业模式的推广与融合。2023 年 7 月发布的《中国互联网发展报告

[①] [德] 黑格尔：《法哲学原理》，范扬、张企泰译，商务印书馆 1961 年版，第 7 页。
[②] 习近平：《全面加强知识产权保护工作　激发创新活力推动构建新发展格局》，《求是》2021 年第 3 期。

（2023）》指出："网络法治建设逐步完善……核心技术加快突破，大模型技术不断快速迭代，有可能成为通用智能的雏形；五是实现平台企业在引领发展、创造就业、国际竞争中大显身手，大有可为。"[①] 因此，无论是当前的"互联网+"产业形态建设，还是未来的"互联网+"产业形态完善，都需要应对来自技术和法律保护的挑战。同时，"互联网+"产业形态的复杂化和多样化也导致法律修改频繁，出现法律适应性与法律稳定性之间的矛盾。专利权保护规则作为与技术发展最紧密相关的法律规范设计，自然成为首要关注的对象。也正是从这个角度讲，如何理解互联网技术形成的新模式、新业态及其与当前法律规则的适应程度，是"互联网+"产业战略实施能否成功的前提。而在互联网开放创新的环境下，专利权的"私权"会面临更多的限制，基于封闭的工业时代诞生的知识产权制度在开放的互联网时代面临根本变革是大势所趋。[②] 因此，重视和研究"互联网+"产业形态中的专利权保护规则的适应性，具有重要的时代意义和现实意义。

法律规则是法律规范的重要组成部分。法律适应性是法律规范中努力协调与确定性之间关系的制度机制。确定性是法律规则的一个基本特征，是指构成法律规则的概念和命题结构的稳定性，主要指向规则形式、规范内容和规则实践三个层面。专利权保护规则的确定性体现的是一种具体的方式和手段，是一种绝对的具象，而适应性则是一种深层次的价值理念的表达，是一种相对的抽象。基于此种理解，适应性概念的提出为专利法学（特别是专利权保护规则）研究提供了一种全新的研究视域。专利权保护规则适应性的实质，是在规则灵活性与规则确定性之间实现某种平衡，以体现现代社会中对专利权保护的核心特性，具有丰富的外延。专利权保护规则适应性主要协调专利权保护的强化与滥用、专利权保护的成本与效益、专利权保护的公平与效率、专利权保护的私人利益与公共利益的关系，其制度意义在于保证专利权保护规则价值的一种均衡状态、促成专利权保护规则功能协调，其正当性可以从财产权理论和公共政策的工具杠杆

[①] 《中国互联网发展报告（2023）》（2023年7月18日发布），https://baike.baidu.com/item/%E4%B8%AD%E5%9B%BD%E4%BA%92%E8%81%94%E7%BD%91%E5%8F%91%E5%B1%95%E6%8A%A5%E5%91%8A%282023%29/63225863?fr=ge_ala，最后访问日期：2023年7月20日。

[②] 张平：《市场主导下的知识产权制度正当性再思考》，《中国法律评论》2019年第3期。

理论中生成。依此,"互联网+"产业形态中的专利权保护规则的适应性,是指在"互联网+"产业发展过程中,面对新问题、新矛盾,专利立法者和司法者努力协调与这些规则的确定性之间关系的制度机制和观念。

新一轮科技革命与产业变革正在兴起,科技创新进入空前密集活跃期,专利权保护规则对于新技术、新产品、新商业模式提供了法治保障。但与此同时,专利权保护规则也不断接受到新挑战,凸显了专利权保护规则的不适应性。这主要表现在:(1)专利权主体保护规则中的发明人规则的不适应性。当前,人工智能,特别是通用人工智能的出现正积极赋能"互联网+"产业形态。但人工智能能否适应以"人类发明者中心主义"原则为基石的专利主体规则?(2)专利权客体保护规则中的"技术"规则的不适应性。在"互联网+"产业形态形成过程中,人工智能算法的采用、新商业模式的打造不断推动创新。知识产权驱动创新,但"技术"定义具有模糊性和宽泛性。[①] 因此,问题在于:算法、商业模式是否属于"技术"?或者说,哪些算法和商业模式具有技术性?(3)专利权客体保护规则中的"三性"标准的不适应性。在"互联网+"产业形态形成过程中,对人工智能算法的专利保护已成为各国竞争实力的重要场域。但新颖性标准、创造性标准、实用性标准存在天然的模糊性,需要各国厘清。(4)专利权侵权救济规则的不适应性。平台经济是"互联网+"产业形态的性质。无论是已经比较成熟的消费互联网,还是正在兴起的工业互联网,互联网平台尤其是电子商务平台都是经济形态的核心。在涉电子商务平台的专利侵权纠纷中,典型的不适应性聚焦在三个领域:第一,如何甄别网购专利产品侵权诉讼的"地域管辖"?第二,网络多主体专利侵权行为判定中是否适用"全面覆盖"原则?第三,如何划定网络平台专利侵权责任中的注意义务边界?

专利权保护规则的本质是通过一种适应性机制,保护产权并产生激励效果,从而为专利权人提供持久的创新动力,并确保专利技术的扩散,增加社会的福祉。在"互联网+"产业形态形成过程中,专利权保护规则的不适应性机制势必成为国家推行"互联网+"战略的障碍。发现并甄别"互联网+"产业形态中的专利权保护规则适应性因素,有助于改善甚或

[①] 李晓秋:《信息技术时代的商业方法可专利性研究》,法律出版社2012年版,第108—109页。

构建适应性机制。本书从三个维度——基础因素即互联网技术的前沿性、内在因素即专利权保护规则的滞后性、外部因素即专利权保护规则变革的障碍，阐明了专利权保护规则适应性的影响因素，从而也为专利权保护规则适应性的改善奠定了理论基础。

专利权保护规则为创新而生，也因创新而变。在"互联网+"产业形态中，专利权保护规则的适应性必须面临两大基本任务：一是根据科技经济的变化对自身的规则方式做出相应的调整，以保持规则的有效性；二是在一定的价值前提下保持规则系统的稳定，以引导科技经济向着健全的方向发展。一般认为，"互联网+"产业形态中专利权保护规则的适应性机制主要通过立法和司法共同塑造，前者包括删除和新增专利权保护规则，后者主要通过更新司法适用理念、司法解释、运用自由裁量权、典型案例等方式来确保专利权保护规则适应性的提升。综观他国或地区，"互联网+"产业形态早已提上日程，甚至是作为国家创新战略的重点来研究和发展的，在专利权保护规则适应性的改善方面积累了较为丰富的经验，我国可以根据发展需要认真辨识并科学合理地借鉴。

法治是良法之治，是互联网治理的基本方式。运用法治观念、法治思维和法治手段推动"互联网+"产业实现善治，已经成为普遍共识。[①] 提升中国"互联网+"产业形态的专利权保护规则适应性水平的关键在于立法和司法之"变"。"中国知识产权法律变迁，是一场理论创新、制度创新和实践创新的过程，表现了本土化、现代化、一体化的基本面向。"[②] 首先，在"变"的观念上应秉持三项基本原则：保持法律体系完整、保证利益平衡、促进中国"互联网+"产业形态的发展。其次，科学立法是法治的起点和基础。在立法上，强化前沿问题研究，加快推进数字经济、互联网金融、人工智能、大数据、云计算等新兴领域立法步伐。做到：第一，修订《专利法实施细则》，明确不授予人工智能专利权主体地位；第二，构建商业方法和算法的专利保护制度：（1）修订《专利法》第25条第1款第2项。将"智力活动的规则和方法"更改为"抽象思想"；（2）在创造性标准的判断条款中增设"所属技术领域的技术人员"。最后，公正司法则是将书面法律法规应用于社会实践，并利用法律来规范

[①] 牛一兵：《让互联网在法治轨道上健康运行》，《瞭望》2023年第27期。

[②] 吴汉东：《中国知识产权法律变迁的基本面向》，《中国社会科学》2018年第8期。

人们的行为。在司法领域注重：第一，细化司法解释。针对最高人民法院已经出台的《关于审理涉电子商务平台知识产权民事案件的指导意见》，进一步明确"应当知道"的情形，合理认定网络服务提供者的注意义务；第二，充分发挥司法能动，确保法官在专利权保护规则适用的自由裁量权的正确行使，为网络平台的注意义务的边界确立妥适的标准；第三，打造典型案例。最高人民法院通过发布典型案例和指导性案例，从而确立网络专利侵权诉讼司法管辖规则的裁判要点。

党的二十大报告以专章的形式，对"坚持全面依法治国，推进法治中国建设"作出论述和专门部署，标志着法治是中国式现代化的基本要素。在法治轨道上全面建设社会主义现代化国家的新征程中，"知识产权不是简单的法律问题，而是关乎我国前途命运的重要问题"[①]。我国专利制度演进的总体趋势是保护力度不断加强，保护范围不断拓宽，顺应国际趋势稳步跟进。但也面临如何由被动适应、仿效，到逐步发挥主观能动性，以适应我国国情、促进我国科技进步和专利事业发展的态势的重要问题。[②]

行之力则知愈变，知之深则行愈达。在这"碎片网络"[③]中，提升"互联网+"产业形态中专利权保护规则的适应性，不仅关涉专利制度变迁的基本理论思考，更是尽快明确新业态、新领域的知识产权保护规则的重要实践。

[①] 乔文心：《如何推进中国式现代化？学者们给司法"支招"！》，《人民法院报》2022 年 11 月 22 日第 1 版。

[②] 易继明、初萌：《全球专利格局下的中国专利战略》，《知识产权》2019 年第 8 期。

[③] Mark A. Lemley, "The Splinternet", *Duke Law Journal*, No. 6, 2021.

主要参考文献

一 中文类

(一) 专著

崔国斌:《专利法:原理与案例》(第二版),北京大学出版社2016年版。

陈庆云主编:《公共政策分析》,北京大学出版社2006年版。

邓世豹主编:《立法学:原理与技术》,中山大学出版社2016年版。

冯晓青:《知识产权法利益平衡理论》,中国政法大学出版社2006年版。

傅郁林:《民事司法制度的功能与结构》,北京大学出版社2006年版。

公丕祥:《法制现代化的理论逻辑》,中国政法大学出版社1999年版。

季卫东:《中国的司法改革:制度变迁的路径依赖与顶层设计》,法律出版社2016年版。

李明德、闫文军、黄晖等:《欧盟知识产权法》,法律出版社2010年版。

李琛:《论知识产权法的体系化》,北京大学出版社2005年版。

李永军主编:《民法学教程》,中国政法大学出版社2021年版。

李小草:《电商平台知识产权治理新思维》,中国法制出版社2022年版。

李晓秋：《信息技术时代的商业方法可专利性研究》，法律出版社2012年版。

梁慧星主编：《自由心证与自由裁量——梁慧星先生主编之中国大陆判解研究集》，中国法制出版社2000年版。

马俊驹、余延满：《民法原论》（第四版），法律出版社2010年版。

马一德：《专利法原理》，高等教育出版社2021年版。

宋北平：《裁判文书论证与说理》，人民法院出版社2022年版。

苏力：《法治及其本土资源》（第三版），北京大学出版社2015年版。

王太平：《知识经济时代专利制度变革研究》，法律出版社2016年版。

王泽鉴：《民法总则》，北京大学出版社2009年版。

吴汉东、胡开忠等：《走向知识经济时代的知识产权法》，法律出版社2002年版。

吴汉东：《知识产权多维度解读》，北京大学出版社2008年版。

谢安平、郭华：《证据法学》（第2版），法律出版社2014年版。

尹新天：《中国专利法详解》，知识产权出版社2011年版。

张文显主编：《法理学》（第五版），高等教育出版社2018年版。

张军：《法律人的理性与沉思》，中国民主法制出版社2013年版。

张平、马骁：《标准化与知识产权战略》（第2版），知识产权出版社2005年版。

张卫平：《民事诉讼法》（第四版），中国人民大学出版社2016年版。

张玲：《日本专利法的历史考察及制度分析》，人民出版社2010年版。

张乃根编著：《美国专利法判例选析》，中国政法大学出版社1995年版。

赵晓鹏：《德国联邦最高法院典型案例研究·专利法篇》，法律出版社2019年版。

朱庆育：《民法总论》（第二版），北京大学出版社2016年版。

（二）译著

[美] 威廉·M. 兰德斯、理查德·A. 波斯纳：《知识产权法的经济结构》，金海军译，北京大学出版社2005年版。

[美] 埃德加·博登海默：《法理学——法律哲学和方法》（修订版），

张智仁译，上海人民出版社 1992 年版。

［美］本杰明·N. 卡多佐：《法律的成长　法律科学的悖论》，董炯、彭冰译，中国法制出版社 2002 年版。

［美］本杰明·卡多佐：《司法过程的性质》，苏力译，商务印书馆 1997 年版。

［英］F. A. 冯·哈耶克：《个人主义与经济秩序》邓正来译，生活·读书·新知三联书店 2003 年版。

［英］哈特：《法律的概念》，张文显等译，中国大百科全书出版社 1996 年版。

［德］黑格尔：《法哲学原理》，范扬、张企泰译，商务印书馆 1961 年版。

［德］卡尔·拉伦茨：《法学方法论》（全本·第六版），黄家镇译，商务印书馆 2020 年版。

［法］孟德斯鸠：《论法的精神》（上），张雁深，商务印书馆 1959 年版。

［美］杰奥夫雷·G. 帕克、马歇尔·W. 范·埃尔斯泰恩、桑基特·保罗·邱达利：《平台革命：改变世界的商业模式》，志鹏译，机械工业出版社 2017 年版。

［美］罗斯科·庞德：《法理学》（第 3 卷），廖德宇译，法律出版社 2007 年版。

［美］罗·庞德：《通过法律的社会控制　法律的任务》，沈宗灵、董世忠译，商务印书馆 1984 年版。

［美］罗斯科·庞德：《法律史解释》，邓正来译，商务印书馆 2016 年版。

［美］道格拉斯·诺思、罗伯斯·托马斯：《西方世界的兴起》，厉以平、蔡磊译，华夏出版社 1999 年版。

［美］苏姗·K·塞尔：《私权、公法——知识产权的全球化》，董刚、周超译，王传丽审校，中国人民大学出版社 2008 年版。

［美］约翰·弗兰克·韦弗：《机器人也是人：人工智能时代的法律》，郑志峰译，元照出版公司 2018 年版。

［美］诺桑·S. 亚诺夫斯基：《理性的边界：人类语言、逻辑与科学的局限性》，王晨译，人民邮电出版社 2023 年版。

［日］佐藤辰彦：《知识产权：改变世界的力量》，北京林达刘知识产权代理事务所译，知识产权出版社 2021 年版。

［美］ Martin J. Adelman、Randall R. Rader、Gordon P. Klancnik：《美国专利法》，郑胜利、刘江彬主持翻译，知识产权出版社 2011 年版。

(三) 期刊论文

曹新明、咸晨旭：《人工智能作为知识产权主体的伦理探讨》，《西北大学学报》(哲学社会科学版) 2020 年第 1 期。

曹建峰、祝林华：《人工智能对专利制度的影响初探》，《中国发明与专利》2018 年第 6 期。

陈忠：《以人为中心的多极主体化——对人类中心主义与非人类中心主义的一点思考》，《哲学动态》1995 年第 6 期。

崔国斌：《知识产权法官造法批判》，《中国法学》2006 年第 1 期。

方兴东、钟祥铭、彭筱军：《全球互联网 50 年：发展阶段与演进逻辑》，《新闻记者》2019 年第 7 期。

冯晓青：《数字时代的知识产权法》，《数字法治》2023 年第 3 期。

胡敏中：《重思"主客二分"——基于主客体关系》，《学术研究》2021 年第 1 期。

黄薇君、李晓秋：《论网络服务提供者的专利权审查义务——兼评〈专利法修订草案（送审稿）〉第 63 条第 1、2 款》，《重庆大学学报》(社会科学版) 2017 年第 4 期。

高桐：《法律的确定性和适应性：英国模式》，《比较法研究》1998 年第 2 期。

韩毅：《"路径依赖"理论与技术、经济及法律制度的变迁》，《辽宁大学学报》(哲学社会科学版) 2010 年第 3 期。

孔祥俊：《"互联网条款"对于新类型网络服务的适用问题——从"通知删除"到"通知加采取必要措施"》，《政法论丛》2020 年第 1 期。

李明德：《"通知删除"制度在专利侵权领域的适用——威海嘉易烤生活家电有限公司诉永康市金仕德工贸有限公司、浙江天猫网络有限公司侵害发明专利权纠纷》，《中国发明与专利》2018 年第 7 期。

李雨峰、马玄：《互联网领域知识产权治理的构造与路径》，《知识产权》2021 年第 11 期。

李琛：《知识产权法基本功能之重解》，《知识产权》2014 年第 7 期。

李永明、向璐丹、章奕宁：《开放创新范式下知识产权权利归属问题研究——基于用户创新、同侪创新典型实践之内在特征》，《浙江大学学报》（人文社会科学版）2024年第2期。

李琦：《法的确定性及其相对性——从人类生活的基本事实出发》，《法学研究》2002年第5期。

李晓秋：《In re Bilski：商业方法专利的再生抑或死亡》，《科研管理》2011年第3期。

李晓秋：《析商业方法的可专利性》，《政法论坛》2011年第2期。

李晓秋、王厚业：《网购专利产品侵权诉讼地域管辖排除收货地规则研究——以格力与奥克斯等专利侵权纠纷管辖权异议案为例》，《重庆大学学报》（社会科学版）2023年第2期。

李晓秋、李雪倩：《论通知移除规则与诉前行为保全的协调适用——以涉电商平台专利侵权为视角》，《北京科技大学学报》（社会科学版）2020年第6期。

李晓秋、郭沁璇：《电子商务平台经营者专利侵权合理注意义务的司法判定》，《重庆理工大学学报》（社会科学版）2022年第1期。

李晓秋、李雪倩：《民法典时代电商平台专利恶意投诉之规制路径》，《南通大学学报》（社会科学版）2022年第4期。

梁慧星：《从近代民法到现代民法——二十世纪民法回顾》，《中外法学》1997年第2期。

刘春田：《知识产权司法的大国重器》，《法律适用》2019年第3期。

刘作翔：《司法中弥补法律漏洞的途径及其方法》，《法学》2017年第4期。

刘友华、李新凤：《人工智能生成的技术方案的创造性判断标准研究》，《知识产权》2019年第11期。

刘强：《人工智能对知识产权制度的理论挑战及回应》，《法学论坛》2019年第6期。

刘同君：《当代中国法律发展的困境与超越——基于路径依赖视角的考察》，《法学杂志》2010年第1期。

刘永芳：《有限理性的本质辨析与价值之争》，《心理学报》2022年第11期。

刘珊、余翔：《德国对计算机执行的发明的专利保护——从立法、判例与实践的角度解析》,《电子知识产权》2009 年第 8 期。

刘孔中、张浩然:《最高人民法院知识产权法见解及其作成方式的评价与反思》,《知识产权》2018 年第 5 期。

陆幸福:《人工智能时代的主体性之忧:法理学如何回应》,《比较法研究》2022 年第 1 期。

马长山:《数字法学的理论表达》,《中国法学》2022 年第 3 期。

梅夏英:《民法权利客体制度的体系价值及当代反思》,《法学家》2016 年第 6 期。

宁立志、郭玉新:《专利权权利客体例外制度研究》,《河南师范大学学报》(哲学社会科学版)2020 年第 1 期。

邱耕田:《从绝对人类中心主义走向相对人类中心主义》,《自然辩证法研究》1997 年第 1 期。

单晓光、李文红:《数字时代德国专利法的修订新动态述评》,《知识产权》2021 年第 6 期。

时晓虹、耿刚德、李怀:《"路径依赖"理论新解》,《经济学家》2014 年第 6 期。

司晓:《网络服务提供者知识产权注意义务的设定》,《法律科学》(西北政法大学学报)2018 年第 1 期。

孙海龙、曹文泽:《计算机软件专利保护法律问题研究》,《法学家》2002 年第 2 期。

孙那:《民法典视阈下知识产权惩罚性赔偿与法定赔偿的司法适用关系》,《知识产权》2021 年第 4 期。

王利明:《论举证责任倒置的若干问题》,《广东社会科学》2003 年第 1 期。

汪渊智:《论禁止权利滥用原则》,《法学研究》1995 年第 5 期。

王迁:《论"通知与移除"规则对专利领域的适用性——兼评〈专利法修订草案(送审稿)〉第 63 条第 2 款》,《知识产权》2016 年第 3 期。

吴汉东:《中国知识产权法律变迁的基本面向》,《中国社会科学》2018 年第 8 期。

吴汉东:《〈民法典〉知识产权制度的法理阐释与法律适用》,《法律科学》2022 年第 1 期。

吴汉东:《人工智能生成发明的专利法之问》,《当代法学》2019 年第

4 期。

吴高臣：《人工智能法律主体资格研究》，《自然辩证法通讯》2020 年第 6 期。

许中缘、郑煌杰：《生成式人工智能算法专利保护的理据与进路》，《贵州师范大学学报》（社会科学版）2024 年第 1 期。

闫文锋、苏丹：《试论新业态对专利制度的挑战》，《知识产权》2018 年第 5 期。

杨立新：《人工类人格：智能机器人的民法地位——兼论智能机器人致人损害的民事责任》，《求是学刊》2018 年第 4 期。

杨明：《知识产权制度与知识财产创造者的行为选择》，《中外法学》2012 年第 4 期。

杨利华：《人工智能生成技术方案的可专利性及其制度因应》，《中外法学》2023 年第 2 期。

易继明、初萌：《全球专利格局下的中国专利战略》，《知识产权》2019 年第 8 期。

于阳：《刑罚适应性的确立与确证研究》，《政治与法律》2022 年第 7 期。

余谋昌：《走出人类中心主义》，《自然辩证法研究》1994 年第 7 期。

詹映：《我国知识产权侵权损害赔偿司法现状再调查与再思考——基于我国 11984 件知识产权侵权司法判例的深度分析》，《法律科学》（西北政法大学学报）2020 年第 1 期。

张文显：《构建智能社会的法律秩序》，《东方法学》2020 年第 5 期。

张玉敏、易健雄：《主观与客观之间——知识产权"信息说"的重新审视》，《现代法学》2009 年第 1 期。

张平：《论商业方法软件专利保护的创造性标准——美、日、欧三方专利审查之比较》，《知识产权》2003 年第 1 期。

张新平：《网络平台治理立法的反思与完善》，《中国法学》2023 年第 3 期。

张凌寒：《算法权力的兴起、异化及法律规制》，《法商研究》2019 年第 4 期。

张晓阳：《网络通信领域多主体实施方法专利侵权的判定》，《人民司法》2020 年第 2 期。

张吉豫：《智能时代算法专利适格性的理论证成》，《当代法学》2021年第3期。

张洋：《论人工智能发明可专利性的法律标准》，《法商研究》2020年第6期。

周少华：《适应性：变动社会中的法律命题》，《法制与社会发展》2010年第6期。

周永坤：《论法的稳定性》，《苏州大学学报》（哲学社会科学版）1987年第3期。

朱雪忠、张广伟：《人工智能产生的技术成果可专利性及其权利归属研究》，《情报杂志》2018年第2期。

朱冬：《网络服务提供者间接侵权责任的移植与变异》，《中外法学》2019年第5期。

二 外文类

（一）专著

Janet Abbate, *Inventing the Internet*, Mass.: MIT Press, 2000.

Henry W. Chesbrough, *Open Innovation: The New Imperative for Creating and Profiting from Technology*, Boston: Harvard Business Review Press, 2003.

Peter Drahos, *A Philosophy of Intellectual Property* (Illustrated, Reprint), Brookfield: Dartmouth Publishing House, 1996.

Robin Feldman, *Rethinking Patent Law*, Mass.: Harvard University Press, 2012.

William H. Francis, Robert C. Collins, *Cases and Materials on Patent Law*, West Virginia: West Publishing Co., 1995.

Nils J. Nilsson, *The Quest for Artificial Intelligence: A History of Ideas and Achievements*, Cambridge, Cambridge: Cambridge University Press, 2009.

Herbert A. Simon, *Models of Bounded Rationality*, Volume1: Economic Analysis and Public Policy, Mass.: MIT Press, 1984.

（二）期刊论文

Bryan Casey, Mark A. Lemley, "You Might Be A Robot", *Cornell Law Review*, Iss. 2, 2020.

Stef van Gompel, "Patent Abolition: A Real-Life Historical Case Study",

American University International Law Review, Iss. 4, 2019.

Weijun Huang, Xiaoqiu Li, "The E-commerce Law of the People's Republic of China: E-commerce Platform Operators Liability for Third-party Patent Infringement", *Computer Law and Security Review*, Iss. 6, Nov. 2019.

Mark A. Lemley, "The Splinternet", *Duke Law Journal*, Iss. 6, 2021.

Mark A. Lemley, Samantha Zyontz, "Does Alice Target Patent Trolls?", *Journal of Empirical Legal Studies*, Iss. 1, 2021.

Robert P. Merges, "Patent Markets and Innovation in the Era of Big Platform Companies", *Berkeley Technology Law Journal*, Iss. 1, 2020.

Pamela Samuelson, "Allocating Ownership Rights in Computer-Generated Works", *University of Pittsburgh Law Review*, Vol. 47, 1985.

后　记

　　一路奔跑，时刻不忘，来到这里，文至落笔，只为感恩！

　　本书是在我主持完成的国家社会科学基金项目"'互联网+'产业形态下专利权保护规则适应性研究"（项目编号：18XFX013）最终成果基础上修改而成的。

　　回想2018年6月7日，多日漫延的心绪：忐忑、不安、焦虑、期待、守望、殷切，终于在小心翼翼点开网页后定格：149号，李晓秋！那一刻，满满的感恩：特别感谢全国哲学社会科学规划办公室各位领导、匿名通讯评审专家、会评专家，谢谢你们的不吝肯定和慧心推荐！

　　2024年2月1日，数月不断涌现的忧心如惔和悬悬而望交织的心境，终于在从公布结题的网页文件中找到了课题的名称时获得力量和信任。无比感恩不辞辛苦审阅和评审最终成果的全国哲学社会科学规划办公室的各位领导和匿名通讯鉴定专家，以及参加本课题最终成果书稿预审的专家：张玉敏教授、陈锐教授、刁胜先教授、周清林教授，你们的丰富智识和专业建议让最终成果变得更加完善，更加符合学术规范！与此同时，感恩重庆市社会科学界联合会规划评奖办主任、一级调研员唐旺虎，一级调研员陈开慧等各位领导的精心安排和辛苦付出，为重庆哲学社会科学的繁荣发展赋能，让重庆的哲学社会科学研究美美与共！感恩重庆大学社会科学工作处袁文全处长、殷铭泽主任等领导对课题的开题、研究和结题以及送审等每一个环节的工作给予的亲切关怀和悉心指导，谢谢你们！

　　永远感恩我的博士后合作导师——吴汉东教授。自有幸忝列师门，恩师的厚重恩情一路滋养自己学术的每个时刻！追梦、追随、追赶，皆因恩师在前！在秋凉的序幕虽已撩开，但暑躁的逼仄尚未退却中，恩师欣然提笔为拙著赐序，一个"恩"字受用今生，一个"谢"字装满心中！

今生如此感恩你们——持续不断点燃智慧之光的本书成员：宋宗宇教授、康添雄副教授、李建忠讲师、黄薇君副教授，以及骆俊峰博士、李雪倩博士、杨晓丽博士、蒋馨逸硕士。特别感谢李建忠讲师、骆俊峰博士、李雪倩博士、蒋馨逸硕士，正是因为你们的欣然加入、不惧辛苦和倾力撰写，才有了我们共同精心打造的书稿，才能够有幸获得评审专家们的好评！你们表现出的独特学术品格和精诚合作的团队精神，让我深感能与你们四位优秀的小伙伴携手，是莫大的骄傲和荣幸！感恩相遇、相约、相助，让我拥有了底气和勇气，使我在面对困难和挑战时能够坚持下去，也让我在无数次讨论、争辩和反复修改中获得学术的成长和人生的感悟，更让我们成为彼此学术生涯中最重要、最亲密的同行者！

感恩吴辉社长、游滨副社长、张九庆副主编、林四平主任、顾理辉主任以及尚不能一一呈现其名的各位尊敬的编审专家和外审专家，谢谢你们在我的学术成长道路上不断地注入动能！

感恩在课题研究期间，为我和本书成员提供分享本课题成果的高端学术平台："知识产权南湖论坛""中国知识产权法学研究会年会""中国科技法学研究会年会"等，以及西南政法大学知识产权学院院长、中国知识产权法学研究会副会长李雨峰教授组织并有幸得以获邀的一系列重要学术会议，得以让我们吸收能量，那不仅仅是一杯咖啡的能量！

感恩在课题研究期间，曾给予支持的重庆市高级人民法院、重庆市人民检察院、重庆知识产权法庭、重庆市知识产权局、四川省高级人民法院等司法和行政部门，以及京东、抖音、美团等互联网头部企业的相关法律专家，谢谢你们的倾力支持，让我们的研究一直富有"地气"！

永远感恩重庆大学法学院和中国社会科学出版社联袂打造的"重大法学文库"学术平台！无比感谢重庆大学法学院蒋研川书记、靳文辉院长、秦鹏副院长、杜辉副院长、刘乃梁副院长、黄锡生教授、齐爱民教授、刘力强主任等领导和同事的关心和支持，感谢政法出版中心梁剑琴女士等各位领导和编辑专家为本书的出版付出的卓越创造性劳动！

感恩书后附录参考文献中所有的著译者。你们不仅助力见证书稿的起笔，而且见证鼓励书稿的落笔，还将引领扶掖我再次起笔！你们永远是我学术之路追随的灯塔……

  感恩之情，永驻内心。它也让我在过去人生中，得以在遭受痛彻心骨之时忘记人生大痛，曾经在面对突然的失去记忆、身体急剧的消瘦和机能的下降、数月的停滞思考和无力写作以及无数次崩溃，甚至数次质疑生命价值的边缘时努力回到现实。仓央嘉措说："这世间除了生死，每一样都是小事。"亦如杨绛先生所说："这个世界上没有不带伤的人。无论什么时候，你都要相信，真正能治愈自己的只有自己。"感恩的心，让我勇敢面对人生中的那些擦伤，也让我永远不要活得像个落难者。是的，我为什么要在悲伤中浪费生命呢？

  永远永远感恩我爱的人和爱我的人。你们让我知道，你们不变的爱，谁也不可以阻断和终止，那是力量和责任的源泉。"筚路蓝缕，以启山林。"未来的人生和学术之路，你们在途，我亦将一如既往无畏辛苦，相随相伴！

  纵有疾风起，人生不言弃。这一切，仅仅因为：感恩心，幸福生！

初稿于重庆大学法学楼 2023 年 8 月 26 日夜
终稿于重庆大学法学楼 2024 年 8 月 8 日晨
李晓秋